Felicidad en acción

Felicidad en acción

Guía filosófica para una vida buena

ADAM ADATTO SANDEL

Traducción de
Pilar Alba Navarro

DEBATE

Papel certificado por el Forest Stewardship Council®

MIXTO
Papel | Apoyando la silvicultura responsable
FSC® C117695

Penguin Random House Grupo Editorial

Título original: *Happiness in Action. A Philosopher's Guide to the Good Life*

Primera edición: septiembre de 2024

Printed in Spain – Impreso en España

ISBN: 978-84-19951-76-2
Depósito legal: B-10.446-2024

Compuesto en Promograff - Promo 2016 Distribucions

Impreso en Rotoprint by Domingo
Castellar del Vallès (Barcelona)

C951762

Índice

Para Helena, con amor

Introducción

Todos lo hemos experimentado alguna vez: la mañana siguiente de conseguir un trabajo nuevo, lograr un ascenso, ganar una carrera, aprobar un examen, triunfar en unas elecciones o plasmar un cambio en el mundo por el que hemos luchado con denuedo durante mucho tiempo. Nos despertamos con la sensación agradable de la celebración de la noche anterior, aliviados porque hoy, como mínimo, no habrá entrevistas que ensayar, exámenes que preparar, discursos que pulir ni resultados que aguardar. Por fin podemos relajarnos, mientras el mundo entero se nos ofrece para lo que sea que deseemos hacer, al menos por ahora, al menos por un momento. Así que vamos a disfrutarlo, nos tomamos unas vacaciones (si el tiempo y los recursos nos lo permiten) o quizá simplemente nos dedicamos a ver esas series de Netflix que teníamos pendientes. De vez en cuando reflexionamos sobre los logros alcanzados y los recordamos con orgullo. Pero, al mismo tiempo, somos incapaces de suprimir por completo la molesta sensación de que la felicidad recién conquistada se nos está escapando casi tan rápido como llegó. Tarde o temprano nos preguntamos: «¿Y ahora qué?».

Nos damos cuenta de que el éxito que se suponía que iba hacernos felices y que justificaría el esfuerzo y sacrificio invertidos nos deja vacíos. Comprobamos de nuevo, pero casi como si fuera la primera vez, que al fin y al cabo somos la misma persona, ahora con un hito más en la cartera de los logros, pero no más cerca de la dicha y ya oteando la siguiente colina que escalar. Pronto se acaba la pausa para celebrar y volvemos a sumergirnos en la lucha por alcanzar una nueva meta, con todas las ansiedades que acompañaron a la primera.

En el fondo, sentimos que debe haber algo más en la vida que el ciclo constante de esfuerzo, logro y vacío. Sin embargo, no es fácil definir ese «algo más». Tener objetivos es algo bueno, ¿no? ¿No es eso lo que nos convierte en personas responsables y comprometidas, y no en teleadictos hundidos en el sofá o en personas que se dejan llevar por las innumerables distracciones que ofrece la vida contemporánea? Da la impresión de que, miremos donde miremos, desde los últimos libros de autoayuda sobre cómo ser más productivos hasta el eslogan publicitario de la pulsera Fitbit para medir la actividad física —«¡Alcanza tus objetivos!»—, se nos anima a que nos enfoquemos más en las metas. Podríamos pensar: «Quizá lo que necesito es un nuevo tipo de meta, algo con mayor significado o trascendencia social que sustituya o complemente lo que he estado persiguiendo». Pero pronto descubrimos que tanto si se trata de una meta o dos, de una meta personal o de una pública, el problema es el mismo. Orientar nuestra vida hacia el logro nos deja perpetuamente insatisfechos. ¿Qué es lo que nos falta?

Tenemos la sensación de habernos vuelto unidimensionales, como si todo nuestro ser se hubiera encogido para meterse en una caja diminuta, o tal vez de habernos troceado y dispersado en múltiples compartimentos, según el número de objetivos que estemos persiguiendo. Nos parece que estamos en todas partes y en ninguna a la vez. No son pocas las maneras en que esto se manifiesta: pasar muchas horas en la oficina frente a la pantalla de un ordenador perdiendo el contacto con el aire libre; presionarnos para llegar al final de un proyecto olvidando la alegría inherente a la actividad que nos atrajo al principio; perder la conexión con nosotros mismos por centrarnos constantemente en ayudar a nuestros hijos a lograr sus objetivos; sentir que estamos demasiado ocupados como para pasar tiempo con los amigos; sacrificar nuestra dignidad para causar una buena impresión y tener éxito. «Es por una buena causa», nos decimos, mientras intentamos suprimir la vergüenza por hacer un falso cumplido o complacer a alguien que nos menosprecia.

Al reflexionar sobre nuestra situación, empezamos a vislumbrar ciertas cualidades de la personalidad, o maneras de ser, que nos gustaría cultivar, pero que sacrificamos por nuestro estrecho enfoque orientado a completar tareas. El propósito de mi libro es identificar y definir estas maneras de ser y, de este modo, ofrecer una visión de una vida dichosa más allá del esfuerzo orientado a la consecución de objetivos.

La actividad por sí misma: tres virtudes

El motivo de nuestra infelicidad, desde mi punto de vista, es el abandono de tres virtudes que suelen quedar desplazadas y distorsionadas por nuestro afán de alcanzar objetivos: el autodominio, la amistad y el compromiso con la naturaleza. Por muy diferentes que parezcan estas virtudes, todas son formas de concebir lo que podríamos llamar «la actividad por sí misma», es decir, la actividad que tiene sentido por su propia naturaleza, sin necesidad de un logro o beneficio futuro que la justifique. Tal actividad, en mi opinión, es la clave de la felicidad duradera. A diferencia del esfuerzo orientado a la consecución de objetivos, que siempre termina con el logro y que es necesario reactivar en busca de un nuevo resultado, el compromiso de ser nosotros mismos, de ser amigos y de conectar con la naturaleza conlleva su propio reto y recompensa para inspirarnos en cada momento.

Otra forma de entender estas virtudes es verlas como canales a través de los cuales podemos hacer realidad el ideal de vivir el momento y estar plenamente presentes en lo que hacemos. Sabemos que esa conexión con el aquí y ahora es justo lo que le falta a una vida orientada a los objetivos, que mira ansiosamente hacia la próxima victoria posible o con desaliento hacia lo que percibimos como un fracaso del pasado. Nuestros intentos de ser conscientes del «presente» tienden a ser momentáneos. Asistimos a una clase de yoga, practicamos meditación, tratamos de aplacar el estrés del trabajo centrándonos en los sonidos del mundo que nos rodea, para después zambullirnos de nuevo en la misma forma de vida, orientada a los objetivos y llena de presiones. Nuestro «vivir en el momento» resulta tan efímero como nuestros logros.

Lo que necesitamos es una forma de vivir el momento que sea algo más que momentánea, una presencia que impregne todo lo que hacemos y que no sea una mera evasión del resto del día. Pero esto requiere transformar por completo nuestra manera de vivir, una nueva comprensión de lo que significa estar activo. Lo que necesitamos es una atención renovada a esas formas de ser y de practicar las virtudes que no aspiran a nada más allá de sí mismas.

El planteamiento que propongo no exige ni recomienda renunciar a nuestros objetivos. Una vida sin metas sería difícil de imaginar y quizá imposible de vivir. Necesitamos adquirir cosas, completar proyectos y alcanzar determinadas posiciones y condiciones en la vida, aunque solo sea para asegurarnos el sustento y vivir bajo un techo. Además, perseguir objetivos que van más allá de las necesidades básicas puede ser algo inspirador y emocionante. El problema surge cuando empezamos a considerar nuestros objetivos como la principal fuente de sentido de nuestra vida, o cuando convertimos actividades que son valiosas por sí mismas en tareas en las que podemos tener éxito o fracasar.

Consideremos de qué manera la pasión por la creación artística que encuentra su expresión en cada pincelada puede degenerar en la ansiedad por producir algo que sea aceptado por la comunidad artística y que esté terminado a tiempo para una futura exposición. O imaginemos cómo una excursión de fin de semana, que promete la experiencia de aprender a lidiar con diferentes tipos de terreno y la oportunidad de disfrutar de encuentros y paisajes inesperados, puede convertirse en una marcha apresurada hacia la cima con la exigencia de pasarlo bien, contemplar las vistas anunciadas en las guías o añadir una foto a nuestra historia de Instagram. Pensemos en los frecuentes temores de que, si uno no se casa, no consigue un buen trabajo, no tiene hijos o no se compra una casa, su vida será, en cierto sentido, un fracaso. Solemos enfrentar esas inquietudes criticando las metas y las ideas convencionales de éxito. Pero, aunque esas críticas sean acertadas, el problema más profundo radica en definir una vida con sentido a partir de las metas.

Propongo que reinterpretemos el significado mismo de las metas a la luz del autodominio, la amistad y el compromiso con la naturaleza. El sentido de una meta —ya sea grande o pequeña, personal o social— no reside en la meta en sí, sino en el camino que se recorre para alcanzarla. El camino debe entenderse como una forma de llegar a un destino, pero también como una oportunidad para cultivar y expresar virtudes que son fines en sí mismas.

La vida como un viaje con un final abierto

A menudo nos recordamos a nosotros mismos que la vida «no es un destino, sino un camino». Nos exhortamos a «disfrutar del viaje de la vida» en vez de fijarnos en la meta que queremos alcanzar. De vez en cuando, un orador en una ceremonia de graduación cita el famoso poema «Ítaca» del poeta de principios del siglo XX Constantino Cavafis. Los versos evocan el mítico viaje de regreso a casa de Ulises (Odiseo, en griego), quien, tras su sensacional hazaña pública en la derrota de Troya, debe enfrentar retos aún mayores en el mar. Cavafis escribe:

... no tengas la menor prisa en tu viaje.
Es mejor que dure muchos años [...].

Ítaca te ha dado un viaje hermoso.
Sin ella no te habrías puesto en marcha.
Pero no tiene ya más que ofrecerte.

Aunque la encuentres pobre, Ítaca de ti no se ha burlado.
Convertido en tan sabio, y con tanta experiencia,
ya habrás comprendido el significado de las Ítacas.[1]

La lección que Cavafis extrae de Homero, que resuena como digna de marcar un rito de paso, radica en que lo más importe en la vida no es lo que logramos (ni siquiera un gran objetivo público) ni lo que nos proponemos alcanzar (ni siquiera un hogar amado), sino lo que, en el camino, aprendemos sobre nosotros mismos y sobre el mundo. Invirtiendo la perspectiva convencional de la relación entre los medios y el fin, Cavafis plantea que el destino está al servicio del viaje, y no al revés. O podríamos decir que el significado verdadero del destino, del hogar, viene determinado por el camino para llegar a él. La vida es, en última instancia, una oportunidad sin límites para forjar el carácter y descubrir quiénes somos, en la que cada meta, cada destino, no es más que un episodio en la búsqueda continua del autoconocimiento.

Sin embargo, rara vez nos tomamos en serio estos sentimientos o comprendemos sus implicaciones. En el mismo momento en que el orador en la ceremonia de graduación cita a Cavafis y alaba el ideal de un viaje que nunca termina, transmite a la audiencia la impresión de que el verdadero objetivo de la educación es adquirir los recursos para resolver los mayores problemas de la sociedad o salir al mundo para convertirlo en un lugar mejor. De este modo, reaparece la perspectiva orientada a los objetivos, esta vez revestida con una apariencia altruista y social, pero al fin y al cabo centrada en las metas.

Incluso nuestras más serias exhortaciones para abrazar el proceso vienen a menudo con una posdata: «Antes de que te des cuenta, habrás alcanzado la meta». Y, la mayoría de las veces, nuestras llamadas a apreciar algún aspecto del viaje de la vida se expresan como una forma de consuelo para los que no logran alcanzar el objetivo. «Lo importante no es ganar, sino participar». Esto es para los perdedores, suponemos, no para los ganadores.

La inveterada mentalidad centrada en los objetivos se manifiesta de forma sorprendente en los habituales lemas publicitarios de los últimos dispositivos para el control del estado físico, como los Apple Watch y los Fitbit, que detectan, cuantifican y registran casi cualquier actividad diaria imaginable, al tiempo que prometen «llevarte virtualmente a lugares que de otro modo no visitarías, como tres rutas impresionantes en el Parque Nacional de Yosemite, en California». La delicada tensión entre el anhelo de descubrimientos inesperados y la seguridad de un viaje sin riesgos se refleja en la publicidad de la aplicación de Aventuras de la pulsera Fitbit: «Con cada paso, avanza por una ruta predeterminada, conquistando hitos y descubriendo tesoros. El único propósito es alcanzar la meta». Por supuesto, una auténtica aventura está en total contradicción con una ruta predeterminada, sobre todo si se trata de una ruta virtual con la garantía de que no nos perderemos. De este modo, seguimos atrapados en un marco centrado en los objetivos, aunque a veces invoquemos la idea de la vida como un viaje.

La razón de nuestra confusión entre estos dos ideales —alcanzar la meta y la actividad en sí misma— es, a mi modo de ver, la falta de un marco que nos permita comprender dos aspectos aparentemente paradójicos de una vida dichosa: experimentar la vida como un viaje sin un destino predeterminado y, al mismo tiempo, reconocer que el camino hacia la meta puede tener un significado intrínseco. Empezaremos a crear este marco a medida que comprendamos con mayor profundidad la actividad por sí misma en sus manifestaciones concretas de autodominio, amistad y compromiso con la naturaleza.

Espero que estas tres virtudes sean de algún modo reconocibles para el lector y le parezcan relevantes para una vida buena. Todos hemos experimentado la exultante sensación de afirmar nuestra individualidad frente a las presiones de la conformidad social, el sentimiento de confianza que proviene de celebrar con los amigos los momentos felices y recibir su apoyo en los difíciles, así como la emoción de conectar con la naturaleza, ya sea en una caminata, al zambullirnos en el mar o simplemente contemplar una hermosa puesta de sol. Los libros de autoayuda nos recuerdan que debemos pasar tiempo con las personas que nos quieren y apreciar las pequeñas cosas de la vida. Pero estas virtudes encierran mucho más de lo que somos conscientes.

En primer lugar, es difícil aplicarlas de manera constante ante las presiones de alcanzar y lograr. En segundo lugar, y lo que es más importante, su propio significado se ve distorsionado de forma sutil precisamente por esa actitud centrada en los objetivos de la que pretenden liberarnos. Por ejemplo, podemos equiparar el autodominio con el espíritu de determinación, con una especie de asertividad en el ámbito laboral destinada a causar una buena impresión y ascender en la jerarquía empresarial. De esta manera, dejamos pasar oportunidades para afirmarnos y preservar nuestra integridad que no tienen nada que ver con el logro o el reconocimiento, oportunidades en favor de nuestra dignidad por las que incluso podríamos arriesgar nuestra carrera o metas valiosas.

Del mismo modo, a menudo confundimos la amistad con ciertas formas de alianza al servicio de objetivos comunes o con relaciones agradables con las que nos entretenemos en nuestro tiempo de ocio. Nos olvidamos de ese tipo de amistad que consiste en una historia compartida y que implica crecer en sabiduría y en el conocimiento de uno mismo en compañía del otro. La facilidad con la que aplicamos el término «amigo» a quienes nos siguen en las redes sociales, que contamos y exhibimos como el número de amigos que tenemos, habla de una devaluación de la amistad genuina. Por supuesto, sabemos que la mayoría de nuestros amigos de las redes sociales no son amigos de verdad. Pero el hecho de que nos hayamos acostumbrado a utilizar la palabra «amigo» de esta manera apunta a un deslizamiento involuntario hacia las relaciones instrumentales y orientadas a objetivos.

En cuanto a nuestro compromiso con la naturaleza, nos encontramos con el enorme desafío de conciliar nuestra apreciación efímera de sus maravillas y de los extensos espacios al aire libre con las diversas formas en las que intentamos protegernos de ella y explotar la tierra y el cielo para nuestros propósitos. Nuestra actitud hacia la naturaleza resulta ambivalente: disfrutamos de ciertos aspectos que se adaptan fácilmente a nuestros hábitos cotidianos o que nos parecen novedades exóticas, mientras que damos la espalda a los paisajes, bosques, lagos y mares que explotamos para la industria.

Incluso el cuidado que le brindamos está motivado por un cierto afán orientado a los objetivos bajo el título de «conservación». La tratamos como un recurso escaso que hay que preservar para la salud del planeta y la seguridad de las generaciones futuras. Sin embargo, rara vez intentamos apreciarla y protegerla por su propio bien, como una fuente de asombro y maravilla que nos ofrece nuevas perspectivas sobre nosotros mismos y nuestros objetivos. Cuando se nos insta, por ejemplo, a justificar la importancia de la biodiversidad, recurrimos casi de forma automática a alguna explicación sobre cómo la extinción de una especie perjudica a otras y, a fin de cuentas, a nosotros mismos. Nos falta el vocabulario necesario para entender la diversidad de la naturaleza como algo intrínsecamente significativo y digno de nuestro compromiso.

Cuando se trata de los aspectos más temibles de ella —huracanes, terremotos, inundaciones y enfermedades—, tendemos a abandonar nuestra actitud apreciativa y a tratarlos como amenazas que hay que erradicar de nuestra vida. Nos armamos contra la naturaleza en nuestros innumerables esfuerzos por predecirla y controlarla, como si algún día pudiéramos triunfar sobre ella y eludir incluso la muerte. Rara vez nos detenemos a considerar que, incluso en sus formas más frustrantes y aparentemente hostiles, podría tener algo que enseñarnos sobre el significado de la existencia y de nuestra propia humanidad.

La filosofía como guía para una vida buena

Para desarrollar un planteamiento de una vida feliz basado en la actividad que tiene sentido por sí misma, y para examinarlo en concreto en relación con el autodominio, la amistad y el compromiso con la naturaleza, me remonto a una fuente que, a primera vista, podría parecer inaccesible, pero que he llegado a considerar indispensable para reflexionar sobre el sentido de la vida actual: la tradición de la filosofía, tanto antigua como moderna.

Para muchos, la filosofía puede evocar la imagen de una disciplina académica que quizá ofrezca algunas reflexiones abstractas interesantes sobre el mundo, pero con escasa utilidad directa en la vida cotidiana. Sin embargo, en sus orígenes en la antigua Grecia, la filosofía no se concebía de manera fundamental como una materia académica. Trataba sobre cómo vivir. El ejemplo más claro de la conexión de la filosofía con el día a día lo encontramos en Sócrates, quien nunca enseñó en un entorno formal y no escribió ningún libro. Sus enseñanzas nos llegan sobre todo a través de los diálogos de su devoto alumno Platón, en los que Sócrates aparece como protagonista. Platón nos revela que Sócrates abordaba la filosofía de manera sumamente pragmática, y que pasaba el tiempo mezclándose e interactuando con la gente en las calles y en sus casas, conversando sobre el significado de la felicidad y la vida buena. No lo hacía por curiosidad ociosa ni por el mero gusto de debatir, sino con la firme convicción de que, a través del diálogo y la reflexión sostenidos, podría alcanzar una mayor claridad sobre cómo vivir su propia vida.

El lema por el que vivió Sócrates fue el precepto del oráculo de Delfos, el intermediario del dios Apolo: «Conócete a ti mismo». Sócrates se lo tomó muy en serio. Se cuenta que una vez le preguntaron si de verdad creía en los hechos que describía la tradición religiosa y en los feroces monstruos míticos, como centauros, quimeras y otras criaturas similares. Sócrates respondió que no lo sabía y que no tenía tiempo para pensarlo. Lo que le importaba era desarrollar las virtudes en su propia alma. En vez de preguntarse si los hechos ocurrieron o si las criaturas existieron realmente, interpretaba la tradición mitológica en relación con su manera de actuar, preguntándose si él albergaría tendencias monstruosas en su personalidad o si su naturaleza sería más amable. Su interés permanente se centraba en cómo vivir mejor su vida.[2]

Para Sócrates, la relación entre la felicidad y los logros era fundamental para abordar la pregunta de cómo vivir. En su época, la mayor aspiración de los ciudadanos con ambiciones era dejar huella en la vida pública y ser recordados a la manera de Aquiles, el héroe mítico de la guerra de Troya. Pero Sócrates puso en tela de juicio la preocupación por la fama, la fortuna y el éxito mundano. No lo hizo desde la perspectiva de la reflexión interna ni de la contemplación abstracta, sino desde el punto de vista de una cierta idea de actividad rigurosa. En contraste con las afirmaciones de los famosos oradores y celebridades de su época, que buscaban ganar pleitos en los tribunales de justicia y el reconocimiento de la asamblea pública, Sócrates sostenía que la verdadera felicidad consistía en la búsqueda apasionada del autoconocimiento por sí mismo. Por tanto, en las enseñanzas de Sócrates encontramos un análisis introspectivo de la misma dualidad a la que nos enfrentamos hoy en día, entre esforzarnos para la consecución de nuestros objetivos y abrazar la vida como un viaje sin límites.

También encontramos sugerencias profundas y contraintuitivas sobre cómo podríamos concebir el autodominio, la amistad y el compromiso con la naturaleza. Como veremos, Sócrates nos ayuda a distinguir entre ser verdaderamente dueños de nosotros mismos y el tipo de individualismo autoafirmativo que, de entrada, podríamos relacionar con el autodominio. La notable capacidad de Sócrates para resistir a las presiones sociales y mantenerse firme en situaciones que amenazaban su integridad, incluso su vida, tenía que ver con su devoción por la filosofía, que concebía como una búsqueda compartida de la sabiduría entre personas igualmente comprometidas con el conocimiento de sí mismas. Por tanto, el autodominio de Sócrates era, al mismo tiempo, una forma de amistad. Se manifestaba en una búsqueda común a través del diálogo, una forma de comunidad basada en una preocupación compartida por el tema discutido. Sócrates describe a menudo la filosofía como un modo de diálogo «amistoso», en el que cada participante intenta reforzar el punto de vista del otro aclarándolo y desarrollándolo, en contraste con el discurso oposicional de argumentación y refutación que prevalecía en los tribunales atenienses. Así, pone de relieve la profunda conexión entre el autodominio y la amistad, que a menudo pasamos por alto. Esta conexión, como veremos, llega a expresarse con mayor profundidad en Aristóteles, el sucesor filosófico de Sócrates y Platón, que desarrolla una noción del yo o, en sus propios términos, del alma, como sede de una actividad compartida que cobra sentido en la amistad.

En las descripciones de Platón y Aristóteles sobre el alma y la virtud se observa también una comprensión de la naturaleza de la que podemos aprender. Aunque la concepción aristotélica de la física —según la cual los objetos se mueven para encontrar su lugar adecuado— suele tacharse hoy de ingenua y poco científica, en mi opinión proporciona un esclarecedor contraste con las visiones mecanicistas de la naturaleza que a menudo damos por sentadas. Al analizar de nuevo la manera en que Aristóteles entiende el movimiento desde la perspectiva del alma, y al considerar la interpretación de Sócrates de la naturaleza en el contexto de lo que constituye una vida buena, encontramos una manera de relacionarnos con ella a través de la amistad, no de la confrontación. En contraste con nuestra postura contemporánea de oposición a la naturaleza, según la cual los valores humanos se sitúan a un lado y las fuerzas naturales al otro, examinaremos lo que podría denominarse una postura socrática, mediante la cual podemos aprender de la naturaleza como si fuera un interlocutor con el que dialogamos mientras nos esforzamos por conocernos a nosotros mismos.

El problema del progreso

Existe otra razón para recurrir a la filosofía, en especial a la filosofía antigua, que excede la profunda reflexión que encontramos en Platón y Aristóteles sobre lo que constituye una vida buena. Nuestras dificultades para definir una vida feliz más allá de la persecución de objetivos y la razón por la que, cuando se nos insta a describir una fuente de sentido que trascienda nuestra carrera y aspiraciones personales, tendemos a citar metas más elevadas y significativas (sin abandonar, por tanto, el marco centrado en los objetivos) radican en que seguimos bajo la influencia de filosofías implícitas que prevalecieron a principios de la modernidad y que aún impregnan nuestra forma de pensar y de ser en la actualidad. La principal de ellas tiene que ver con un concepto de la capacidad de actuar de los seres humanos que llegó a definir la Ilustración: la idea de que cumplimos con nuestro propósito más elevado al actuar como agentes del progreso.

Vivir una vida feliz, según esta visión, supone contribuir a crear un mundo más libre, más pacífico, más justo, más productivo, más próspero o más avanzado en un sentido u otro. Aunque el baremo varía según los distintos planteamientos, concebir la capacidad de actuar en términos de progreso implica esforzarse por alcanzar un ideal ya vislumbrado pero aún no alcanzado. Debido a las eventualidades de los asuntos humanos y a la obstinada resistencia de la naturaleza, es posible que el logro del ideal tarde mucho en materializarse. Así pues, es perfectamente coherente cuestionar la viabilidad del progreso en un plazo determinado, e incluso aceptar que haya periodos de retroceso, sin perder la fe en el propio progreso. Según esa fe, la fuerza motivadora básica de la acción humana se encuentra, en la práctica, fuera del aquí y ahora, aunque, en teoría (o en nuestro pensamiento), ya esté aquí. Conocemos la dirección hacia la cual se orienta la vida y solo debemos seguir esa senda. La senda, o el camino, se convierte en el medio; el ideal, en el fin. El afán por alcanzar el fin lo más rápido posible conduce fácilmente a la búsqueda de cualquier medio que acelere el proceso, incluso aunque ese medio exija sacrificar la propia dignidad o la de los demás. Desde esta perspectiva, ser uno mismo en el sentido más genuino y elevado significa ser un agente al servicio de un objetivo. La amistad da paso a la alianza para la consecución eficaz de dicho objetivo. Y el compromiso con la naturaleza se convierte en el proyecto de doblegarla a nuestro antojo.

No debe subestimarse el grado en el que este pensamiento progresista inspira la vida contemporánea. Su influencia es obvia en aquellos que defienden de manera explícita versiones del progreso, como, por ejemplo, un conocido autor e intelectual que propone que, pese a las apariencias, la violencia está en declive gracias al continuo desarrollo de la razón y la ciencia, y que define de forma reveladora la propia razón como «el uso del conocimiento para alcanzar un objetivo».[3] De forma más sutil, este marco está presente en nuestro discurso social y político cotidiano, como el imperativo de estar «en el lado correcto de la historia» o la confianza en que «el arco del universo moral se inclina hacia la justicia».

Quizá de forma más generalizada, está presente cuando, pese a renegar de las narrativas grandiosas de progreso o de cambio histórico, definimos el significado de nuestra vida individual en función de nuestra contribución a mejorar el mundo, cualquiera que sea la manera en que concibamos eso, o cuando ejecutamos un plan de vida consistente en alcanzar ciertos hitos personales. El lenguaje de hacer, planificar y llevar a buen término es del todo coherente. Lo que se pierde en una perspectiva tan orientada a los objetivos es la apreciación de la vida en su proceso de desarrollo. En lugar de pensar en la propia vida como un plan que debe ejecutarse, deberíamos concebir una vida feliz como algo que se revela y se configura a través de los encuentros con lo imprevisto.

Los defectos del ideal progresista podrían evidenciarse también al invertir la perspectiva: una vida cuyo sentido se fija en la consecución de un objetivo, ya sea la conquista tecnológica de la naturaleza, la erradicación de la injusticia del mundo o cualquiera otra meta, siempre tropezará con límites infranqueables en forma de adversidades imprevisibles, sufrimientos injustos y giros insondables del destino. Y cuando eso ocurre, es probable que uno afronte esa resistencia de forma autodestructiva: interpretando el sufrimiento como un castigo por el pecado o como un mal necesario para un bien superior del universo, o simplemente como una nube persistente e inexplicable que se cierne sobre todo comienzo auspicioso y que mancilla todo logro.

Lo que necesitamos es un marco que nos permita entender el sufrimiento como una parte inherente de la vida y no su mera negación, y en esto la filosofía puede ser una guía indispensable. La filosofía puede ayudarnos a encontrar el camino para conceptualizar las virtudes que implican la redención del sufrimiento y que ofrecen el camino hacia una vida digna de ser vivida en cada momento.

Abordar seriamente las formas de pensamiento premodernas nos puede ayudar a replantearnos la noción de progreso que se ha impuesto en nuestra vida cotidiana. En contraste con las formas progresistas de pensar, podríamos considerar la sorprendente ecuanimidad e imparcialidad con la que Platón y Aristóteles escriben sobre la transición de un régimen político a otro: de la democracia a la tiranía, de la tiranía a la oligarquía, y viceversa. Desde su punto de vista, la inestabilidad de la reforma política y de todos los logros humanos no representa una gran conmoción ni un testimonio en contra de la vida, sino más bien un acicate para mantener a raya nuestras aspiraciones utópicas y reorientar nuestra vida hacia la virtud, el carácter y la capacidad interpretativa.

La filosofía y la vida cotidiana

Siguiendo la propuesta de Sócrates de que la filosofía no solo es útil, sino indispensable, para dar sentido a la vida cotidiana, y para ilustrar de qué manera se puede recurrir a ella para situar la persecución de los objetivos en el lugar que le corresponde, entretejo a lo largo del libro aspectos de mi propia vida que la filosofía me ha ayudado a comprender con mayor claridad. También recurro a personajes y episodios de la literatura, el cine y series televisivas famosas para ilustrar de qué manera la filosofía puede añadir una nueva profundidad a las cosas que apreciamos como entretenimiento, y cómo estas formas, a su vez, pueden manifestar de manera concreta perspectivas filosóficas más amplias sobre cómo vivir.

El tema central de mis anécdotas personales es una pasión que no parece tener nada que ver con la filosofía y que, en cierto sentido, representa la búsqueda de objetivos más estrecha que se pueda imaginar. Consiste en entrenarse para ser el mejor en un único ejercicio físico que pasa desapercibido en las actividades deportivas convencionales, pero que es un elemento básico de las rutinas de entrenamiento y de las pruebas militares en todo el mundo: las dominadas. En el momento de escribir este libro, me estoy entrenando para recuperar el récord mundial de Guinness del mayor número de dominadas por minuto, que ostenté de 2018 a 2020, hasta ser vencido recientemente. Sin embargo, este récord ha significado para mí un desafío continuo durante años, ya que lo he alcanzado y superado tres veces desde 2014.

Mi trayectoria hacia este ejercicio podría atribuirse a una serie de encuentros fortuitos, pero es fruto de una afición al deporte que me ha acompañado desde siempre. Practiqué el béisbol y el tenis desde los ocho años hasta la universidad, y más tarde me inicié en el levantamiento de pesas con la intención de adquirir fuerza para jugar al béisbol, que luego seguí disfrutando en el Oxford University Powerlifting Club mientras preparaba mi doctorado en Filosofía. Pero lo que me ha mantenido en la actividad concreta de hacer dominadas, aunque cueste creerlo, es algo filosófico. Por extraño que pueda parecer, lo que podría considerarse, desde cierta perspectiva, la absurda tarea de colgarse de una barra y elevarse hasta sobrepasar la barra con la barbilla, una y otra vez, es una de las formas en las que he llegado a comprender el significado de la actividad por sí misma.

Durante los meses de entrenamiento previos al intento de batir un récord, aprendo a lidiar con las lesiones y aceptar el fracaso como parte de la alegría de la lucha y la superación. Cuando, en medio de una dura sesión de entrenamiento, encuentro la energía para animar a mis compañeros, y cuando ellos me animan cuando yo estoy a punto de rendirme en una serie difícil o me encuentro tirado en el suelo del gimnasio tras un esfuerzo que se queda corto, forjo amistades y cultivo una forma libre y sincera de expresarme que me cuesta encontrar en otros entornos. Me relaciono con gente que de otro modo no conocería, descubro insospechados mentores y llego a entender la vida desde perspectivas nuevas y esclarecedoras. Mientras desciendo de la dominada y reboto para la siguiente repetición, aprendo a interactuar con la fuerza de la gravedad, no como una barrera que se opone a mi esfuerzo o una característica externa del mundo, sino como una compañera en una actividad compartida. De esta forma, y de otras muchas, el acto de hacer dominadas es más que un medio para un fin. Es un viaje continuo para la formación del carácter y el autodescubrimiento.

Una razón obvia por la que una actividad de este tipo puede parecer una fuente improbable de satisfacción por sí misma es que sigue estando orientada en gran parte a establecer un récord. A primera vista, podría parecer que esto justificaría las largas horas de entrenamiento diario que, de otro modo, pocos estarían dispuestos a invertir. Pero es precisamente la tensión entre el aspecto centrado en el objetivo de la actividad y el significado intrínseco de la misma, que no es fácil de reconocer a primera vista, lo que la convierte en un terreno fértil para la filosofía.

Fue, de hecho, en el contexto de la lucha contra la presión de la competencia, el miedo al fracaso y la fugacidad del éxito, y mientras buscaba una perspectiva más amplia para dar sentido a lo que estaba haciendo, cuando empecé a formular la distinción entre la actividad para la consecución de un objetivo y la actividad en sí misma. Por supuesto, la filosofía que he estudiado ha influido profundamente en esta manera de ver las cosas. Pero fue durante el entrenamiento —primero como estudiante de posgrado compitiendo en el levantamiento de potencia y más tarde como profesor de filosofía en la disparatada persecución de un récord de dominadas— cuando llegué a una comprensión más profunda de la filosofía que estaba leyendo, explicando e interpretando. Mi esperanza es que, basándome en mi propia experiencia y en cómo he llegado a apreciar la importancia de la filosofía en la búsqueda de la felicidad, logre hacerla accesible a los lectores que, de formas infinitamente diversas, luchan con la misma tensión fundamental entre el esfuerzo por alcanzar objetivos y la actividad por sí misma.

En qué se equivoca el estoicismo

En esta presentación de la exploración de la vida buena más allá de la persecución de objetivos debo mencionar, como contraste con la perspectiva que propongo, otro intento de acercar la filosofía antigua a la vida contemporánea que se ha vuelto popular recientemente y que servirá de contrapunto a lo largo del libro para comprender la actividad que tiene sentido por sí misma. Me refiero al renacimiento de la filosofía estoica.

El atractivo de los estoicos tiene que ver, sin duda, con su exhortación a la ecuanimidad frente a los desafíos de la vida y con los principios que proporcionan para recuperar el autocontrol en medio de las presiones del trabajo, la vida familiar y las adversidades inesperadas. Al menos en apariencia, el renacimiento estoico contemporáneo parece ofrecer una alternativa alentadora al esfuerzo orientado a la consecución de objetivos. Según los estoicos, lo que de verdad importa no son los logros, sino la virtud. Vivir una vida buena es soportar los reveses y las desgracias con compostura y autocontrol, mantenerse fiel a la virtud en un mundo en el que a menudo los justos sufren y los injustos triunfan. El estoicismo enseña que la virtud es un fin en sí misma, una fuente de satisfacción que nunca podrán proporcionar los logros ni el reconocimiento.

Sin embargo, la interpretación estoica de la virtud, en mi opinión, es demasiado pasiva y humilde como para procurar la verdadera felicidad. Como veremos, la fuente del autocontrol estoico reside en la percepción supuestamente lúcida de que nuestras palabras, actos y asuntos son gestos insignificantes desde el punto de vista cósmico, que ocurren en un minúsculo intervalo de tiempo en un diminuto rincón del universo. Marco Aurelio, el emperador romano estoico, recomienda no obsesionarse con la reputación: «Echa los ojos al olvido en que caen rápidamente todas las cosas y al abismo de la eternidad».[4] Incluso nuestras relaciones más cercanas, según el estoicismo, significan poco en el contexto más amplio de la existencia. Cuando el padre besa a su hijo por la noche, enseña el antiguo filósofo estoico Epicteto, debe recordarle que no es más que un mortal y que en cualquier momento podría ser arrebatado del mundo. La lección consiste en gozar de la compañía de los seres queridos sin apegarse demasiado a ellos. Según un autor estoico contemporáneo, deberíamos aprender a considerar la amistad como un «indiferente preferido», algo que preferiríamos tener a no tener, pero innecesario para una vida bien vivida.[5]

Aunque puede dar la impresión de que la virtud estoica anima a la acción, por ejemplo, a través del trabajo serio y del liderazgo político, la fuente de su compromiso mundano es la aceptación pasiva de «las circunstancias tal como son». Partiendo de esta aceptación fundamental, el estoico es capaz de proseguir con sus responsabilidades terrenales sin que le afecte el temor a la derrota. Sin embargo, la motivación para seguir adelante o comprometerse de forma tenaz con cualquier cosa no queda clara.

La manera en que los estoicos degradan la capacidad humana de actuar en el mundo revela, en última instancia, una incapacidad para superar la perspectiva centrada en los objetivos. A pesar de toda su crítica del éxito mundano, el estoicismo no es capaz de desarrollar una concepción alternativa de los asuntos humanos que vaya más allá del ciclo incesante de éxito y fracaso. Se trata de una filosofía desmoralizada debido a la fragilidad de los logros, que malinterpreta y subestima el autodominio, la amistad y el compromiso con la naturaleza, y que no reconoce el carácter perdurable de la actividad por sí misma.

Al predicar sobre la impermanencia de los asuntos humanos, el estoicismo pasa por alto que la vida de las personas y las culturas del pasado no solo tenían como objetivo construir edificios, fundar imperios y alcanzar hitos, sino también expresar maneras de comprender la virtud y el bien que, en principio, pueden adoptarse en todas las épocas. Aunque la antigua Atenas, concebida como una democracia a pequeña escala en rivalidad con Esparta, representó solo un breve instante en la historia del mundo, su majestuoso Partenón, reducido ahora a una atracción turística, y las nociones de virtud y heroísmo que surgieron de los grandes pensadores de Atenas, como Sócrates, Platón y Aristóteles, perduran como posibilidades para nosotros. Estos pensadores, relegados durante mucho tiempo al debate y la interpretación de los eruditos, siguen vigentes para cualquier persona comprometida en la búsqueda del autoconocimiento. Podemos recurrir a ellos en busca de consejo. Podemos tratar de continuar los proyectos morales y espirituales que plantearon.

En su encarnación contemporánea de autoayuda, el estoicismo aborda la distinción entre lo que podemos y no podemos controlar. Lo que podemos controlar, al menos en un grado significativo, son nuestros propios pensamientos y emociones. Lo que no podemos controlar es el mundo exterior, como la enfermedad, los desastres naturales y las reacciones de otras personas. Aunque tal distinción puede ayudar a contrarrestar las ilusiones arrogantes de dominio que nos frustran y distraen constantemente, también nos aleja del compromiso interpretativo con las cosas mediante el cual logramos ser dueños de nosotros mismos y contribuimos a crear un mundo en el que podríamos sentirnos como en casa.

El principal defecto del estoicismo radica en su incapacidad para pensar más allá de la visión dualista de lo interior y lo exterior, el sujeto y el objeto, el yo y el mundo. En vez de capacitarnos para hacer frente a las circunstancias nuevas y desconocidas y hacerlas nuestras, el estoicismo alimenta nuestra tendencia al escapismo solipsista. El atractivo del estoicismo en la actualidad, a mi juicio, estriba en que ofrece un enfoque lo bastante crítico y a la vez familiar como para satisfacer nuestra búsqueda de sentido sin incomodarnos demasiado. Pero necesitamos ir más allá. Necesitamos concebir un nuevo significado del yo y del mundo y vislumbrar una vida en la que podamos acoger lo que nos parece externo o extraño como una ocasión para la interpretación y la redención creativa.

Nuevos significados del yo y del mundo

Como veremos a lo largo de nuestra investigación sobre el autodominio, la amistad y el compromiso con la naturaleza, encontramos el sentido de la vida cuando estamos inmersos en la actividad por sí misma, cuando no estamos replegados hacia el interior escrutando nuestros pensamientos y emociones ni volcados hacia fuera, hacia la meta de algún proyecto. Estar inmersos de esta manera significa trascender la distinción entre «el interior de mi mente» y «lo de ahí fuera». Cuando estoy centrado en la propia actividad, a lo que me enfrento, por así decirlo, no es más que a mi propio yo, que al mismo tiempo constituye un mundo.

Pese a la dificultad de mantener esta unidad del yo y el mundo de manera constante, no se trata de un ideal remoto. Solo tenemos que considerar un ejemplo de dedicación entregada a algo, cuando desaparece el escrutinio centrado en nosotros mismos para dar paso a una especie de fluir con la actividad. Cuando estoy absorto en una sesión de entrenamiento de dominadas, por ejemplo, el «yo» que podría triunfar o fracasar en la competición dentro de dos meses se desvanece en la lucha rítmica con la gravedad y el proceso de entrenamiento que atestigua el movimiento. Incluso la barra de dominadas, un objeto aparentemente externo, intimidante en su desnuda presencia física cuando entro en el gimnasio y la miro antes de calentar, desaparece de mi conciencia perceptiva cuando interactúo con ella al realizar una serie de ejercicios esforzándome al máximo. En esos momentos de absorción, que abarcan toda la gama de actividades humanas, del deporte a la interpretación musical, pasando por la artesanía o la conversación concentrada, uno se siente en casa en lo que a veces podría considerarse un mundo externo.

Al participar en una actividad por sí misma se llega a comprender que el yo y el mundo no son dos entidades separadas, que el yo no es una esfera privada de la conciencia enfrentada a un mundo que existe fuera. En primer lugar, las cosas que uno puede ver y tocar y que podría atribuir al mundo exterior no son ordenaciones de la materia sin sentido que con el tiempo podrían llegar a dotarse de diversos valores subjetivos. Por el contrario, son extensiones del yo desde el principio, imbuidas de significado a partir de alguna historia que haya tenido lugar. Por extraña que pueda parecer esta propuesta, se aclarará, espero, cuando examinemos el compromiso con la naturaleza y la experiencia de lidiar con el tiempo. Pretendo demostrar que el verdadero dominio de uno mismo implica el reconocimiento de que la propia vida, con su intensidad y compromiso específicos, participa en la construcción del mundo. Es decir, que no existe un mundo fuera de nuestra conciencia ni tampoco una conciencia que no se encuentre ya funcionando en el mundo.

Otra forma de expresar esta idea es que el yo no es una esfera individual de conciencia que, de vez en cuando, queda absorbida en el flujo de la actividad, volviéndose «uno» con el mundo de manera momentánea. En cuanto uno es consciente de sí mismo y puede decir «yo» en contraste con «esto» o con «tú», ya está pensando en el yo en relación con algo o con alguien que constituye una parte de una actividad compartida. La frase «Estoy harto de esta maldita barra de dominadas que se resbala todo el tiempo al agarrarla» no implica un sujeto, el «yo», en contraste con un objeto, la barra. Tendemos a pensar en la separación solo porque estamos condicionados por una larga tradición de pensamiento moderno que define a la persona como una mente separada del mundo y presupone que «ahí fuera» debe existir algún tipo de mundo, ya sea materia, cosas, objetos, independiente de la existencia humana. Pero la expresión de frustración con la barra de dominadas en la que parezco distinguir el sujeto del objeto se puede interpretar fácilmente de otra manera. La distinción entre el yo y la barra de dominadas es, en realidad, una percepción alterada de una relación comprometida, en la cual los dos somos inseparables. El «yo» al que me refiero es un yo activo, orientado a retomar la sesión de entrenamiento. La barra es un compañero necesario en esa actividad, pero uno que se ha convertido en resistente en vez de colaborador.

En vista de la continua resistencia de la barra, puedo distanciarme aún más de ella examinando el material con el que está fabricada, comparándola con otras barras que podrían ser mejores. Pero este tipo de escrutinio, que podríamos considerar como penetrar en la materia interna de la cosa, es una especie de distanciamiento dentro de un marco facilitado por una asociación activa y comprometida. Cuando me entretengo con esta reflexión aparentemente distante, de ningún modo rompo todos los vínculos con la barra y llego por fin a conocer sus características objetivas. Mantengo mi conexión con ella, aunque ahora sea en forma de frustración y resolución de problemas, en lugar de la completa absorción de una colaboración.

Sin embargo, cuando estamos completamente inmersos en una colaboración, se establecen las bases para resolver los problemas con conciencia de nosotros mismos, y no al revés. Aunque solemos considerar que el estado de absorción es la excepción y el estar consciente de uno mismo es la regla, deberíamos considerar que las cosas funcionan al revés. Somos en esencia seres activos que estamos inmersos en lo que hacemos, en las cosas que usamos y en las personas con las que nos movemos en concierto. Solo de manera secundaria nos volvemos planificadores y calculadores conscientes de nosotros mismos, alejándonos de lo que hacemos y contemplando el mundo a cierta distancia. Lo que identificamos como ego, o conciencia subjetiva, que tan a menudo se inmiscuye en la vida cotidiana para establecer comparaciones con los demás, separándose de lo que hacemos y de lo que utilizamos, preocupándose de que las cosas puedan desmoronarse, resulta ser una realidad secundaria subordinada a la historia que se desarrolla y se expresa en el flujo de la actividad.

Como dice Aristóteles, somos más nosotros mismos no cuando estamos en reposo, disfrutando pasivamente de un estado placentero o reflexionando sobre algún logro, sino cuando estamos en *energeia*, «en acción». Estar en acción es ejercer la capacidad de deliberar y juzgar las posibilidades que compiten en las diversas situaciones que la vida nos depara. El propósito del juicio, según Aristóteles, no es simplemente tomar la decisión «correcta», en el sentido de lograr un objetivo o el máximo beneficio, sino afirmar quiénes somos. Es declarar, en cierto modo, que «teniendo en cuenta todas las circunstancias me atengo a esta decisión; seguiré viviendo con ella y aprendiendo de ella».

Desde esta perspectiva, las tentativas contemporáneas de la política social de «empujarnos» a juzgar «mejor» a través del estudio y el análisis de ciertas tendencias psicológicas, o de sustituir el juicio humano por una toma de decisiones algorítmica, desvirtúan el propio significado del juicio, al concebirlo como un medio para un fin y no como una expresión del dominio de uno mismo. Mientras que la tecnología respaldada por la teoría de la elección racional promete satisfacer nuestras preferencias actuales mejor de lo que podríamos hacerlo nosotros mismos, nos priva de la capacidad de decidir a través de la cual desarrollamos el carácter, aprendemos habilidades y damos forma a nuestros objetivos.

El autodominio

En los capítulos 1 y 2 exploraremos el autodominio como una virtud comúnmente apreciada, pero que a menudo se comprende solo de manera superficial. Suele evocar la imagen de una persona difícil de doblegar y que responde a las contrariedades con aplomo. Pero va mucho más allá de la manifestación externa de ser imperturbable. Como sabemos por las personas que inicialmente pueden parecernos dueñas de sí mismas, las apariencias engañan. Imaginemos un elegante ejecutivo de una agencia de publicidad que realiza una presentación persuasiva y audaz ante una sala llena de clientes, como Don Draper en la exitosa serie *Mad Men*. Cuando Draper abandona las brillantes luces de su oficina de Madison Avenue, su vida se precipita en una disoluta caída libre de relaciones tumultuosas, alcoholismo y esfuerzos infructuosos por rehabilitarse. La impecable camisa blanca que se abotona cada mañana, a menudo tras una noche de desenfreno, enmascara el caos de su vida interior.

Con la ayuda de la filosofía antigua, veremos que el autodominio bien entendido no quiere decir tener aplomo en relación con ciertas tareas o ámbitos. Implica mantener una coherencia en todos los compromisos, comprender que los diversos aspectos y momentos de la propia vida están interrelacionados y constituyen un «todo» en constante desarrollo que nos proporciona la orientación y el coraje necesarios para enfrentar lo imprevisto.

Para comprender esta visión del autodominio de manera concreta en sus múltiples aspectos, exploraremos dos perspectivas filosóficas fundamentales: la idea de Aristóteles de la virtud, lo que denomina la «grandeza de alma», en la que se centra el capítulo 1, y la descripción que nos ofrece Platón de la vida y la muerte de Sócrates, tema principal del capítulo 2. Aunque los eruditos suelen contraponer la descripción de Aristóteles sobre la virtud a la de Platón, yo propongo que las entendamos como planteamientos que se refuerzan mutuamente. Lo que encontramos en la descripción de Aristóteles de la grandeza de alma es, según mi propuesta, un relato matizado y notablemente preciso de la virtud que Sócrates muestra en la acción a lo largo de los diálogos de Platón. Nuestro estudio del autodominio culminará con el juicio y la ejecución de Sócrates, y un análisis de su misterioso aplomo, casi sobrehumano, ante la condena por supuestamente «corromper a la juventud de Atenas» al llevarla a cuestionar la autoridad convencional. En este recorrido, exploraremos el autodominio en sus diversos matices, guiados por la filosofía antigua y una serie de referencias del cine, la televisión, la cultura popular y la vida cotidiana.

Algunas de las dimensiones clave del autodominio que indagaremos incluyen el defenderse a uno mismo, pero sin insistir en el reconocimiento u honor cuando este se nos niega injustamente; utilizar el propio juicio frente a las muchas formas en que la tecnología y lo que se considera conocimiento experto amenazan con tomar el control y despojarnos de nuestra capacidad de decisión; intentar comprender a los que no están de acuerdo con nosotros, sin analizar sus puntos de vista psicológicamente, como si estuviéramos diagnosticando un estado patológico, sino procurando encontrar en ellos algún grado de lucidez parcial con el que podamos relacionarnos; reconocer que quienes nos rodean, pese a su ignorancia y hostilidad, no constituyen aberraciones inexplicables ni misterios amenazadores, sino que son, de alguna manera, iguales que nosotros; aprender a entender que nuestro deber para con los demás es, ante todo, un deber para con nosotros mismos; empezar a ver la moralidad como una forma de autoafirmación con un fin en sí misma y no como un autosacrificio que busca una recompensa externa; evitar las formas de autoengaño moral por las que clasificamos nuestras debilidades como virtudes; y cultivar la capacidad de mantener la serenidad cuando las cosas se desmoronan y de redimir la desgracia.

El verdadero significado de la amistad

Nuestro análisis del autodominio ya habrá empezado a desvelar el tema central del capítulo 3: la amistad. Aunque a primera vista podría parecernos que el autodominio y la amistad son virtudes independientes, distintos elementos de una vida satisfactoria, descubriremos que están tan conectadas que es imposible concebir la una sin la otra. Partiendo de la observación de que lo que motiva y constituye algunos de los casos más significativos de autodominio es la devoción por los amigos y los seres queridos, examinaremos la amistad como una forma de autodominio, y viceversa.

Nuestro tema principal será la amistad por sí misma en contraste con la amistad para la consecución de un objetivo. Para comprender la diferencia, examinaremos la famosa contraposición de Aristóteles entre la amistad basada en la utilidad y la amistad basada en la virtud. Pero también veremos que lo que Aristóteles entiende por amistad basada en la virtud solo puede comprenderse adecuadamente a la luz del autodominio o, según sus propios términos, de la «grandeza de alma».

La amistad genuina, para Aristóteles, consiste en ser dueños de nosotros mismos en compañía del otro. En sentido inverso, considerando el autodominio como una forma de amistad, Aristóteles realiza la sugerente reflexión de que solo quien es dueño de sí mismo y, por tanto, amigo de sí mismo, está preparado para ser amigo de los demás. Al considerar lo que podría significar ser amigo de uno mismo, obtendremos una comprensión más profunda del autodominio como una estructura que sustenta la amistad, o de la armonía que puede surgir a partir de las diferencias internas de la propia persona.

Sin tener presente la conexión entre la amistad y el autodominio, podríamos confundir la audaz afirmación de Aristóteles de que la verdadera amistad solo puede prevalecer entre los virtuosos con la opinión simplista, aunque generalizada, de que él creía que solo los virtuosos, en el sentido de los justos, podían ser verdaderos amigos. Como veremos, la amistad a veces puede implicar dar a un amigo un trato especial o incluso encubrir sus malas acciones. Para explorar la tensión entre amistad y justicia, consideraremos ejemplos de la literatura, el cine y la vida cotidiana.

Otro tema que se aborda en este capítulo es la forma en que nuestra propensión a descuidar la amistad en favor de la alianza tiene raíces filosóficas profundas en la idea de progreso de la Ilustración y en visiones providenciales de la historia que todavía ejercen gran influencia sobre nosotros. Desde esta perspectiva, el propósito humano más elevado se convierte en trabajar para lograr un estado ideal de las cosas, para lo cual se necesitan aliados, pero no amigos. Lo que la filosofía antigua consideraba la virtud más elevada, la amistad por sí misma, se tacha de localista y divisiva. La amistad se concibe como algo cercano al egoísmo, una especie de afecto tribal en conflicto con la justicia desinteresada y las grandes visiones de reforma. Cabe destacar que, salvo contadas excepciones, los filósofos modernos suelen explayarse sobre la justicia, la solidaridad de clase y otras formas de alianza, pero apenas mencionan la amistad. Sin embargo, la devaluación moderna de la amistad es un gran error.

Lo que los antiguos filósofos y poetas de la antigüedad comprendieron, y que la Ilustración pasa por alto, es que los disturbios imprevistos y la injusticia no son simplemente productos de la locura humana y, por tanto, susceptibles de la reforma social. Por el contrario, constituyen una dimensión esencial de la existencia con la que debemos lidiar constantemente. Sin amigos, nos veríamos incapaces de estar a la altura de este cometido. Solo en la amistad adquirimos la fuerza para redimir la desgracia, ser dueños de nosotros mismos y abrazar plenamente nuestra humanidad. La idea extendida de que la amistad compite con la apreciación universal, común a filosofías que van desde los estoicos hasta Adam Smith, es errónea. No podemos apreciar la humanidad en general si no consideramos de qué manera aquellos que están «lejos» de nosotros pueden convertirse en posibles amigos. El imperativo de buscar amigos en lugar de aliados sigue siendo primordial para vivir una vida buena.

El compromiso con la naturaleza

Al igual que la amistad y el autodominio constituyen un par, el compromiso con la naturaleza forma con ellas una unidad, que exploraremos en el capítulo 4. Aquí veremos de qué manera una fuente constante de nuestro sentimiento de alienación e infelicidad se encuentra en una especie de desconexión de la naturaleza, por la que perdemos el contacto con los impulsos y las percepciones potenciales que podemos obtener de las cosas que encontramos, que no han sido creadas ni producidas por nosotros. En lugar de prestar atención a la naturaleza como fuente de significado y autoconocimiento, como podríamos hacer en un momento de asombro inspirado por una maravilla natural que invoca nuestro poder interpretativo para expresar la belleza y el carácter sublime de lo que nos rodea, con demasiada frecuencia consideramos la naturaleza simplemente como un contexto o entorno del que debemos apropiarnos para nuestros objetivos.

Esta actitud se manifiesta de manera más evidente en nuestro desprecio injustificado de la belleza y el misterio de la naturaleza, como cuando talamos a la ligera las selvas tropicales para convertirlas en tierras de cultivo o cuando ignoramos paisajes, lagos y estrellas para impulsar la industria, construir fábricas y contaminar la atmósfera a través de la cual podríamos contemplar el cielo. Pero esta actitud se refleja también en los movimientos ambientalistas imperantes que consideran la naturaleza como un recurso escaso que hay que conservar, o que entienden el problema de la contaminación principalmente por cómo afecta al cambio climático global y por sus efectos destructivos en la salud y el bienestar humano o el equilibrio del planeta.

De manera aún más sutil, esta actitud impregna las formas más universalmente aceptadas de estudiar y concebir la naturaleza: las teorías que tendemos a aceptar sin reservas como avances incondicionales de la ciencia moderna, como la comprensión darwiniana del comportamiento animal en términos de rasgos que conducen a la supervivencia o las interpretaciones modernas del movimiento basadas en las leyes de la gravedad. En estas teorías, nuestra comprensión de las cosas se limita a lo que podemos convertir en un objeto predecible y controlable. Sin embargo, tal objetivación, como todo esfuerzo orientado a una meta, implica estrechez de miras, una profunda negligencia y la tendencia a desatender la realidad. La pérdida de esta conciencia se convierte en una forma de ignorancia que supone, al mismo tiempo, perder la conexión con nosotros mismos. En las conceptualizaciones abstractas del mundo físico, como la de los «cuerpos en movimiento» que nos permite calcular cuestiones como la velocidad necesaria para lanzar un cohete al espacio, o las teorías centradas en el instinto ciego de supervivencia, gracias a las cuales podemos predecir los fenotipos de una especie concreta que podrían perdurar en los años venideros, perdemos el contacto con el mundo visible y tangible tal como lo percibimos por primera vez, con su infinita riqueza, misterio y diversidad de motivaciones posibles.

La comprensión plena del mundo, en la forma en que se nos presenta en la vida cotidiana, como una fuente de resistencia e inspiración, solo puede lograrse intentando expresar la naturaleza como un medio para comprendernos a nosotros mismos. La forma de expresión adecuada para esta empresa podría concebirse como un lenguaje poético o literario semejante al de los relatos de la antigüedad que personifican la naturaleza, desafiándonos así a que seamos dueños de nosotros mismos. Tal compromiso interpretativo con la naturaleza también podría entenderse siguiendo el modelo de un diálogo socrático. Por supuesto, a diferencia de lo que ocurre en el diálogo con un interlocutor humano, el sol, la luna y las estrellas no nos responden de manera directa si les formulamos una pregunta (aunque, como señala Sócrates, tampoco lo hace un texto escrito). Pero, como cualquier interlocutor, estos elementos de la naturaleza pueden percibirse, por el mero hecho de ser lo que son, como portadores de significados y sugerencias que pueden explorarse a través de un diálogo interno o con amigos. La forma en que Sócrates recurre a la imagen del sol para expresar la idea del bien es un ejemplo que analizaremos. Así, al intentar interpretar los significados que se expresan en la naturaleza, la propia naturaleza se revela de maneras nuevas.

Desde la perspectiva contemporánea, suele menospreciarse esta forma de entender la naturaleza, considerándola como una proyección sin fundamento de significado atribuido a un universo moralmente indiferente. Pero, como veremos, la propia acusación de antropocentrismo presupone una concepción muy cuestionable del *ánthropos*, o ser humano, como una conciencia subjetiva que está separada de los objetos que observa. Tal distinción entre sujeto y objeto, que sitúa los valores y aspiraciones humanos a un lado y la naturaleza al otro, no tiene en cuenta la inmersión activa y comprometida en las cosas, que constituye nuestra forma fundamental de ser y percibir. Examinadas con detenimiento, las formas de observar y explicar que solemos considerar objetivas y despojadas de todo antropocentrismo, como cuando entendemos la naturaleza a partir de conceptos como «cuerpo», «masa», «cantidad» y «causa», atestiguan de manera sutil ciertas autoconcepciones cuestionables que pueden ocultarse tras el velo de un lenguaje en apariencia meramente descriptivo.

Para recuperar y elaborar la virtud del compromiso con la naturaleza, la examinaremos contrastándola con dos posturas opuestas. La primera podríamos definirla como una postura que se opone a la naturaleza, propia de una mentalidad tecnológica. Se trata de la idea de que la naturaleza a la que nos enfrentamos es infinitamente maleable para cualquier propósito que intentemos imponerle. Pese a su aparente resistencia inicial, en última instancia nos pertenece y podemos subyugarla y rediseñarla para nuestros propósitos. La afirmación radical de la perspectiva tecnológica es que la naturaleza no existe como tal, en el sentido de una restricción externa a nuestro poder productivo. Lo que parece ser una fuerza a la que estamos sujetos, un simple hecho dado, en realidad se nos concede para que podamos someterla en la medida que avancemos en nuestro dominio tecnológico. La tendencia actual cada vez más extendida de intentar alargar la vida constituye un ejemplo perfecto de este tipo de actitud contraria a la naturaleza. Manifiesta la creencia de que incluso la muerte, el límite natural supuestamente último de nuestros esfuerzos, puede vencerse. Como veremos, tal creencia no solo representa una aspiración prometeica irrealista, sino que también supone la reducción de la muerte a algo que puede observarse y estudiarse, predecirse y posponerse. No tiene en cuenta el hecho de que la muerte otorga significado a la vida ni de que estamos expuestos de forma radical a la posibilidad de que nuestra vida sea interrumpida en cualquier momento.

La segunda actitud que contrasta con un compromiso interpretativo con la naturaleza es, en cierto sentido, lo opuesto de la postura tecnológica. Se trata de una postura resignada característica de ciertos planteamientos premodernos, pero que en la actualidad se manifiesta en la visión de que la naturaleza simplemente es como es. Se basa en la idea de que la naturaleza impone ciertos límites infranqueables a nuestros esfuerzos que debemos aprender a aceptar como parte de la vida. Este punto de vista es clave en el resurgimiento contemporáneo de la filosofía estoica, que propone la ecuanimidad ante lo que no podemos controlar y dirige nuestra atención al poder infinito de la naturaleza, según el cual todas las cosas se dispersan y vuelven a unirse en un ciclo infinito.

En contraste tanto con la actitud de resignarse como con la de oponerse, exploraremos el compromiso con la naturaleza. Desde esta perspectiva socrática, llegamos a alcanzar una compresión de la naturaleza incluso en sus manifestaciones desafiantes, como desastres, daños, enfermedades y muerte, considerándolas como fuentes de lecciones y percepciones para reinterpretar nuestra vida y los objetivos que perseguimos.

La lucha con el tiempo y lo que significa ser libre

Por último, abordaremos dos implicaciones de una vida basada en el autodominio, la amistad y el compromiso con la naturaleza: la manera de entender el tiempo y relacionarnos con él y nuestra concepción de lo que significa ser libre.

En el capítulo 5 examinaremos el contraste en cuanto a la concepción del tiempo derivada del enfoque orientado a las metas y de la actividad por sí misma. Analizaremos cómo las ansiedades relacionadas con el tiempo —la sensación de que el tiempo vuela, de que siempre se agota y nos aparta de la actividad que realizamos y de que, en definitiva, nos conduce de forma ineluctable a la vejez y la muerte— pueden atribuirse a una cierta distorsión del tiempo característica de una vida vivida con la expectativa constante de alcanzar una meta más allá del momento presente.

Nuestra concepción más aparentemente obvia del tiempo, como un transcurrir y una sucesión de acontecimientos, es la que acompaña al esfuerzo orientado a las metas, según el cual un acontecimiento debe ocurrir antes o después de otro. Solo cuando estamos atrapados en ese tipo de esfuerzo, se puede decir que el tiempo simplemente pasa y puede convertirse en objeto de medición en segundos, minutos, horas, días y años. Así, lo que parece ser el tiempo «real» u «objetivo», en contraste con nuestras percepciones subjetivas respecto a él, resulta ser un síntoma de nuestra desconexión de la actividad por sí misma.

Desde la perspectiva de la vida como un viaje continuo, caracterizado por el autodominio, la amistad y el compromiso con la naturaleza, el tiempo nunca transcurre sin más. Cada momento puede entenderse como una redención y reintegración de lo que ha sucedido. Veremos que el pasado y el futuro no son puntos en una línea temporal, uno a continuación del otro, sino dimensiones constitutivas de cada momento. El pasado denota la clausura y la unidad del presente; el futuro, su apertura y misterio. La vida así entendida no se desarrolla en una secuencia de momentos que se extienden desde el nacimiento hasta la muerte. Su movimiento debe entenderse más bien como la apertura y la clausura de un único momento que puede considerarse que atraviesa «todo el tiempo».

Entender el tiempo de esta manera implica reconsiderar el significado mismo de la vida y la muerte. Nuestra percepción habitual de la muerte como la negación de la vida, o el punto en el que esta acaba, proviene de reducir la vida a la «presencia» de una conciencia que viene al mundo en un momento determinado, permanece en él durante un periodo y luego, un día, se extingue o desaparece. Al concebir la vida de este modo, nos situamos en una secuencia de momentos que, desde el punto de vista del esfuerzo orientado a los objetivos, parecen constituir el tiempo. No nos damos cuenta de que el autodominio, la amistad y el compromiso con la naturaleza representan formas de ser que trascienden los límites de la propia conciencia y que participan en la configuración de cualquier mundo posible al que podamos llegar y del que podamos partir.

Desde la perspectiva del mundo, nuestra vida, o la identidad personal, nunca puede reducirse a una esfera de la conciencia, por la sencilla razón de que está inseparablemente vinculada al mundo que solicita nuestra energía interpretativa y, en esa interpretación, contribuimos a expresar el mundo. Al moldear el mundo a través de nuestras acciones y, a la vez, ser moldeados por el mundo sobre el que actuamos, estamos constantemente llevando la vida a una cierta conclusión a partir de la cual puede abrirse un horizonte. La muerte, si es que ha de significar algo, no puede ser nada más ni nada menos que la dimensión insondable de algo no convocado e incognoscible que rodea e impregna la vida, la condición misma y la fuente de nuestros compromisos más profundos y del afán por conocernos a nosotros mismos. Desde esta perspectiva, la cuestión de lo que puede haber «después de la muerte», como el destino de la propia conciencia, las probables recompensas o castigos, pierde su urgencia. El misterio y la posibilidad de cualquier momento que nos aguarde no son más profundos que los del momento que vivimos en el presente.

En el capítulo 6 exploraremos la concepción de la libertad que surge de la actividad por sí misma. A lo largo de nuestro análisis del autodominio, el tema de la libertad ya habrá aparecido en relación con la capacidad de juicio, la independencia mental y la superación creativa de las dificultades. Pero tales capacidades, así como la propia noción del autodominio, pueden malinterpretarse desde una concepción frecuente, aunque equivocada, de que la libertad es la capacidad de elegir o construir una vida para uno mismo sin dejarse influenciar por el entorno. Esta comprensión suele adoptar la forma de un enfrentamiento entre el libre albedrío y el determinismo. En un extremo se sitúa la capacidad ilimitada de vivir según las propias elecciones y decisiones; en el otro, la influencia coercitiva de factores externos, expresados en inclinaciones naturales y presiones sociales. Sin embargo, este contraste se origina en una tradición de pensamiento errónea que entiende el yo como un sujeto situado en medio de un mundo de objetos frente a los que debe esforzarse constantemente por preservarse. Tal distinción entre sujeto y objeto ignora por completo la manera en que el yo y el mundo se construyen mutuamente.

Como veremos, la comprensión de la libertad como elección o decisión pasa por alto el hecho de que los actos que más nos definen están guiados por el propio mundo en el que nos encontramos. Son actos relacionados con interpretar y cuidar, más que con emplear la fuerza de voluntad y elegir. Al examinar la capacidad de intervenir como una forma de estar atentos y responder, llegaremos a ver que la habilidad para crear una vida coherente siempre depende de una comprensión previa de la vida que uno ya está experimentando. Gracias a que vivimos una existencia que ya tiene una unidad y ciertos límites provisionales, somos capaces de construir una vida a partir de nuevas aventuras y encuentros.

Incluso las situaciones en las que experimentamos un conflicto moral, cuando nuestra vida parece verse arrastrada por circunstancias externas en direcciones radicalmente opuestas y nos vemos forzados a elegir una de ellas, atestiguan sutilmente una unidad del yo, un «todo» preexistente de compromisos vividos unos en relación con otros. Esto es lo que hace posible el dilema y prepara nuestra posible elección. El resultado de tal comprensión es que las elecciones que hacemos pesan mucho menos de lo que a menudo pensamos. Lo que más importa y lo que constituye nuestra libertad no es la elección en sí, sino la forma en que vivimos el camino que escogemos como una posibilidad continua dentro del círculo de una vida ya en marcha.

El significado de un ideal sobre cómo vivir

Puede resultar tentador pensar que el contraste entre el esfuerzo orientado a objetivos y la actividad por sí misma indica dos alternativas contrapuestas, y que deberíamos sustituir una por la otra si queremos encontrar una satisfacción auténtica y duradera. Pero el concepto de la actividad por sí misma, tal y como pretendo desarrollarlo aquí, no es simplemente un ideal en contraste con nuestras experiencias cotidianas. Se trata más bien de un relato o una explicación de nuestra vida, una interpretación de lo que más nos motiva y que encuentra expresión, de forma sutil e implícita, incluso en aquellas formas de ser que se apartan de lo que implicaría una comprensión coherente y lúcida de la actividad por sí misma.

Lo que quiero revelar es que la actividad por sí misma no es solo la antítesis del esfuerzo orientado a objetivos, sino que, de manera paradójica, es lo que hace posible ese esfuerzo orientado a objetivos como una manera de perdernos. Solo porque nuestra vida ya está unificada y guiada por un viaje sin un destino predeterminado, que implica como mínimo gestos hacia el autodominio, la amistad y el compromiso con la naturaleza, podemos perdernos en una parte de esa vida y caer víctimas de la estrechez de miras y la obsesión. Pero esto significa que si examinamos de cerca incluso el enfoque más limitado orientado a objetivos que parece no conocer nada más, encontramos indicios de una forma alternativa de vivir. Para que algo aparezca como una meta, de forma que podamos imaginarla, aspirar a ella y perdernos en su persecución, debe surgir del interior de una forma de vida que se entienda a sí misma como algo más que un esfuerzo orientado a una meta, aunque ese «más» no haya sido formulado conscientemente ni vivido con mucha coherencia. Los vicios autodestructivos en los que caemos, lo opuesto al autodominio, la amistad y el compromiso con la naturaleza, no son el resultado de tentaciones o fuerzas incompatibles con la actividad por sí misma, sino más bien formas en las que dicha actividad se desvía y distorsiona.

Dado que el ideal, por llamarlo así, ya está dentro de nosotros, o se expresa, aunque de forma inadecuada, en nuestra forma de vivir, el proyecto de recuperar y justificar el ideal implica descubrir de qué manera ya caracteriza nuestra vida, aunque no logremos verlo ni vivirlo de forma coherente. Así, al examinar las formas en las que fallamos en la manifestación del autodominio, la amistad y el compromiso con la naturaleza, incluso aunque nos parezca que estas se desvían radicalmente de lo que exigiría la virtud genuina, encontraremos que al menos existe una aspiración a alcanzar lo auténtico. Dicho de otro modo, en nuestras diversas formas de actuar y esforzarnos que equivocadamente creemos que nos traerán la felicidad, como las actitudes muy poco amistosas o incluso hostiles hacia los demás, o acciones que se oponen a la naturaleza, nunca estamos del todo satisfechos. Tras un análisis detenido, nuestras acciones revelan un descontento latente que solo puede satisfacerse en el ejercicio de la virtud genuina.

En este contexto, el «ideal» que propongo sobre cómo vivir es también una explicación de lo que significa vivir, una forma de dar sentido a nuestra vida tal y como la vivimos actualmente, incluidos los errores que cometemos. Los errores no deben entenderse como meras formas negativas de ser, o como posturas alternativas en desacuerdo con el ideal, sino como modos de confusión e incoherencia que señalan el camino hacia una verdad que se ha oscurecido. Aunque esto pueda sonar algo abstracto, creo que quedará claro a medida que analicemos una serie de ejemplos concretos del esfuerzo orientado a objetivos, como las formas de manipular a los demás usándolos como medios para nuestros fines o de apropiarnos de la naturaleza ignorando su significado. Veremos que, de forma implícita, estas situaciones implican una necesidad o un anhelo de autodominio, amistad y compromiso con la naturaleza.

1

El autodominio I
Aristóteles como guía para la vida contemporánea

Entender lo que significa ser dueño de uno mismo en el sentido riguroso y amplio que propone la filosofía clásica no resulta fácil. Si nos fijamos en Hollywood, en la política o en el mundo de las grandes empresas, encontraremos muchos ejemplos de autoconfianza, pero pocos de autodominio. La diferencia entre ambos conceptos radica en que uno supone demostrar una habilidad o seguridad en uno mismo en un cierto ámbito para conseguir un objetivo concreto, mientras que el otro consiste en manifestar integridad o coherencia en cada momento de la vida. Tener confianza en uno mismo es saberse y sentirse capaz de desempeñar un papel o realizar una tarea, como lanzar la pelota en un partido de béisbol, cerrar una negociación, dar una conferencia, impartir una clase, construir una casa o curar a un paciente. Ser dueño de uno mismo implica comprender que, por encima y más allá de la destreza y los logros en un campo concreto, es posible discernir y definir un arco narrativo de la propia vida en el que los éxitos y los fracasos alcancen una dignidad equivalente, como episodios que conforman lo que uno es.

Cuanto más busquemos personas que constituyan un ejemplo de la virtud del autodominio, capaces de relativizar sus metas, evitar la obsesión y la estrechez de miras, o bien de afrontar la adversidad con aplomo y espíritu de redención, más nos encontraremos identificando amigos, maestros, mentores y familiares que viven fuera de los focos.

Por un lado, todos aspiramos a ser dueños de nosotros mismos y admiramos a aquellos que lo son. No necesitamos que la filosofía nos enseñe que el autodominio es una virtud importante. Por otro, nos parece difícil mantenerlo de manera constante y a menudo lo malinterpretamos. Examinaremos varias razones por las que esto ocurre.

La presión de producir y lograr resultados

Es fácil perder el dominio de uno mismo en medio del ajetreo y el estrés de un típico día de trabajo, obsesionarse con la planificación y concentrarse en tachar tareas de una lista para lograr ciertos hitos, como conseguir un ascenso o acabar un proyecto. Aunque una vez alcanzada la meta nos encontramos anhelando una felicidad más duradera, solemos reprimir nuestra insatisfacción y volver a caer en la lucha por alcanzar objetivos.

La tensión entre el esfuerzo orientado a una meta y la actividad por sí misma es algo que experimento con intensidad en el contexto del entrenamiento físico. La forma en que disfruto de un entrenamiento de dominadas, con independencia del resultado, tiene muchas dimensiones. Una de ellas tiene que ver con una alegría que creo que es común a muchas otras actividades físicas, pero que a menudo se ve mermada y devaluada por percibir el ejercicio simplemente en función de sus efectos en la salud, la pérdida de peso, la ganancia de fuerza o cualquier otro resultado deseado. Me refiero al sentimiento de vitalidad que proviene de hacerse consciente de las propias capacidades mientras estas se manifiestan y responden a la resistencia que opone el mundo exterior. Tiene que ver con una cierta libertad de movimiento que se expresa en la interacción colaborativa con el entorno, como la barra de dominadas y la fuerza de gravedad, o bien, si estamos corriendo o caminando, con el sol, el viento, la lluvia y el paisaje. En su máxima expresión, implica incorporar como propio aquello que parece ajeno y externo, entablando una amistad con ello. Imaginemos, por ejemplo, la manera en que un marinero presta atención y responde al viento, que al principio actúa como una fuerza autónoma, pero poco a poco se deja persuadir hasta convertirse en un colaborador en la propulsión de la embarcación a través del océano. Esta libertad representa un oasis frente al conformismo monótono del movimiento que caracteriza gran parte de nuestra vida cotidiana, en la que nos encontrarnos limitados y encajonados de diversas maneras precisamente por esos medios destinados a facilitarnos la vida: ascensores, vagones de metro, cubículos de oficina, escritorios, sillas y otras «comodidades» o «estructuras eficientes» que nos obligan a movernos de cierta manera y a adoptar posturas que apenas cuestionamos.

Pero la alegría intrínseca del entrenamiento no es algo que experimente sin esfuerzo. Muchas veces me sorprendo a mí mismo evaluando una sesión en función de si he alcanzado las cifras que me había propuesto o por lo cerca que estoy de recuperar un récord. Es muy fácil caer en esta mentalidad orientada a las metas en un mundo en el que la tecnología y la publicidad nos instan a enfocarnos en el progreso y a cuantificar de manera obsesiva nuestros logros, midiendo pasos y segundos, tal como hacen nuestros Fitbit y otros aparatos similares. Este enfoque orientado a los logros me lleva a olvidar rápidamente que todas las veces que he alcanzado un récord —la primera vez en 2016, luego en 2017 y dos veces más en 2018—, la alegría del logro se desvaneció enseguida, obligándome a considerar el estilo de vida que había creado y plasmado en el entrenamiento para alcanzar esos hitos. También paso por alto el simple hecho de que los récords siempre se batirán, o peor aún (desde el punto de vista del reconocimiento), se perderán en un mundo que puede que un día ya no valore, de ninguna manera, la actividad de colgarse de una barra y luego elevarse hasta asomar la barbilla por encima de ella. Lo que perdura y sigue vivo y desarrollándose, me recuerdo, es la historia de la que dan fe tanto las victorias como las derrotas. Por ello, me animo a mí mismo a afrontar cada repetición como un reto en sí, como parte de un viaje abierto que no deseo que termine.

Me digo lo mismo cuando me siento ante mi escritorio a escribir: terminar un libro no es lo más importante. Una parte de mí quiere acabar el manuscrito cuanto antes, sobre todo sabiendo que pronto empezará el curso académico. Pero más significativa que la finalización es la actividad en sí misma, que incluye la claridad que pueda encontrar a través de ella y los nuevos horizontes que pueda abrir al tratar de expresar mis ideas en la página.

Cuando me enredo pensando en el producto acabado, recuerdo lo que el filósofo del siglo XIX Friedrich Nietzsche dice de forma tan evocadora al final de *Más allá del bien y del mal*, hablando de sus pensamientos escritos y ya consolidados, que han perdido algo de su encanto inicial: «¡Ay, qué sois, pues, vosotros, pensamientos míos escritos y pintados! No hace mucho tiempo erais aún tan multicolores, jóvenes y maliciosos, tan llenos de espinas y de secretos aromas, que me hacíais estornudar y reír —¿y ahora? Ya os habéis despojado de vuestra novedad [...], pero nadie me adivina, a base de esto, qué aspecto ofrecíais vosotros en vuestra mañana, vosotras chispas y prodigios repentinos de mi soledad».[1]

Las palabras de Nietzsche evocan la crítica de Sócrates a la escritura: en cuanto uno empieza a plasmar palabras en la página, corre el riesgo de reducir el viaje del pensamiento a la producción de conocimiento. Es fácil perder la apreciación de la apertura estimulante de la filosofía, esa sensación de que incluso la comprensión ganada con gran esfuerzo y mejor expresada no es más que una sugerencia, una invitación, una chispa para seguir avanzando. Reflexionar sobre el recorrido del proyecto con la ayuda de Nietzsche y Sócrates me ayuda a poner el final en perspectiva. Como mínimo, me doy cuenta de que debería agradecer el hecho de poder estar sentado ante mi escritorio, en un estudio con aire acondicionado después de una dura carrera en una pista abrasadora, e intento aclarar, de algún modo modesto, las ideas incipientes que me motivan. Es un magnífico día de verano. ¿Por qué iba a querer que se acabase el proyecto?

Mantener la alegría en el trascurso de una actividad cuando uno comprende el proceso que implica no es una tarea fácil. La dificultad proviene de la presión autoimpuesta de los plazos y las tentaciones asociadas al éxito y el reconocimiento, incluso en sus pequeñas manifestaciones, que nos alejan del significado intrínseco de la propia actividad. Hasta cierto punto, estas presiones son culturales. Provienen de una sociedad orientada a las metas en la que se concede gran importancia al desarrollo profesional. Pero en cualquier sociedad y en cualquier momento, el peligro de definir la experiencia en términos de éxito y fracaso es inevitable, incluso en metas no relacionadas con el trabajo. Esto tiene que ver con la propia naturaleza de la actividad humana, que, hasta en sus manifestaciones aparentemente no orientadas a objetivos —como cantar, bailar, charlar con los amigos, dar un paseo al atardecer—, pueden reinterpretarse fácilmente en función de un objetivo u otro: realizar una buena actuación, causar cierta impresión, lograr ver la puesta de sol o perdérsela por unos minutos.

La devaluación y el menosprecio del autodominio

La búsqueda del autodominio se torna aún más difícil debido a que esta virtud no es reconocida ni fomentada adecuadamente. Los actos de autodominio no suelen suscitar el ruido y la fanfarria de las grandes hazañas. Las expresiones del autodominio, como conocerse a uno mismo en relación con los compromisos adquiridos, actuar considerando la totalidad de la propia vida, mantener el aplomo ante la adversidad o saber recomponerse cuando todo se desmorona —aspectos que examinaremos más adelante— son mucho menos llamativas que la exhibición de talentos. Aunque el autodominio y el logro pueden ir ciertamente de la mano, a menudo no lo hacen. Además, en una sociedad que premia los logros, las personas que son dueñas de sí mismas pero con poco en su haber tienden a pasar desapercibidas.

Sócrates es un buen ejemplo. Aunque ejerció una influencia enorme sobre un pequeño número de alumnos, entre ellos Platón, no produjo por sí mismo nada perdurable. Hasta que Platón escribió sobre él, contribuyendo a convertirlo en una figura histórica mundial, Sócrates estuvo muy eclipsado, en cuanto a la importancia pública, por grandes oradores y estadistas como Pericles. La ética imperante en Atenas era aspirar a un heroísmo público que pudiera ser recordado, como el del mítico Aquiles. Este demostró una tremenda valentía en la guerra de Troya. Sin embargo, estaba perpetuamente enojado, obsesionado con la venganza y atormentado por el miedo a la muerte, pese a que la afrontó con una fortaleza increíble. Sin duda, demostró tener una imponente confianza en sí mismo en el campo de batalla, pero carecía del autodominio de Sócrates, y sufrió por ello.

El autodominio no solo se pasa por alto, sino que también se malinterpreta y menosprecia. La actitud discreta, imperturbable y a veces desenfadada de quien es dueño de sí mismo se confunde fácilmente con la indiferencia o la frivolidad. Cuando las personas que son dueñas de sí mismas sufren una desgracia, como un accidente de coche o la pérdida de un vuelo, no se alteran demasiado, sobre todo si ese suceso está fuera de su control o se trata de un error humano. Y esa tranquilidad puede molestar a quienes están atrapados en convenciones que dictan experimentar gravedad, ira, lástima o remordimiento extremo en esas situaciones. El cultivo del autodominio como una misión primordial en la vida implica exponerse a la malinterpretación común de ser una persona «irresponsable», «insensible» o de no preocuparse por «las cosas importantes».

La filósofa del siglo XX Hannah Arendt, judía emigrada a Estados Unidos en 1941, durante la Segunda Guerra Mundial, se enfrentó a este tipo de críticas cuando, en el transcurso de su cobertura periodística del juicio a Eichmann después de la guerra, comentó que el genocida nazi le parecía en muchos aspectos cómicamente absurdo. A algunos les resultó ofensivo que en vez de emplear solo un tono grave y condenatorio para hablar de Eichmann, Arendt se riera con ironía de lo que interpretó como una figura burocrática normal y corriente, bastante estúpida y patética, que reflejó en su famosa expresión «la banalidad del mal». En su defensa, Arendt afirmó que no podía evitar el tono de su reportaje. No era más que una expresión de su forma de ser: alguien que se enorgullecía de descubrir lo absurdo en lo terrible y que se reiría ante la perspectiva de una muerte segura. Había algo socrático en su respuesta. Cuando los amigos de Sócrates se reúnen a su alrededor entre sollozos antes de su ejecución y su amigo Critón le pregunta cómo le gustaría ser enterrado, Sócrates responde con su característico humor irónico: «Como queráis, si es que me cogéis y no me escapo de vosotros».[2] Lo que quiere decir Sócrates es que tan pronto como muera, su verdadero yo ya no se encontrará en el cuerpo yacente y sin vida frente a sus amigos. Por tanto, Critón no debería darle tanta importancia al entierro. Sócrates se negó a permitir que la sombra de la muerte perturbara la ligereza y la alegría con la que vivía.

Ni él ni Arendt eran personas insensibles que menospreciaran el sufrimiento desde una indiferencia cínica hacia la vida. Por el contrario, lo consideraban algo esencial en la existencia humana, como un enorme reto y una oportunidad para redimir la vida en sus momentos más oscuros. Lo que sí se esforzaban por evitar era la lástima por sí mismos, incluso ante las peores desgracias. Y del mismo modo que se negaron a sentir pena por ellos mismos, procuraron no dejarse abrumar por la lástima a la hora de interpretar el sufrimiento ajeno. En vez de eso, lucharon con tesón para entender el sufrimiento como parte de la vida y de la alegría de la redención. Sin embargo, un autodominio tan sublime y difícil de alcanzar es vulnerable al menosprecio de quienes confunden una vida buena con una vida exenta de dolor y sobrevaloran la lástima al confundirla con la compasión.

La tentación del placer vacío y las teorías de la felicidad que lo alimentan

Por mucho que me guste la sensación de mi peso hundiéndose en el pavimento con cada zancada mientras corro hacia el parque en una fresca mañana de verano para abrazar la barra de dominadas antes de que el sol esté demasiado alto, a menudo me enfrento al conocido dilema entre levantarme de la cama para la sesión de entrenamiento y pulsar el botón de repetición del despertador. Aunque sé que el entrenamiento será una experiencia más estimulante que quedarse en la cama dando vueltas medio despierto, hay algo muy seductor en la suave almohada y en la comodidad que representa. No quiero decir que el descanso sea algo malo. En el contexto de perseguir objetivos, el descanso, sobre todo el sueño profundo, que nos abstrae de la rutina diaria y nos permite soñar cosas para las que nunca habríamos dejado espacio en nuestras reflexiones diurnas, podría muy bien considerarse un modo de actividad superior a nuestros esfuerzos por alcanzar y lograr. Lo que quiero decir sobre la seducción de la almohada es que tendemos a eludir los retos que nos permiten desarrollar el carácter y expresar nuestra personalidad, y, en cambio, optamos por los placeres fáciles pero insustanciales de un estilo de vida convencional.

En lugar de mantenernos fieles a nuestro compromiso de salir al aire libre y disfrutar de la naturaleza, o de quedar con los amigos sin la mediación de Facebook o Instagram, nos distraemos con formas de diversión sin sentido que nos permiten desconectar de un estilo de vida frenético. Nos encontramos atrapados en el círculo vicioso de esfuerzos sumamente disciplinados seguidos por evasiones frívolas. Estas últimas pueden abarcar desde algo inofensivo, como relajarse viendo un programa de televisión basura al final del día, hasta algo perjudicial, como abusar del consumo de medicamentos con la esperanza de mitigar el estrés aparentemente inevitable del esfuerzo por alcanzar objetivos. La característica común de este tipo de evasiones es que nos proporcionan un placer fácil y momentáneo, pero nos dejan anhelando algo de lo que nos podamos sentir orgullosos.

La idea de una carrera profesional seguida del retiro laboral podría verse como una perversa alianza entre el esfuerzo y la entrega al placer a una escala mayor. La carrera se invierte en la búsqueda frenética de logros y en la ansiosa satisfacción de las llamadas necesidades de la vida, que en realidad, la mayoría de las veces, consisten en comodidades y símbolos de estatus. La jubilación se dedica al entretenimiento despreocupado, carente de aventura, riesgo o desarrollo personal. Por supuesto, en principio, el retiro laboral puede ofrecer la oportunidad de dedicarse a una actividad realmente significativa; pero debemos tener en cuenta que el uso de la palabra «retirado» para referirse al estado de una persona que ha concluido su carrera profesional, aunque busca transmitir algo positivo, evoca la imagen de alguien cansado, agotado, listo para ser aparcado. Resulta sorprendente que en casi todos los demás contextos «retirar» se emplea en el sentido de apartar, separar o rechazar. Si juegas en un equipo de béisbol y, en la novena entrada, retiran a tres bateadores seguidos, eso es malo.

Entonces, ¿por qué iba a ser bueno el retiro laboral? El término implica que la carrera profesional es una fuente de ansiedad y que la solución es retirarse y olvidarse de las preocupaciones.

Podríamos someter el término «vacaciones» a una crítica similar. El anhelo de tiempo libre, «vacante», al contrario del tiempo dedicado a una actividad de diferente categoría, tal como sugiere «día festivo», solo cobra sentido cuando se compara con el tiempo invertido en una espera ansiosa de la cual uno solo desea escapar.

Una buena parte de la literatura de autoayuda sobre cómo ser felices o tomar mejores decisiones nos lleva a imaginar la felicidad como un estado mental que debe alcanzarse más que como una forma de ser que hay que cultivar, alimentando nuestra tendencia a refugiarnos en las comodidades fáciles pero insustanciales. Este tipo de literatura, a menudo escrita por psicólogos, satisface tanto nuestra obsesión por la disciplina y la planificación (al sugerir que podemos crear nuestra felicidad corrigiendo los supuestos sesgos de la mente) como nuestra prisa por encontrar una escapatoria fácil a las presiones del trabajo orientado a objetivos.

Un ejemplo revelador de la manera en que se nos enseña a ver la felicidad como un estado mental y se nos insta a evitar el riesgo y la aventura, necesarios para el desarrollo del autodominio, puede hallarse en los consejos del psicólogo Daniel Kahneman, teórico de la elección racional, sobre cómo elegir el destino de las próximas vacaciones. Según Kahneman, cuando planificamos dónde ir, solemos estar influenciados por un «sesgo cognitivo» del «yo que recuerda». Este yo es propenso a distorsionar el placer que experimentó en algún viaje en el pasado. En especial, tiende a conceder una importancia excesiva al placer o al dolor que experimenta al final de un acontecimiento.[3] Si nuestras últimas vacaciones, por ejemplo, en la playa, terminaron mal porque hizo un tiempo espantoso, tendemos a insistir en ese final aunque hayamos disfrutado mucho los seis días anteriores. Influidos por el sesgo del «yo que recuerda», que representa el placer y el dolor de manera muy imprecisa, podríamos elegir ir a otro lugar en nuestro próximo viaje, por ejemplo, a la montaña, cuando en realidad seríamos más felices volviendo a la playa.

La premisa del planteamiento de Kahneman es que lo que constituye unas buenas vacaciones, o una buena experiencia de cualquier tipo, es el estado mental que las acompaña. Se supone que deberíamos hacer un cálculo global de lo felices que fuimos *realmente* sumando las apreciaciones no sesgadas de la cantidad de placer que experimentamos en cada momento. La felicidad, afirma, se encuentra en última instancia «en nuestra cabeza». Se trata de una condición o un estado que podemos percibir y evaluar con mayor o menor precisión en «tiempo real» a medida que lo experimentamos. En esta concepción no se considera en absoluto la relación de la felicidad con el sentido, ni tampoco la del sentido con la dificultad.

Cuando pienso en los viajes más significativos de mi vida, los que han contribuido, al menos en parte, a que hoy pueda considerarme feliz, me doy cuenta de que no fueron fáciles. Algunos implicaron frustrantes malentendidos que pusieron a prueba mi capacidad de comunicación, elecciones incorrectas que debí corregir, así como invitaciones no deseadas que tuve que rechazar con tacto y diplomacia o aceptar con valentía. Incluso las vacaciones que podría calificar de tranquilas o relajantes lo fueron solo en la medida en que dejaron espacio para actividades, conversaciones y salidas que me sacaron de la monótona rutina de los días laborables. Gracias a ello, pude enfrentar nuevas formas de resistencia sutil, como la dificultad de buscar un tipo especial de concha marina local o el reto de dar sentido a una práctica cultural. En este tipo de experiencias, el placer y el dolor no pueden diferenciarse del todo, pues la alegría de un descubrimiento es inseparable del esfuerzo que requirió.

En muchas de las experiencias más significativas de mi vida, mi estado mental distaba mucho de ser tranquilo. Si me hubieran conectado a una de esas máquinas para obtener imágenes cerebrales en las que ciertos psicólogos confían hoy en día, las llamadas regiones del estrés de mi cerebro seguramente se habrían iluminado. Sin embargo, al reflexionar sobre ello, elegiría volver a vivir esas experiencias de nuevas maneras, pese al estrés que las acompañó, en vez de los momentos de disfrute pasivo y efímero que apenas puedo recordar por su insignificancia.

Kahneman podría replicar que tengo una «preferencia» por la aventura y la narración de historias frente al placer, y que su marco del «yo que recuerda» y el «yo que experimenta» puede aplicarse a esa nueva preferencia. Pero al admitir la «preferencia» por la aventura y la narración de historias, por así decirlo, se desdibuja la diferencia entre un yo que experimenta y un yo que recuerda. Pues la sensación de que una experiencia es una aventura valiosa solo surge de manera retrospectiva, después de volver a casa, al reflexionar sobre ella, contarla a los amigos, conocer la reacción de estos y encontrar nuevas situaciones parecidas para las que ahora estaremos mejor preparados.

El yo que recuerda puede ser más *sabio* que el yo que experimenta, precisamente porque aparta u olvida el estado mental de «entonces» y tiene una visión clara de las lecciones aprendidas. Desde la perspectiva del viaje, solo hay un yo, no un aspecto *recordador* de nuestra identidad propenso a distorsionar lo que «de verdad ocurrió». (Los psicólogos contemporáneos también tienden a olvidar la visión de las escuelas de psicología anteriores, en particular el análisis freudiano, según la cual somos propensos a malinterpretar una experiencia tanto en el momento en que sucede como *a posteriori*). La idea de un yo que recuerda inherentemente sesgado es fruto de un espíritu resignado, sumido en un utilitarismo superficial y que ha perdido la perspectiva de la vida como un viaje.

Al contrario de lo que presume la teoría de la elección racional, deberíamos tener en cuenta que, con bastante frecuencia, los acontecimientos más significativos son aquellos que suceden acompañados de duda, ansiedad, malestar e incluso dolor, pues en ese momento aún no estamos capacitados o preparados para situarlos dentro de una historia que integre la lucha, la redención y el autoconocimiento. Si juzgáramos esas experiencias basándonos solo en nuestro estado mental en un momento concreto, podríamos condenarlas como situaciones de las que preferiríamos escapar o que desearíamos olvidar. Pero vistas con perspectiva, a la luz del lugar que ocupan en el contexto más amplio de nuestra historia, pueden llegar a parecernos esenciales para el significado y la dirección de nuestra vida. A veces, ni siquiera somos conscientes de que estamos inmersos en una experiencia significativa, pues ciertos gestos o encuentros pueden parecernos tan fragmentarios e intrascendentes que ni siquiera los registramos como acontecimientos importantes ni llegamos a elevarlos a la conciencia. Solo mucho después, cuando los acontecimientos ya han pasado y nos hemos liberado de ciertas distracciones que nos tenían atrapados en ese momento, podemos mirar atrás y reconocer algo como el inicio de un compromiso o una pasión que, a partir de entonces, ha pasado a formar parte de quienes somos. Cualquiera que haya sido nuestro estado mental en un momento dado —feliz, triste, ansioso, sereno, temeroso o valiente— resulta del todo intrascendente en comparación con la felicidad que estaba implícita en la propia actividad, aguardando un largo proceso de autodescubrimiento para emerger.

A menudo nos sentimos mal porque creemos que deberíamos sentirnos de otra manera. Pensamos que deberíamos sentirnos más felices cuando estamos con los amigos, más relajados en las vacaciones o más tranquilos al hablar en público. En esos momentos merece la pena dirigir una mirada crítica a esa idea de la felicidad que nos lleva a esperar un determinado sentimiento de nuestras experiencias. Solo cuando se concibe la felicidad como un estado mental que hay que alcanzar, puede surgir la pregunta de cómo debemos sentirnos. Frente a esta perspectiva orientada a los objetivos, podemos recordarnos que lo que hacemos tiene un significado intrínseco como acontecimiento en desarrollo dentro del contexto más amplio de nuestra historia, y que el sentimiento de satisfacción que podemos obtener de ello puede tardar horas, días o incluso años en manifestarse. Lo que importa en este enfoque no es cómo nos sentimos al hacer algo, sino nuestra percepción de su importancia como un intento, una propuesta, un momento en que expresamos quiénes somos, y cuyo significado va mucho más allá de lo que podamos comprender o apreciar o de si nos sentimos bien en ese momento.

La idea de la felicidad como actividad, y la consiguiente degradación del estado de ánimo al registro voluble y nunca del todo adecuado del significado o el sentido que se manifiesta en la forma en que vivimos, se expresa con claridad en el antiguo término griego *eudaimonia*, hoy traducido de manera casi unánime como «felicidad», pero que en realidad significa «buena fortuna» o, literalmente, «tener un buen *daimon* [a tu lado]». Para los antiguos griegos, los *daimones* eran semidioses benévolos que actuaban como espíritus guardianes, guiándonos desde el nacimiento hasta la muerte y el más allá. Por tanto, la felicidad, en el sentido griego antiguo, es inseparable de la actividad, de estar en el buen camino, guiados por el *daimon*.

Además, la felicidad está vinculada a la suerte. Según las creencias de la época en que Platón y Aristóteles escribieron, nuestros espíritus guardianes se nos asignan al nacer, lo que indica que la fuente de nuestra felicidad escapa a nuestro control. Aunque podemos elegir entre escuchar al *daimon* o ignorarlo, y ejercer así una forma significativa de poder (el de la atención y la respuesta), no podemos elegir el *daimon* que nos toca. La felicidad, tal y como la expresa el término de eudaimonía, es algo que nos sucede, no algo que podamos alcanzar mediante métodos de pensamiento positivo. La raíz de la palabra inglesa *happiness* tiene que ver con *happenstance*, o casualidad, y conserva la antigua sensibilidad griega, en contraste con nuestras aspiraciones contemporáneas de alcanzar la felicidad dominando los caprichos y obsesiones de la mente.

El concepto de eudaimonía de la antigua Grecia y sus adaptaciones cristianas, asociadas a las buenas obras y la bienaventuranza, perduraron hasta los inicios de la Edad Moderna, época en la que dieron paso de manera generalizada a la idea de felicidad como un estado mental que podemos alcanzar dominando las condiciones responsables de nuestra desdicha. La razón de este cambio debería hacernos sospechar de él.

Aunque hoy consideramos la búsqueda de la felicidad como algo inherente a la libertad, que, junto con esta última, se consagra en la Declaración de Independencia de los Estados Unidos como una verdad indiscutible, en realidad, tal búsqueda tuvo su origen en un proyecto de control social. Fue el filósofo del siglo XVII Thomas Hobbes quien inventó la felicidad como un estado mental, o al menos la infló hasta proporciones inauditas en épocas anteriores, para contribuir al orden político. Afectado por las encarnizadas guerras de religión, que

Hobbes atribuía a un dogmatismo obstinado y a una confianza exagerada en las convicciones personales sobre las cuestiones fundamentales, trató de ofrecer una filosofía política que promoviera la paz y el orden. Su solución radical consistió en condenar de manera absoluta el orgullo y sustituirlo por un ideal de felicidad desprovisto de juicio y de la libertad para actuar.

En beneficio de la paz y la tranquilidad psicológica, Hobbes proponía que entregáramos no solo las armas, sino también nuestro juicio moral y político a un Estado soberano unitario, que llamó el Leviatán. Lo que proponía era un trueque: juicio a cambio de bienestar. Según creía, se necesitaba una solución radical. Por eso insistió en que la humanidad anhelaba en realidad la paz, no el poder ni la autoafirmación. Sabía que esto era tanto una ficción como una realidad, como reconoce en un pasaje revelador acerca del impulso humano de buscar «un poder tras otro, que solo cesa con la muerte».[4] También señaló que la risa surge de la burla: la gente se ríe de las debilidades que percibe en los demás.[5]

Sin embargo, Hobbes dedicó un inmenso esfuerzo a promover la tranquilidad como la principal aspiración humana. Incluso llegó a concebir una ciencia según la cual la autoconservación no es solo una condición de la felicidad, sino también un instinto natural de la vida. La humanidad, afirmaba Hobbes, teme a la muerte por la misma ley que lleva la piedra a moverse hacia abajo.[6] Sabía que esto era falso, pues conocía demasiado bien a aquellos cuyo instinto más primario era enfrentarse a la muerte por sus creencias antes que deponer las armas. No obstante, Hobbes creía que se podía educar a la gente en esta nueva «ciencia» de la autoconservación. En cierto sentido, tenía razón. La presteza con la que hoy defendemos la supervivencia como el instinto primario de todas las formas de vida, aceptando las teorías darwinianas del comportamiento animal e incluso de la acción humana como si fueran los únicos relatos «racionales», atestigua la larga sombra de Hobbes. También lo hace la conocida creencia expresada, por ejemplo, por el psicólogo y autor Steven Pinker, de que, ante un conflicto moral, lo único en lo que todos podemos estar de acuerdo es que el mero hecho de estar vivos es algo bueno. A partir de esta premisa, pensadores utilitaristas como Pinker construyen toda una ética que no es más que un refrito de la de Hobbes.

La otra cara de la propuesta de Hobbes sobre la felicidad era su crítica al orgullo. En vez de combatir el fanatismo y el afán de dominación, los verdaderos azotes de la sociedad de su tiempo, el filósofo inglés atacó el orgullo sin más, tachando la confianza en las propias convicciones y juicios de «vanidad». Por supuesto, todo el proyecto «científico» de Hobbes constituyó posiblemente en sí mismo un presuntuoso acto de autoafirmación, la arrogancia de creer que podía transformar la naturaleza humana con la única ayuda de su retórica de lo «natural». No obstante, su proyecto tuvo efectos de largo alcance, en parte porque se apoyaba en una tendencia humana fundamental a afrontar los tiempos difíciles con resignación e incluso a justificar la propia debilidad ante el sufrimiento como algo «natural» o «moral». Hoy en día, cuando consideramos la supervivencia como un instinto inherente, cuando valoramos la paz y la felicidad sin llegar nunca a estar del todo contentos o a gusto, cuando disfrutamos de la seguridad y el confort, pero carecemos del orgullo para emitir un juicio, estamos siendo fieles al legado de Hobbes.

Nuestra tendencia a la evasión moralizadora

Si las tendencias que hemos analizado hasta ahora no constituyeran una amenaza suficiente para el autodominio, podríamos añadir un cuarto obstáculo que ya mencioné al analizar el golpe retórico de Hobbes: nuestra capacidad aparentemente ilimitada de reinterpretar la falta de autodominio y las debilidades personales como virtudes. Consideremos, por ejemplo, con qué facilidad nos convencemos de que una forma de laboriosidad frenética y planificación obsesiva, que nos deja escaso tiempo para la familia y los amigos y nos roba la alegría inherente al proyecto, es «dedicación» o una «autodisciplina responsable». Incluso podemos convencernos de que hacemos eso «para mantener a nuestra familia», cuando en realidad estamos satisfaciendo nuestra propia ambición.

Pensemos también cómo podemos intentar encubrir una inseguridad sumisa, que lo que busca es causar una buena impresión y agradar, bajo la imagen de «ser una buena persona», o incluso tachar de arrogancia la franqueza. El moralismo de este tipo representa una forma de autoengaño que nos arrastra hacia lo que Nietzsche denomina «el último hombre», la persona a punto de convertirse en un ser irreflexivo y desvitalizado, que ya no es capaz de reconocer su propia debilidad.

Nietzsche señala que, para el «último hombre», incluso la felicidad se convierte en una especie de imperativo moral de ser feliz y, por tanto, de mostrar aprecio por las comodidades de la vida moderna que se espera del individuo «de conocimiento». Los últimos hombres, dice el filósofo, alardean constantemente de cómo han «descubierto la felicidad».[7] Por supuesto, si estuvieran realmente satisfechos, no necesitarían alardear de ello.

En nuestra sociedad actual abundan los ecos de esa felicidad impuesta a la que alude Nietzsche. Encontramos un retrato humorístico de ella en un episodio de la serie *Larry David: Curb Your Enthusiasm*, en el que Larry, el protagonista, y su mejor amigo, Jeff Green, comen juntos en un restaurante elegante, aunque bastante corriente, de Santa Mónica. Mientras mastican la comida sin disfrutar genuinamente del momento, Larry, a punto de tragar un bocado, pregunta: «¿Te gusta?». Es más la exigencia de una respuesta afirmativa que una pregunta: una necesidad de que Jeff le asegure que está disfrutando precisamente porque percibe su sensación de vacío. Frases exclamativas como «increíble», «qué bueno» y «me encanta» son frecuentes en la serie. Suelen pronunciarse en situaciones que se supone que aportan felicidad, pero que, en el mejor de los casos, se traducen en placeres fugaces.

Un ejemplo omnipresente de la felicidad impuesta es el imperativo de sonreír a la cámara. Me llamó la atención después de viajar a países en donde la gente acostumbra a hacerse fotos sin sonreír al posar. No es que sean antipáticos ni taciturnos; simplemente no sienten la necesidad de mostrar felicidad cuando se supone que deben hacerlo. En vez de eso, se limitan a mirar con seriedad al fotógrafo, como si estuvieran escuchándolo.

A estos ejemplos cotidianos podríamos añadir concepciones más elaboradas de «ser feliz» que denotan cierta superioridad moral, como cuando intentamos contextualizar el sufrimiento de hoy comparándolo con la supuesta barbarie o violencia de épocas pasadas. Hay algo patético en una felicidad que solo puede disfrutarse ridiculizando otros lugares y otras épocas, por no mencionar la manera en que la barbarie puede haber adoptado nuevas formas insidiosas. La necesidad de enorgullecerse y ridiculizar habla de la superficialidad de nuestra felicidad.

Dadas las fuertes presiones que actúan en contra del autodominio —la exigencia de producir y lograr, la escasa apreciación de la virtud, el ideal equivocado de la felicidad como estado de ánimo y nuestra tendencia a la evasión moralizante—, no es de extrañar que nos cueste mantener e incluso identificar esta virtud. A la vez, sentimos que es algo esencial para nuestra felicidad, sobre todo cuando nos enfrentamos a obstáculos y dificultades. Para comprender mejor el autodominio y su importancia para la vida buena, vamos a recurrir a la filosofía clásica.

Aristóteles y la «grandeza de alma»

Al describir las diversas virtudes que caracterizan una vida buena, como el valor, la generosidad y la justicia, Aristóteles destaca una entre todas ellas como la más elevada, que denomina la «grandeza de alma» (*megalopsychia*). A nuestros oídos, el término puede sonar aplicable únicamente a los grandes héroes o líderes espirituales. Sin embargo, Aristóteles lo entiende como algo al alcance de todos. A veces se traduce «grandeza de alma» como «magnanimidad», lo que la acerca a un concepto contemporáneo conocido. Pero «magnanimidad», que sugiere una generosidad extraordinaria, no capta del todo la plenitud de la virtud que Aristóteles contempla. Como ocurre con cualquier palabra o expresión que denota algo esencial de la experiencia humana, la «grandeza de alma» es difícil de definir de manera abstracta. Comprenderla requiere ahondar en sus diversas dimensiones y manifestaciones. Sin embargo, el autodominio resulta una aproximación bastante válida.

Aristóteles presenta la grandeza de alma como la disposición adecuada con respecto al honor. Aquel que tiene grandeza de alma, «siendo digno de grandes cosas, se considera merecedor de ello».[8] Considerarse digno sin serlo, por el contrario, es ser arrogante o vanidoso. Y no considerarse digno siendo digno es ser pequeño o manso. Para Aristóteles, curiosamente, la pequeñez, que fácilmente podríamos confundir con la modestia, es un vicio no menor que la vanidad. La grandeza de alma es, pues, un «término medio», según Aristóteles, entre los extremos de la vanidad y la mansedumbre.

Como un ejemplo de la idea fundamental de Aristóteles de reclamar lo que a uno le corresponde, podríamos considerar el arrebato de orgullo de Muhammad Ali cuando, desafiando las probabilidades del mundo del boxeo, ganó el título de los pesos pesados a Sonny Liston y profirió su famoso grito a los periodistas que habían dudado de él: «¡Soy el mejor del mundo!… ¡Digan que soy el mejor del mundo!». Al exigir respeto como el mejor boxeador del mundo, Ali realizó una reivindicación justa y expresó una especie de grandeza de alma que podría haber sido fácilmente confundida con la vanidad por aquellos que le envidiaban o estaban resentidos por su asombroso triunfo. Si, por un exceso de modestia, hubiera restado importancia a su victoria calificándola de casualidad o de golpe de fortuna, habría manifestado una especie de pequeñez, capitulando ante la injusticia de los aficionados y comentaristas que se resistían a concederle lo que le correspondía. Ali reclamó lo que se merecía. A veces, por supuesto, hacía reivindicaciones exageradas, como cuando presumía de que sus hazañas en el boxeo superaban a los mayores logros en cualquier campo de cualquier época. En esto, se le podía acusar con razón de vanidoso, aunque se trataba de una vanidad irónica.

Cuando Aristóteles introduce inicialmente la idea de la grandeza de alma, podría parecer que se refiere a un anhelo humano por obtener el respeto de los demás, al menos un respeto proporcional a los logros alcanzados. Pero a medida que avanza en su descripción de la virtud, deja claro que esta trasciende la preocupación por el honor.

Para quien tiene grandeza de alma, escribe Aristóteles, «el honor es algo pequeño».[9] De este modo, desafía la ética basada en el honor que imperaba en la antigua Atenas y nos lleva a replantearnos la idea de que la alabanza, grande o pequeña, sea necesaria para una vida buena. La persona de alma grande, afirma Aristóteles, desprecia los honores que se otorgan «por motivos fútiles».[10] Y añade que es propio de ella «evitar ir hacia cosas que se estiman».[11] «Será moderadamente complaciente con los grandes honores otorgados por los hombres virtuosos». Pues sin que importe quién le confiera un honor, considerará que «no puede existir nada mayor para otorgarle».[12]

Aristóteles sugiere así una disposición a enorgullecerse del propio trabajo o de la actividad por sí misma. La persona de alma grande aprecia el reconocimiento de los demás, pero no lo necesita. Seguiría haciendo lo que hace con independencia de él. Aristóteles opina que sentir orgullo por el trabajo realizado implica defenderlo y reclamar que se reconozca, no por desear el reconocimiento por sí mismo, sino por merecerlo. Uno debe respetar y defender su trabajo, incluso cuando otros lo menosprecian. Si, después de decir lo que uno piensa, sigue sin recibir el honor que merece, que así sea. La cuestión no es el honor, sino el respeto por uno mismo. Y parte de este consiste en no insistir en el honor cuando este se nos niega injustamente. Insistir sería rebajarse ante quienes lo niegan, arrastrarse ante personas cuyo respeto deberíamos despreciar. Consideramos la injusticia sufrida simplemente como mala suerte, el juicio de personas resentidas, estrechas de miras o benévolas pero incapaces de apreciar y reconocer el valor de lo que hacemos, y retomamos nuestro trabajo como si nada hubiera ocurrido. Absortos en lo que hacemos, no tenemos tiempo para el rencor: una persona de alma grande no tiene la costumbre de «recordar lo pasado, especialmente lo que es malo, sino, más bien, pasarlo por alto».[13] Aristóteles presenta así la imagen de alguien amable pero no pusilánime que, en virtud de su propia norma de lo correcto y lo incorrecto, no necesita la validación externa y, por tanto, se mantiene por encima de las mezquindades a las que es propensa la vida humana.

Aparte de las situaciones relacionadas con la concesión de honores, la grandeza de alma también afecta a la actitud y el modo de expresarse en la comunicación cotidiana. Implica decir lo que uno piensa y aceptar que los demás puedan discrepar. La persona de alma grande es «de amistades y enemistades manifiestas (porque el ocultarlas es propio del miedoso».[14] La fuente de tal franqueza es una preocupación permanente por la verdad por encima de la reputación: la persona con grandeza de alma «se preocupará más de la verdad que de la reputación».[15]

Tal confianza se manifiesta incluso en los gestos sutiles del cuerpo: en unos «movimientos sosegados [...], una voz grave, y una dicción reposada». Pues la persona «que se afana por pocas cosas» no actuará de forma apresurada.[16] Correr de manera incesante de un lado a otro, dice el filósofo griego, es preocuparse demasiado por el lugar adonde vamos y no lo suficiente por la propia dignidad en cada paso que damos. ¿Por qué dejar que el destino nos altere? Aristóteles nos insta a reflexionar sobre las numerosas circunstancias cotidianas en las que nos encontramos corriendo ansiosos de una cita a la siguiente, como si llegar tarde fuera el desastre definitivo. En ocasiones es preferible conducirse con dominio de uno mismo que llegar a tiempo.

En la crítica de Aristóteles a la forma de hablar apresurada y el andar afanoso hay implícita una crítica al esfuerzo orientado a la consecución de objetivos. La razón por la que nos desplazamos corriendo del punto A al punto B es porque concebimos nuestra vida como una serie de destinos que hay que alcanzar. La razón por la que hablamos a toda velocidad en un tono monótono es que queremos condensar de manera ansiosa un montón de palabras en una sola respiración, como si el objetivo de hablar fuera transmitir información o dar la impresión de estar bien informados. Aristóteles nos recuerda que debemos respirar hondo y cultivar un estilo del que nos sintamos orgullosos, una manera consciente de hablar y de movernos que proyecte nuestro yo auténtico. Afirma que nuestros modales y costumbres cotidianos dicen mucho de quiénes somos. Nuestra forma de expresarnos, la cadencia del habla y el tono de la voz, aspectos de nuestra forma de actuar que podríamos inclinarnos a tachar de superficiales, son un reflejo de nuestro carácter.

En esencia, lo que Aristóteles propone es expresarse con autenticidad: una asertividad sincera que se resista a esas normas del decoro que nos desvirtúan y a la preocupación excesiva por lo políticamente correcto. Al mismo tiempo, recomienda una cierta nobleza en la forma de hablar: al expresarse de manera honesta, la persona con grandeza de alma no actúa movida por la inquina, la condena o el resentimiento, sino por el deseo de transmitir la verdad.

¡Hablemos claro! Lo que decimos y cómo lo decimos refleja quiénes somos

La premisa de Aristóteles de que nuestra manera de hablar es inherente a nuestro carácter puede ayudarnos a identificar y superar las innumerables formas de hablar evasivas que amenazan con minar poco a poco nuestro poder día tras día. Pensemos en cómo, por vergüenza o timidez, a menudo sustituimos una petición directa por algo vago y que suene bien. Un ejemplo muy extendido es el uso de la expresión «establecer lazos» cuando en realidad queremos decir «pedir asesoramiento» o «solicitar una donación». Este lenguaje corporativo no solo es eufemístico y engañoso, sino también apocado. Alguien que cree en su proyecto o misión no debería avergonzarse de pedir apoyo.

Un ejercicio de autoexamen divertido y que podría ser gratificante es tratar de sorprendernos en ciertos hábitos al hablar que Aristóteles nos aconsejaría evitar. Se me ocurre, por ejemplo, dejar las frases en suspenso o concluir una opinión con un «pues eso…» o un «no sé…», como si expresar lo que pensamos con un punto final fuera algo ofensivo. En los círculos de intelectuales y profesionales, una trampa habitual es hablar muy deprisa y con gran verbosidad, a veces ofreciendo y refutando varios argumentos sin una pausa, lo que deja poco espacio para que otros interrumpan o planteen preguntas. Aunque este tipo de discurso refleje cierta fluidez y erudición, también denota un temor sutil a ser cuestionado. Con frecuencia, el discurso se acompaña de ciertas expresiones en tono asertivo, como «¿no es cierto?» o «como saben...», precisamente en las partes más cuestionables del relato. He descubierto que los profesores de filosofía son especialmente proclives a ello, y yo no me excluyo.

Cuando me sorprendo hablando de esta manera, me acuerdo no solo de Aristóteles, sino también de mi profesor de matemáticas de octavo curso, el señor C. Con él aprendimos bastante álgebra, pero nos enseñó mucho más sobre el dominio de uno mismo. Uno de los aspectos en los que hacía hincapié era en la importancia de expresarse con seguridad. Nos enseñó sobre todo a través del ejemplo. Sin embargo, tenía algunas reglas: sentarse derecho, hablar en un tono audible y contestar «sí» en vez de «vale...». En parte era una reminiscencia de la vieja escuela. Quería que habláramos de una manera respetuosa, propia de estudiantes. Pero también intentaba fomentar en nosotros un cierto autodominio a una edad temprana: el de expresarnos con claridad y con autoridad.

Es muy fácil adoptar de manera inconsciente maneras evasivas de hablar que distorsionan lo que queremos decir y que pueden reflejar una falta de autodominio. Todos, incluso los oradores más elocuentes y originales, somos vulnerables a las presiones, en gran medida inconscientes, del conformismo distorsionador. Este incluye las formas de amabilidad superficial que, en realidad, son manifestaciones de una deferencia excesiva: demasiados «por favor» y «gracias» al hacer peticiones mundanas, o disculpas efusivas por malentendidos cotidianos que no son culpa nuestra. Aprender a expresar lo que queremos decir y a proyectar lo que somos es un proceso interminable.

La dificultad radica en gran medida en lograr reconocer ciertas frases y formas de hablar como cuestionables. Para ello, es necesario moverse en diferentes círculos a lo largo de la vida y adquirir las bases para discernir entre los distintos tipos de discurso. Una de las razones por las que he llegado a apreciar el entrenamiento físico como una parte esencial de mi viaje de autodesarrollo, y no como un mero medio para alcanzar una meta, es porque me ha permitido encontrar una forma de expresión franca que habría sido difícil cultivar solo en el mundo académico. Si el vicio característico del discurso académico es la prolijidad evasiva que proyecta cierta pequeñez de alma, el del gimnasio es la autoafirmación rotunda que proyecta vanidad o tosquedad. Pero hay una suerte de equilibrio aristotélico en una manera de hablar que no cae en ninguno de los dos vicios. A menudo he pensado que los gritos de los entrenadores dando instrucciones a los jugadores durante un partido, las expresiones de ánimo entre compañeros en una sesión intensa de entrenamiento o las bromas directas entre series de dominadas apuntan al tipo de discurso franco que propone Aristóteles.

Una y otra vez, me encuentro volviendo a la enseñanza del griego: tener grandeza de alma es evitar usar muchas palabras cuando bastan unas pocas, expresar tu opinión y esperar a que los demás respondan. Tal vez los demás estén de acuerdo, o tal vez expresen un punto de vista que nos lleve a reconsiderar nuestra opinión. En cualquier caso, saldremos ganando. Mantengámonos centrados en la verdad y la sabiduría, y dejemos de preocuparnos tanto por la impresión que causamos. Seamos diplomáticos, por supuesto, pero sin dejar de ser fieles a nosotros mismos.

Sobre el equilibrio entre la diplomacia y la expresión franca, Aristóteles propone lo siguiente: es propio de quien tiene grandeza de alma «ser mesurado con los de nivel medio» y «que hable y actúe abiertamente (tiene, en efecto, desparpajo porque es desdeñoso, y es veraz, excepto cuando es irónico, esto, solo con el vulgo)»,[17] pero «ser altivo con los de elevada posición y con los afortunados».[18] Ser excesivamente decoroso y deferente con las personas en posiciones de autoridad o de prestigio, afirma, es desvirtuarse a uno mismo para causar una buena impresión. Tal adulación es una forma de debilidad. En todo caso, sugiere Aristóteles, deberíamos hacer un esfuerzo especial por ser sinceros ante esas personas, preservar la propia estima y demostrar que no nos impresiona la reputación. De esta manera, a menudo se gana el respeto de los demás, pero lo más importante es que constituye un respeto hacia nosotros mismos. En cambio, en compañía de personas que no gozan de reconocimiento, debemos esforzarnos por ser modestos para no hacer que se avergüencen o sean demasiado tímidos al expresar sus opiniones cuando puedan tener algo que valga la pena decir. La persona con grandeza de alma se humilla ante los de condición modesta por la misma fuerza que le impulsa a la altivez en compañía de los notables.

Cultivar el propio juicio

En la manera de hablar franca de la persona con grandeza de alma subyace la capacidad de juicio. Cuando Aristóteles escribe que a esta persona no le importan los honores ofrecidos al azar o por motivos fútiles, la imagina emitiendo un juicio implícito: existe una diferencia entre la mera aclamación popular y el honor otorgado por una figura digna. Este juicio apunta a otro: existe una diferencia entre el valor real de nuestras acciones y la manera en que el mundo las percibe.

Hoy en día, la virtud del juicio ha caído en desgracia. Ser «crítico» se considera algo negativo, equivalente a ser «intolerante», de «mente cerrada» o «poco compasivo». Y, sin embargo, nos encontramos haciendo juicios todo el tiempo: decidiendo con quién asociarnos, qué trayectoria profesional seguir, cómo equilibrar la vida laboral con la vida familiar o si pulsar el botón de repetición de la alarma del despertador o salir a correr.

La razón por la que despreciamos el juicio de forma general, y no en concreto esos juicios punitivos que realmente deseamos rechazar, puede remontarse a la denuncia de Hobbes del fanatismo en su rechazo total del juicio. Recordemos que su proyecto de instaurar la paz y el orden en medio de las guerras de religión implicaba sustituir el orgullo de tomar partido por un ideal de felicidad imperturbable. Hobbes se esforzó de manera implacable por persuadir a la gente de que sus juicios eran meramente «subjetivos» y que solo conducirían a conflictos inútiles e insolubles. Era mejor delegar el juicio sobre asuntos importantes en la autoridad pública, argumentaba. Nuestro escepticismo ante el juicio podría muy bien hablar del triunfo retórico de Hobbes.

Sin embargo, por mucho que intentemos ser cautos a lo hora de emitir juicios, no podemos eludir la responsabilidad de implicarnos en ellos, en especial cuando se trata de cómo vivir nuestra propia vida.

Mantener y cultivar la capacidad de juzgar no es fácil, especialmente ante la mentalidad orientada a los objetivos que nos impulsa a ver la acción en términos de utilidad y logro. Al dejarnos atraer por el enfoque orientado a las metas, asociamos el juicio con la capacidad de elegir o tomar decisiones que persiguen un resultado concreto, ya sea la salud, la estabilidad financiera o el placer. Mientras que el juicio solo puede realizarlo uno mismo a la luz de la imagen a la que aspira, la elección y la toma de decisiones pueden ser ejercidas por cualquier persona con las habilidades necesarias para obtener lo que desea. En cuanto nos propongamos alcanzar un objetivo concreto, por ejemplo, salud, riqueza o fuerza corporal, podemos estar seguros de que habrá un experto dispuesto a vendernos algún método para lograrlo.

Cuando la vida misma se convierte en una ciencia de cálculos orientada a objetivos, aparece otro tipo de experto, el metaexperto. Este no se centra en una disciplina concreta (como la medicina), sino que afirma conocer el propio arte de la felicidad. Es un tipo determinado de psicólogo conductista especializado en los métodos para «tomar decisiones de forma racional» y que promete identificar los llamados sesgos cognitivos que conducen a las elecciones «irracionales». Si se preguntara al psicólogo con qué derecho recurre a términos universales como «razón», «irracionalidad» y «sesgo» al referirse simplemente a decisiones destinadas a maximizar la utilidad, se vería obligado a admitir que lo que entiende por «razón» es lo que la mayoría de la gente considera como el cálculo más adecuado para lograr sus objetivos. Al admitir tal cosa, el psicólogo se degrada a defensor de un tipo de existencia utilitario y orientado a objetivos, y desacredita su arrogante pretensión de conocer la mente o ser un experto en la ciencia de la «racionalidad».

¿Quién puede afirmar que incluso las extravagantes decisiones que los psicólogos consideran irracionales o sesgadas no son reflexivas a su manera, aunque desde una perspectiva no utilitarista? Consideremos el caso de alguien que prefiere comprar una pieza de carne con un «90 por ciento de carne magra» a comprar otra con un «10 por ciento de grasa», un ejemplo que los psicólogos conductistas citan como prueba de un «sesgo de encuadre». Este sesgo significa que nuestro cerebro, ante dos opciones claramente equivalentes, es más receptivo a la que suena más positiva por cómo está formulada. Una explicación perfectamente posible de por qué la gente prefiere el «90 por ciento de carne magra» no tiene nada que ver con un sesgo arraigado. Cuando los consumidores compran, no intentan reducir al mínimo la ingesta de grasa, sino ajustarse a una determinada imagen de sí mismos. En una sociedad que valora la alimentación saludable como una moda, los consumidores desean identificarse con «esa persona que come poca grasa». Para demostrarse a sí mismos y a la gente de su entorno, incluso al carnicero, que están a la última en las tendencias de salud, eligen el 90 por ciento de carne magra. Aunque este tipo de autoimagen podría tacharse de superficial o equivocada (¿por qué debería considerarse que la salud es una virtud?), desde luego no es irracional ni un mero capricho del cerebro. Implica una autoconciencia matizada por la reputación y el orgullo. Pero de la misma manera que un médico tiende a ver todo desde el punto de vista de la salud, el psicólogo conductista tiende a interpretar todo desde el punto de vista de cómo se evalúa. Lo que parece ser una ciencia universal de la vida es, en realidad, una interpretación de la toma de decisiones tan limitada como la de cualquier otra perspectiva profesional.

No hay nada malo en dejarse aconsejar por expertos en ámbitos concretos. Si nos rompemos una pierna y queremos curarnos de forma rápida y segura, acudimos a un médico. Convencerse de que uno puede curarse por sus propios medios sería una tontería. Pero si nos acostumbramos a depender de los expertos para obtener lo que deseamos, es fácil que lleguemos a necesitar sus consejos en ámbitos que exceden con mucho su competencia.

Cuando un experto se ocupa de algo que mucha gente desea y necesita, como la salud, podemos tender a creer que esa persona podrá no solo recomendarnos un plan de acción para un objetivo concreto, sino también convertirse en un guía para la vida. Empezamos a confiar en el médico tanto para que nos cure la pierna como para que nos aconseje sobre los riesgos que debemos y no debemos correr una vez nos recuperemos. Olvidamos fácilmente que el médico solo puede hablar de los resultados probables para la salud, pero no de cómo debemos actuar.

Los expertos tienen todo el derecho, y quizá incluso el deber como seres humanos reflexivos, de ofrecer sus puntos de vista sobre cómo vivir. Pero sus opiniones no sustituyen a las propias. Con demasiada frecuencia, seguimos de forma irreflexiva los consejos de los expertos respecto a la vida en general simplemente porque tienen autoridad en un ámbito significativo. Les cedemos nuestro juicio por miedo a juzgar por nosotros mismos. Por el temor de juzgar de manera equivocada y asumir la responsabilidad de las consecuencias, delegamos nuestro juicio en otra persona con un barniz de respetabilidad: con un título elegante, una bata blanca o un traje y una corbata. Si las cosas salen mal, al menos podemos decirnos a nosotros mismos y a quienes pueda afectar nuestro fracaso: «Bueno, contraté al mejor asesor que existe. ¿Qué más puedo hacer?». De esta manera, intentamos salvar nuestro orgullo y limpiar nuestra conciencia.

Los expertos, halagados por la deferencia que reciben y orgullosos de su maestría en una competencia ampliamente valorada, se toman mayores libertades para pontificar desde la estrecha perspectiva de su profesión sobre asuntos que nada tienen que ver con sus conocimientos técnicos. La seguridad en sí mismos que proyectan atrae a un número cada vez mayor de crédulos que buscan que les aconsejen, y eso se convierte en algo difícil de resistir, incluso para aquellos con una buena dosis de autodominio.

La tendencia de los expertos a sobrepasar sus límites se ilustra de manera memorable en el relato del juicio de Sócrates, en cómo interroga a diversos ciudadanos atenienses para comprobar si son más sabios que él. Cuando llega a los expertos técnicos (los artesanos), observa que, de hecho, poseían una sabiduría que a él le faltaba: eran capaces de crear y arreglar cosas. Pero estos pensaban que, en virtud de su habilidad, eran también sabios en otros asuntos, incluidos los más importantes, «y ese error velaba su sabiduría».[19]

Un ejemplo cómico del planteamiento de Sócrates se encuentra en *El banquete*, de Platón, en el manierismo expresivo y el discurso sobre el amor (*eros*) de Erixímaco, el médico. Sócrates, Erixímaco y otros notables atenienses están reunidos alrededor de la mesa de Agatón, el laureado poeta trágico, para celebrar el reciente premio que este ha recibido por una obra teatral, y empiezan a debatir sobre cuánto vino deberían beber. Todos están de acuerdo en que, como la noche anterior habían bebido en exceso, serán comedidos. Una vez decidido esto, Erixímaco se encarga de disertar sobre la embriaguez, dada su experta opinión como médico: «Pero ya que me parece que ninguno de los presentes se encuentra inclinado a beber mucho vino, tal vez si yo dijera ahora la verdad sobre qué es el embriagarse resultaría menos desagradable. Creo, efectivamente, haber llegado por el ejercicio de la medicina a la evidencia de que la embriaguez es perjudicial para el hombre. Así, ni yo mismo querría de buen grado beber más de la cuenta, ni tampoco se lo aconsejaría a nadie».[20]

Obviamente, Erixímaco habla desde la perspectiva limitada de un médico orientada a la salud, pero afirma conocer «la verdad» de lo que es la embriaguez. Pronto queda en ridículo, ya que, al final del diálogo, Alcibíades, joven promesa de la política y las hazañas militares de Atenas, irrumpe borracho, profiriendo de forma inesperada elogios sinceros a Sócrates que seguramente habría reprimido de haber estado sobrio. La idea de que, desde la perspectiva de la autocrítica sincera, la embriaguez sea algo negativo resulta, cuando menos, cuestionable. Sin embargo, para el médico, la embriaguez perjudica la salud y, por tanto, es algo malo.

La necedad de Erixímaco se ve agravada por el risible discurso sobre el amor (eros) que ofrece con notoria pretensión. (Eros es el tema de discusión durante la cena y el que conduce el diálogo). Mientras que otros participantes más reflexivos describen el amor como apego apasionado, añoranza de la otra mitad perdida (Aristófanes) o amor a la belleza (Sócrates), Erixímaco ofrece una divagatoria descripción de eros desde el punto de vista de la salud (quizá el tema menos erótico). Eros, afirma, es la perfecta armonización del cuerpo propiciada por el arte de la medicina. Para subrayar lo ridículo de la seguridad con la que habla Erixímaco, Platón hace que comience su discurso con la arrogante observación de que, aunque los demás hablaron bien, él podrá ahora «llevar a término la discusión» ofreciendo una explicación adecuada de lo que es el amor. Ninguno de los otros había hecho tal afirmación.[21] Pero forma parte de la naturaleza de los expertos, ya sean médicos, abogados o mecánicos, ver soluciones en lugar de enigmas.

Hasta cierto punto, Erixímaco es una caricatura del experto que se cree sabio en todos los asuntos. Y, sin embargo, hay quienes aceptan sin reservas la seguridad que proyecta. Fedro, otro invitado a la cena, es uno de ellos. En respuesta a la amonestación de Erixímaco sobre la bebida, acata las órdenes del médico: «Bien es verdad [...] que yo personalmente tengo por costumbre hacerte caso [a Erixímaco], sobre todo en lo que dices de medicina, pero ahora, si meditan bien, te obedecerán igualmente los demás».[22]

Fedro representa, por tanto, nuestra tendencia a confiar en los expertos en virtud de su pericia, incluso cuando hablan sobre asuntos que no tienen nada que ver con esta, como, por ejemplo, sobre cuánto se debería beber en una cena. Evidentemente, esto no es una cuestión médica, sino de juicio, de sabiduría pragmática: cómo equilibrar la alegría de beber en compañía frente al precio de una resaca. Sin embargo, Fedro, cautivado por el título de Erixímaco, le obedece dócilmente, incluso exhorta a los demás para que sigan su ejemplo. Su respuesta ejemplifica una amenaza a la capacidad de ser dueños de nosotros mismos que se ha dado en todas las épocas: la tentación de delegar en un experto, ya sea un médico, un psicólogo o un economista, un asunto que en realidad requiere un juicio personal o político.

Podemos encontrar una reinterpretación contemporánea de esta tentación en otro episodio de *Larry David* titulado «Los terapeutas». Desesperado por recuperar a Cheryl, su exmujer, pero sin atreverse a confiar en su propio juicio, Larry pide consejo a su terapeuta. Este le recomienda que sea tajante y dé un ultimátum a Cheryl: «Quiero que vuelvas a vivir conmigo. Tienes tiempo hasta el lunes para decidirte. Después, la oferta quedará cancelada». Antes de poner en práctica el consejo del terapeuta, Larry está disfrutando de un almuerzo distendido con Cheryl. Las cosas parecen ir por buen camino hasta que llega el momento de la verdad. Obligado a seguir la recomendación de su terapeuta, lanza su propuesta. Como era de esperar, ofendida por la actitud apremiante de Larry, Cheryl reacciona indignada y sale furiosa del restaurante. Persiguiéndola en un vano intento de rectificar la metedura de pata, Larry grita en un tono lastimero: «¡Fue mi terapeuta quien me aconsejó que te lo dijera!».[23]

El episodio invita a reflexionar en dos sentidos. En primer lugar, muestra la facilidad con la que confiamos en los expertos en asuntos que escapan a su competencia profesional. Pese a que algunos terapeutas afirmen ser «expertos» en relaciones, y aunque algunos, a través de un estilo socrático de cuestionamiento, puedan ser buenos dando consejos, no está nada claro que sean capaces de ello en virtud de una formación *técnica* y no del cultivo del sentido común y la atención a las diversas motivaciones humanas. No hay razón para suponer que un «experto» en relaciones, simplemente por haber aprendido ciertos principios de los libros y seguir un método específico, esté más capacitado que un amigo sensato o un conocido sabio a la hora de aconsejar a alguien sobre cómo encontrar la pareja adecuada o salvar una relación rota. En definitiva, cuando se trata de algo que afecta de cerca al bienestar humano, como el tipo o la calidad de las relaciones que contribuyen a una vida dichosa, los consejos de una persona, por mucha experiencia profesional que esta haya atesorado, no pueden superar la filosofía de vida en la que se basa de manera implícita o explícita. Y, sin embargo, nos inclinamos a confiar en los expertos tan solo porque sus títulos, los testimonios de sus clientes y (paradójicamente) los elevados honorarios que cobran por sus servicios nos dan seguridad. En vez de considerar el consejo de los expertos como una opinión, junto con la de los amigos, mentores y familiares, y luego formarnos nuestro propio juicio, lo tomamos como si fuera la palabra de Dios.

En segundo lugar, el episodio nos lleva a reflexionar sobre qué significa emitir un juicio. ¿Se trata de obtener un resultado concreto, como recuperar a la esposa? ¿O bien de expresar nuestra esencia: «tanto si la recupero como si no, intentaré ser fiel a mí mismo y no falsear mi personalidad para conseguir un resultado»? No está claro que los dos objetivos puedan separarse del todo. Para «recuperar a la esposa» de una manera genuina y duradera, podría ser necesario reavivar una relación de la que uno es responsable. Aunque el ultimátum del terapeuta hubiera logrado que Cheryl volviera a vivir con Larry, esa «recuperación» no implicaría necesariamente que se hubieran superado las fuentes de descontento que llevaron a esa ruptura. No habría servido para reconducir o hacer más profunda la relación entre ambos de la manera que podría hacerlo un gesto sincero y personal.

En última instancia, el episodio nos ayuda a comprender que el propio acto de aceptar y aplicar los consejos de los expertos es contraproducente, con independencia del resultado, si implica renunciar a nuestro propio juicio, forma de ser y principios morales. El experto puede ayudarnos a conseguir ciertas metas. Pero sin nuestra ratificación personal del plan de acción, lo que consigamos será por fuerza algo externo. No será algo imbuido de nuestro propio carácter, sino algo que nos ha cedido otra persona: un impulso ajeno, no un punto de referencia en una narrativa personal.

Lo que aprendemos de los relatos de Platón y Aristóteles, y, por extensión, de la difícil situación de Larry David, es que con el juicio, a diferencia de lo que ocurre con la mera elección o toma de decisiones, no se pretende alcanzar un fin concreto ni acrecentar un bien, sino adoptar una postura. Se trata de afirmar nuestro sentido del yo y asumir la responsabilidad de nuestras acciones.

Los tentadores peligros de la tecnología que drena nuestra vitalidad

Para agravar las amenazas a nuestro juicio personal derivadas de depositar una fe ciega en el conocimiento experto, hoy contamos con los avances tecnológicos que prometen simplificar la vida, pero que al mismo tiempo eliminan oportunidades para la aventura y el desarrollo del carácter. Desde la aparición de los teléfonos móviles hasta Netflix, pasando por los sistemas de navegación GPS y ahora los coches sin conductor, la tecnología agiliza cada vez más nuestras vías de comunicación y movimiento. Estas innovaciones reflejan nuestra cultura orientada a los objetivos y centrada en la eficiencia. Nos ayudan a conseguir lo que queremos sin pasar por un proceso largo y difícil para adquirirlas. El último eslogan de Apple para su reloj inteligente, «Oye, Siri, hazlo todo por mí», bien podría ser el lema de nuestro tiempo.

El problema con la capacidad, aparentemente milagrosa, como dice Apple, de «buscar lugares, identificar la canción que está sonando o incluso obtener una traducción con solo mover la muñeca» es que el proceso por el que solíamos pasar para conseguir tales cosas, aunque podía ser tedioso, constituía a menudo una ocasión para desarrollar el carácter y los propios deseos, no solo para satisfacerlos.

Pensemos en la experiencia, ahora pintoresca, de acudir al videoclub un sábado por la tarde para escoger alguna opción de entretenimiento. Requería cierto esfuerzo. Había que levantarse, ir andando o en coche hasta el establecimiento y esperar que la película estuviera disponible para alquilarla (si no se había hecho el esfuerzo de llamar antes). Sin embargo, era una aventura. Siempre existía la posibilidad de tropezar con una película en la que no habías pensado, algo fuera de lo común que te llamaba la atención mientras recorrías los pasillos. A veces ibas sin un título en mente y le pedías al dependiente que te recomendase alguno. Este podía explicarte cuáles eran sus películas favoritas y por qué. Así se generaba una conversación en la que podías desarrollar tu capacidad para expresar, interpretar y refinar tus preferencias. El trato con el dependiente no siempre era fácil. Estaba la omnipresente sombra de los recargos por demora y el reto de intentar librarte de ellos. Sin embargo, la situación embarazosa requería el uso de habilidades diplomáticas y de la improvisación a una edad temprana. Era el tipo de cosas que daban lugar a anécdotas divertidas y situaciones para recordar con los amigos. («¿Te acuerdas de cómo nos partimos de risa inventando una excusa por haber devuelto tarde el vídeo y que el dependiente no se la tragó?»). Ir al videoclub era un acontecimiento emocionante y satisfactorio en sí, incluso antes de ver la película.

Con Netflix, nos perdemos todo eso. Ganamos la gratificación instantánea de nuestros caprichos, pero desaparece el proceso a través del cual se forman nuestros deseos y nuestra personalidad. En cierto modo, Netflix aún permite buscar, pero no es lo mismo que ir a un videoclub, pues las opciones de «búsqueda» están predeterminadas por las elecciones anteriores. El elemento sorpresa queda anulado. Gran parte de la tecnología moderna sigue el modelo de la «estructura de Netflix»: proporciona un placer fácil a expensas de nuestra capacidad de decisión y nuestra voluntad.

La navegación por GPS puede ser el ejemplo más claro. Gracias a esta tecnología, podemos ir del punto A al punto B de la manera más eficiente posible, pero nos priva por completo de la autonomía para encontrar nuestro propio camino.

Por supuesto, antes de que existiera el GPS no era necesario orientarse sin ayuda alguna. Había mapas y señalizaciones. Se podría decir que las señalizaciones son las precursoras del GPS, una forma de tecnología para guiarnos tanto en un viaje en coche como en una excursión andando, liberándonos de la necesidad de tener que localizar puntos de referencia o seguir la estrella polar. Pero el uso de las señalizaciones aún requiere una buena dosis de autonomía y atención. Para seguir una señal, debemos estar atentos a las cosas a las que se refiere y ser capaces de reconocerlas. La señal nos guía en una dirección concreta, pero también nos orienta en nuestro entorno o nos obliga a orientarnos. Esto es más claro en el caso de un mapa, en comparación con el punto azul en movimiento o la voz automatizada de un dispositivo de GPS. Cuando vemos un cruce o un punto de referencia en un mapa, debemos traducir el símbolo en su verdadero aspecto. Por ejemplo, tenemos que imaginar una montaña de cierta altura, situada frente a otras, que debería aparecer a la derecha mientras conducimos hacia el oeste. Ver un pequeño símbolo triangular en el mapa es una cosa, pero reconocerlo en la realidad es otra. Ese acto de reconocimiento implica la capacidad de conectar una imagen mental con la realidad. En sentido estricto, no es posible seguir un mapa. Un mapa es en sí mismo un tipo especial de signo que requiere interpretación. Aunque nos guía, nos obliga a resolver las cosas por nuestra cuenta. Nos permite imaginarlas de forma creativa y describirlas a medida que se presentan, para que podamos recordarlas como puntos de referencia en el camino de vuelta.

Al describir esas referencias y evocar sus características, llegamos a apreciarlas como fuentes de orientación a las que hemos dado vida. Vemos el paisaje como una extensión de nosotros mismos, y esto despierta nuestro interés por protegerlo y cuidarlo. Podríamos reflexionar sobre hasta qué punto nuestro desprecio por el medioambiente está relacionado con la falta de contacto con nuestro entorno que tienden a fomentar tecnologías como la del GPS. Cuando confiamos en un algoritmo para que nos lleve de un lugar a otro, tendemos a mirar las cosas que nos rodean de forma distraída e impersonal, como objetos que están «ahí fuera» con los que tenemos escasa conexión personal.

A diferencia de un GPS, que convierte el viaje en algo totalmente mecánico (a menos que el dispositivo falle), un mapa nos orienta, pero también puede aumentar el atractivo del camino. ¿Será el punto de referencia tal y como lo veo en el mapa? ¿Podré reconocerlo?

Recuerdo que en séptimo y octavo curso, una de las tareas principales y más relevantes de la asignatura de Ciencias Sociales era dibujar mapas, un ejercicio que puede parecer obsoleto en la era del GPS. Usábamos hojas de calco que colocábamos sobre un mapa para trazar los contornos de una región. Empezamos por Massachusetts, el estado en el que vivíamos, y luego seguimos con otros países y continentes. Teníamos que identificar ciudades y pueblos, ríos, lagos y montañas. Algunos eran más fáciles de encontrar, otros más difíciles. A menudo había que consultar varios mapas para localizar todo. Para subir nota, podíamos agregar tonalidades según la topografía o el clima, o adornar los márgenes del mapa con ilustraciones de la fauna y la cultura locales.

Al aprender dónde estaba cada cosa e imaginar cómo guiarías a alguien de un lugar a otro, acababas apreciando más esos sitios. Los amabas, en parte, porque llevaban tu sello, pero también por el misterio que encerraban. ¿Se parecerían los verdaderos lugares a como los imaginabas? Mientras dibujabas el mapa deseabas viajar a esos sitios que localizabas y calcabas. Al marcar el camino e imaginarte como un viajero, crecía en ti el interés por el destino.

La experiencia de dibujar mapas, de ubicarse y desarrollar el sentido de uno mismo que se adquiere al encontrar el camino está en riesgo de desaparecer debido a la expansión del GPS, que nos dice directamente adónde ir. Me pregunto cuántos profesores de escuela encomendarán hoy a sus alumnos que dibujen mapas. Con el GPS, basta con seguir una orden, sin necesidad de describir ni interpretar nada. Al no tener que buscar referencias en nuestro entorno, como las señalizaciones, no nos tomamos la molestia de describir las cosas en detalle como haríamos si tuviéramos que orientarnos por nuestros propios medios.

También nos privamos de otras dimensiones del viaje que nos ayudan a apreciar más el mundo que nos rodea y a sentirnos orgullosos de nosotros mismos. Sin el ojo atento de un explorador, es probable que pasemos por alto aspectos interesantes inesperados: una formación rocosa peculiar o un puesto de productos agrícolas junto a la carretera. Cuando nos guía un algoritmo, no hay necesidad de que paremos para pedir indicaciones y, por tanto, pocas ocasiones de encuentros que podrían ser memorables. Quizá lleguemos a nuestro destino más rápido y con menos dificultades, pero también nos privamos de un contexto que podría enriquecer el destino. Llegar a casa de un amigo con una anécdota divertida del viaje hasta allí puede darle un toque animado a la conversación y amenizar la visita. Acercarse a una maravilla de la naturaleza, como el Gran Cañón, con una imagen del contraste del paisaje que se ve antes de llegar, puede realzar la majestuosidad de ese escenario.

A los doce años tuve la oportunidad de viajar con mi familia a Australia, mi primer viaje fuera de mi país tras haber visitado España para asistir a una reunión familiar seis años antes. Recuerdo con claridad que el trayecto hasta allí constituyó una parte esencial de la experiencia. Mucho antes de aterrizar en el continente australiano y bucear en la mítica Gran Barrera de Coral, sobre la que había leído y visto muchos documentales como preparación del viaje, pude ver la gran extensión de coral desde lo alto. Sentado junto a la ventanilla del Boeing 747, en el lado oeste, intentaba orientarme mientras nos desplazábamos a toda velocidad hacia el norte en el vuelo de Auckland a Cairns. La resplandeciente extensión dorada del arrecife que apenas sobresalía, flanqueada por el océano turquesa a ambos lados, me dio una idea de su inmensidad. Más tarde pude apreciarla desde una perspectiva diferente nadando por encima.

Por supuesto, no es imposible disfrutar del paisaje mientras se usa el GPS. Los entusiastas de la tecnología podrían argüir que puede apreciarse aún mejor si no hay que preocuparse de cuándo y dónde girar. Así uno se limita a mirar las cosas. Pero la teoría del «limitarse a mirar» presupone que vemos mejor las cosas cuando somos observadores desinteresados. Esta idea pasa por alto que la percepción requiere un punto de referencia, es decir, un interés o una preocupación que nos mueva a observar. Es cierto que podríamos adquirir tal perspectiva sin preocuparnos por encontrar el camino. Podríamos, mientras viajamos en coche, contemplar el paisaje inspirados por la belleza de un relato que hemos leído recientemente en un poema o una novela. O tal vez evocar el recuerdo de un viaje anterior y comparar el paisaje que observamos ahora con el que observamos antes. Las perspectivas desde las que podríamos observar son infinitas. Pero la actitud hacia el viaje que fomenta el GPS —llegar al destino de la manera más eficaz posible— predispone a excluir cualquier tipo de apreciación del viaje. En vez de admirar el camino, lo ignoramos y nos dedicamos a matar el tiempo de otra manera. Nos retiramos al espacio limitado del coche y nos perdemos en distracciones electrónicas.

La extensión lógica de la navegación por GPS es el coche sin conductor, que elimina la necesidad de desempeñar cualquier papel activo en el desplazamiento. Sin embargo, la idea de que los coches sin conductor nos ayudarán a disfrutar más del paisaje o a ubicarnos en el entorno es ingenua. Es más probable que nos dejen «libres» para consultar el correo electrónico y entretenernos con las redes sociales mientras nos dirigimos adonde quiera que vayamos. No es exagerado imaginar que la motivación de Google para liderar el desarrollo de esta tecnología sea la presunción de que si la gente puede trasladarse sin ningún esfuerzo, se quedará ensimismada en sus pantallas y realizará más búsquedas en Google.

Frente a los beneficios espirituales de un camino accidentado, uno podría plantear una serie de objeciones. «¿Y si tengo prisa?», preguntan a veces mis alumnos. Entonces, por supuesto, el GPS es útil.

No puede negarse que, en el caso de una verdadera urgencia, el GPS resulta práctico. Para llevar a un herido al hospital lo antes posible, sacrificaríamos de buen grado nuestra capacidad de encontrar el camino solos. Pero no se trata de si el GPS puede ser una herramienta útil en ocasiones. La verdadera cuestión es por qué vivimos con prisas de manera constante, de tal manera que el GPS se ha convertido en nuestro sistema habitual para orientarnos en lugar de recurrir a un mapa o a nuestro propio sentido de la orientación. ¿No será que el hecho de poder confiar en el GPS es justo lo que nos lleva a dejar las cosas para el último momento y a andar siempre con prisas? Si sumamos a esto la llegada de los teléfonos móviles, que nos permiten estar localizables a todas horas y a la entera disposición de un jefe mucho después de salir de la oficina, es difícil no ver de qué manera la tecnología ha acrecentado el problema de vivir a un ritmo frenético.

Una pregunta similar podría plantearse en respuesta a la afirmación de que el GPS es algo positivo para quienes tienen un «mal sentido» de la orientación. ¿En qué medida esa deficiencia no es consecuencia de una tecnología que obvia la necesidad de cultivar nuestra capacidad para orientarnos por nuestros propios medios? En cuanto nos habituamos a confiar en el GPS, nos volvemos indefensos sin él. Hablamos del sentido de la orientación como si fuera un don natural. Pero si tuviéramos que depender de él, lo ejercitaríamos y lo mejoraríamos.

Otra objeción de mis alumnos a la crítica del GPS es que convierte en algo romántico el hecho de perderse. Sin embargo, tenemos que preguntarnos si ese «algo romántico» no es una expresión peyorativa empleada por alguien atrapado en un marco centrado en la consecución de objetivos. ¿Por qué tenemos tanto miedo a equivocarnos de camino? ¿En qué medida son importantes nuestras metas y destinos cotidianos como para que debamos alcanzarlos lo más rápido posible? Llegar al hospital es una cosa. Pero ¿por qué hay que llegar a tiempo a todas partes? En *El banquete* de Platón, Sócrates se presenta en la fiesta de Agatón a mitad de la cena porque en el camino le asaltó un pensamiento que hizo que se desviara. Tiene que detenerse en el portal de un vecino para reflexionar sobre él. Cuando llega por fin a casa de Agatón, es recibido calurosamente, y su retraso se convierte en el tema de inicio de la conversación.

La anécdota de Sócrates nos lleva a considerar si la importancia de un destino puede separarse claramente del camino para llegar a él y de la posibilidad de desviarse, retrasarse o perderse. Imaginemos que Ulises hubiera usado un GPS que le hubiera permitido viajar con relativa facilidad desde Troya hasta Ítaca. Habría vuelto más rápidamente con su esposa, Penélope, pero no habría regresado con el mismo tipo de devoción hacia ella. Porque la esposa a la que uno regresa deprisa y sin pasar por pruebas no es idéntica a la esposa por la que uno lucha contra monstruos, esquiva a Escila y Caribdis y resiste la tentación de las Sirenas.

Héroes como Ulises reflejan la admiración que sentimos por los aventureros y navegantes debido a las virtudes que expresan: el ingenio, la astucia y la fortaleza frente a las dificultades del camino. Aunque recurramos al GPS a la hora de viajar, nos cautivan las dotes de supervivencia de Bear Grylls, el exmiembro de las Fuerzas Especiales protagonista del programa *El último superviviente*, que es capaz de lanzarse en paracaídas en un remoto rincón del mundo totalmente desconocido para él y encontrar el camino de vuelta a la civilización con solo un cuchillo y la ropa que llevaba puesta. Pero si Bear Grylls nos parece admirable, deberíamos aprender de él y aplicar su espíritu aventurero a nuestra vida, al menos en cierta medida. Por ejemplo, podríamos usar un mapa o buscar situaciones que nos pongan a prueba para compensar la facilidad que nos brinda la tecnología.

El propósito de analizar de manera crítica tecnologías como Netflix y el GPS no supone rechazarlas por «haber empeorado la vida», sino considerar su uso como algo cuestionable y con ciertas contrapartidas, del mismo modo que elegir un vídeo en vez de ir al cine o ir en coche en vez de a caballo supuso contrapartidas en su día. Con demasiada frecuencia consideramos estas innovaciones como avances absolutos, como muestras del progreso de la razón y la ciencia. La idea de que la tecnología representa el advenimiento de la ilustración y la inteligencia humana es ingenua y autodestructiva. Supone que si la gente de la antigüedad hubiera visto lo que hemos fabricado y desarrollado, se habrían maravillado de ello y tirado de los pelos por no haberlo pensado entonces. Sin embargo, incluso un análisis somero del pensamiento en la Grecia antigua revela que los griegos eran muy conscientes de las posibilidades de la tecnología, aunque reacios a adoptarla. Filósofos como Aristóteles criticaban el enfoque orientado a las metas que valora la capacidad de producir y manipular por encima de todo.

Mientras que hoy idolatramos a los inventores, los antiguos atenienses admiraban más a aquellos que se dedicaban a asuntos relacionados con la política y la ciudadanía y demostraban tener virtudes de carácter en la Asamblea. Para Aristóteles, lo que los griegos llamaban *techne*, el conocimiento a partir del cual podemos fabricar o producir algo, de donde deriva la palabra «tecnología», tenía un rango decisivamente inferior a la sabiduría práctica (*frónesis*), el conocimiento mediante el cual podemos dar un buen uso a algo. Este continuo énfasis en la sabiduría práctica, el juicio y la formación del carácter fue lo que limitó el desarrollo de la tecnología en la antigua Grecia. O, dicho más claramente, nuestra actual avidez por el desarrollo tecnológico pone de manifiesto lo que los antiguos griegos habrían considerado un vicio: la disposición a esclavizarnos a cambio de obtener lo que deseamos. El sometimiento en este caso no es a la máquina que nos dice qué hacer o adónde ir, sino al objeto de nuestros propios deseos. Se trata de una especie de esclavitud interna por la que dejamos que la perspectiva del logro, la ganancia y el destino de un viaje controlen nuestra vida.

Entender la propia vida como un todo

La confianza en uno mismo que caracteriza la grandeza de alma implica una cierta comprensión de lo que significa ser uno mismo, a la que Aristóteles apunta en su descripción de la «sabiduría práctica». Define esta como la capacidad de deliberar sobre lo que es bueno, «no en un sentido parcial, por ejemplo, para la salud, para la fuerza, sino para vivir bien en general».[24] En su diferenciación entre las partes y la totalidad, nos lleva a reflexionar sobre la idea de que el propio yo es siempre algo más que la multiplicidad de objetivos y funciones que uno podría detallar en un currículum. Este «algo más» implica la capacidad de entender las distintas partes de la propia vida, no como esferas aisladas, cada una con su propio objetivo y criterio de excelencia, sino como formas de ser que hay que desarrollar y definir respecto a las demás, como las partes de un todo integrado.

Como profesor, por ejemplo, podría reflexionar no solo sobre los asuntos relativos al ámbito estricto del aula, como qué tareas asignar o cómo conseguir que el payaso de la clase se comporte, sino también sobre cómo aplicar los hábitos y aptitudes propias de esta profesión para enriquecer e iluminar el espíritu con el que vivo todas las situaciones. Quizá, al acostumbrarme a reflexionar sobre las preguntas de mis alumnos, a primera vista ingenuas, pero bastante profundas tras someterlas a examen, aprenda a prestar atención al mundo de una forma nueva, planteándome preguntas donde antes solo veía obviedades. Tal vez, al enfrentarme con la desagradable experiencia de que me corten el paso bruscamente mientras conduzco de camino a casa desde el trabajo, encare la situación «al modo de un profesor», conteniendo mi indignación al preguntarme qué debe estar sucediendo en la vida de ese conductor para actuar de esa manera, como haría con un alumno difícil. De este modo, no solo cultivo el conocimiento sobre una faceta concreta (la de ser profesor), sino también sobre la relación entre las diversas facetas y, por tanto, sobre mí mismo como alguien capaz de establecer comparaciones y analogías y adquirir una comprensión de la «totalidad».

Cultivar tal comprensión es liberarse del miedo a los contratiempos, a la desgracia y al fracaso. Pues, con independencia de lo que ocurra en un ámbito concreto, uno está preparado para extraer lecciones y percepciones que podrá aplicar allá donde vaya. Visto así, ninguna derrota o pérdida es definitiva. El esfuerzo realizado y la energía creativa invertida perduran en nosotros, listos para ser reorientados y fortalecidos ante un nuevo desafío. Así, la persona de alma grande «se comportará con moderación respecto de la riqueza, el poder, y toda buena o mala fortuna, sea esta como fuere, y no se alegrará excesivamente en la prosperidad ni se apenará con exceso en el infortunio».[25]

La superestrella del equipo de béisbol Red Sox, J. D. Martínez, dio una bonita muestra de esta actitud cuando fue seleccionado para el Juego de Estrellas de 2018 y elegido para batear en el cuarto turno (tradicionalmente la posición más respetada en el orden de bateo). J. D. describió el honor como «surrealista» y como «realmente genial», pero no se dejó llevar por la euforia de haber sido elegido. En cambio, consideró el honor como una ocasión para reflexionar sobre su difícil camino hacia el éxito y, en última instancia, para afirmarlo. En sus inicios en el béisbol, no había sido seleccionado hasta la vigésima ronda. Después de llegar por fin a las grandes ligas, una hazaña que la mayoría de los jugadores de las ligas menores nunca alcanzan, fue apartado tres años después. Sin embargo, poco a poco reinventó su *swing* y se convirtió en el mejor bateador de todos. Recordando esto, J. D. declaró: «Si pudiera volver atrás, no lo cambiaría por nada. Me alegro de haber fracasado. Me alegro de haberme estrellado. Creo que eso me convirtió en la persona que soy ahora».[26] Para J. D., llegar al Juego de Estrellas no fue en sí un motivo de gran celebración, sino un momento para reflexionar sobre toda su trayectoria y que le brindó la oportunidad de reafirmar su viaje. Es difícil no interpretar la actitud de J. D. como algo excesivamente humilde, a menos que consideremos que nuestros propios logros adquieren importancia y nos aportan una felicidad duradera solo en virtud de las historias que los acompañan.

De vez en cuando consulto en internet los resultados de los campeonatos de la World Drug-Free Powerlifting Association, celebrados en Milton Keynes, en Inglaterra, en 2009. Esto fue antes de proponerme batir el récord de dominadas, cuando era miembro del Oxford University Powerlifting Club durante mis estudios de posgrado.

Reviso la categoría de 75 kg hasta encontrar mi nombre y mis resultados: sentadilla, 175 kg; *press* de banca, 120 kg; peso muerto, 212,5 kg. Eran mis mejores marcas en un encuentro de levantamiento de potencia. Quedé cuarto en mi categoría de peso en una liga pequeña, aunque disputada. Sonrío para mis adentros al recordar la emoción que sentí al ver las tres luces verdes de los jueces tras mi tercer y último peso muerto. Pero lo que me conmueve ahora, mucho después de que el triunfo de conseguir una marca personal se haya convertido en algo del pasado, es la trayectoria que la competición pone de relieve.

Me acuerdo de las duras sesiones de entrenamiento con mis compañeros del Oxford University Powerlifting Club. Los lunes, martes y jueves por la tarde, nos apiñábamos en un diminuto gimnasio en Iffley Road, al lado de la histórica pista donde Roger Bannister, en 1953, se convirtió en el primer atleta que corrió una milla en menos de cuatro minutos. La pequeña cafetería, junto al recinto de atletismo, donde a menudo tomábamos nuestros batidos de proteínas después de entrenar, tenía el acertado nombre de Café Sub-four.* El gimnasio estaba equipado solo con lo básico: barras, pesas, bancos y dos soportes para sentadillas. Aún puedo oler el tufo que nos llegaba cuando mi compañero Dan rompía una ampolla de amoniaco frente a su nariz para obtener un impulso extra de energía antes de un levantamiento difícil. Si lo lograba, colocaba orgulloso la barra en el soporte y se volvía hacia nosotros para asegurarse de que lo habíamos visto: «¡Así es como se hace un *press* de banca, cabrones!». La tosca arrogancia del gesto suponía un contraste liberador con la formalidad de la Universidad de Oxford. Después de las clases de la tarde y de las reuniones con los profesores, que ponían a prueba mis dotes de diplomacia, ansiaba estas bromas vulgares y francas del gimnasio. Y al final del entrenamiento, a veces añoraba al menos un toque de esa formalidad que me constreñía durante el día.

También recuerdo que mi mejor periodo de entrenamiento sin lesiones se vio interrumpido por una fuerte gripe justo un mes antes del campeonato. Estuve en cama con fiebre durante una semana y demasiado débil para entrenar durante una semana más. Me preguntaba si recuperaría las fuerzas para competir, olvidándome ya de quedar en un buen puesto. Después de dos semanas tumbado en casa, en

* *Sub-four*, en atletismo, significa correr una milla en menos de cuatro minutos. *(N. de la T.)*

las que vi la película *Troya*, donde Brad Pitt hace el papel de Aquiles, conseguí arrastrarme hasta el gimnasio. Mi peso de calentamiento de 60 kg, que un mes antes me parecía ligero como una pluma, me oprimía ahora como una tonelada de ladrillos. La cabeza se me iba y las piernas me temblaban. Sin embargo, al agregar peso poco a poco, los meses previos de entrenamiento empezaron a notarse y logré superar la fatiga inicial. En ese momento aprendí una valiosa lección que me he repetido muchas veces desde entonces: la manera en que te sientes cuando empiezas una actividad, ya sea un entrenamiento atlético, escribir o ir a trabajar por la mañana, no determina cómo te sentirás en medio de la actividad ni cómo la acabarás. La inspiración puede presentarse cuando menos la esperas.

Al final, recuerdo estar tumbado en la cama la noche anterior a la competición, intentando no pensar en el día siguiente y tratando de calmar la ansiedad que sentía en el estómago al imaginar el momento en que me llamarían para que me dirigiera a la barra. En un esfuerzo por poner en perspectiva la competición, me imaginé a Sócrates ante los quinientos ciudadanos del jurado de Atenas, a punto de defenderse a sí mismo ante la posibilidad de la pena capital. Si Sócrates fue capaz de enfrentarse a su juicio con tanto aplomo, yo podría, como mínimo, sobrellevar la decepción de fracasar en un tercer intento en mi competición al día siguiente. Me consolé con el aforismo de Nietzsche, «lo que no me destruye me hace más fuerte». La cantante Kelly Clarkson hizo popular esta frase, aunque fue Nietzsche quien la acuñó. Este es un buen ejemplo de cómo muchos de nuestros consejos y dichos populares proceden de filósofos que crearon estos aforismos hace siglos y reflexionaron sobre ellos con mucha más profundidad que nosotros hoy en día. Mientras pensaba en la competición, me dije: «Pase lo que pase mañana, al menos será una prueba de carácter, una oportunidad para superar una derrota o relativizar una victoria». El simple acto de reflexionar sobre las palabras y las acciones de pensadores que vivieron siglos antes que yo me consoló. De algún modo difícil de expresar, esos filósofos seguían viviendo a través de mí, mucho después de que su cuerpo y capacidades físicas hubieran pasado a la historia.

Estos recuerdos, junto con otros similares, permanecen tan vivos en mi memoria como lo estaban en ese momento, de una manera que no ocurre con los éxitos. Un éxito es fugaz. Es emocionante en el momento, pero pronto se convierte en algo del pasado. No obstante, una comprensión profunda nunca envejece. En cuanto vuelves a ella en busca de consejo o inspiración en el presente, sigue tan viva como cuando se te ocurrió por primera vez.

Al repasar de nuevo esos resultados y recordar todo lo que condujo a ese día, me acuerdo de que un objetivo puede interpretarse de dos maneras: como un propósito limitado en el que uno puede triunfar o fracasar o como una situación en la que algún aspecto de tu vida en conjunto pasa a un primer plano.

Aristóteles destaca este doble aspecto de una meta en las primeras líneas de *Ética a Nicómaco*, donde distingue entre fines particulares, o cosas buenas, y el bien como tal. Toda acción humana, escribe, tiene como objetivo «algún bien». Se trata de la acción «subordinada a» cierto fin (*telos*). Pone como ejemplo la fabricación de bridas, que se subordinan a la equitación, que, a su vez, se subordinan a la estrategia de la guerra.[27] Sin embargo, para que nuestra acción tenga sentido, no puede darse el caso de que hagamos todo por razón de otra cosa. Siempre debemos actuar con vistas a algún bien supremo.[28] Pero el bien supremo, dice Aristóteles, no consiste en un fin más lejano que los objetivos particulares que perseguimos, como el placer, el honor o el conocimiento. El bien supremo es la felicidad, o eudaimonía, que no se trata de un estado del ser sino de una forma de vida. La felicidad es inseparable de la práctica continua de la deliberación y el juicio, que implica hacer comparaciones entre momentos y situaciones, equilibrar los argumentos contrapuestos y adoptar una postura respecto a todo.

El camino hacia la independencia: desapego o integración

Al enfrentar el miedo al fracaso, a la desdicha y a la pérdida, o al intentar librarnos de alguna obsesión o fuente de angustia, resulta tentador buscar refugio en una indiferencia distante ante la vida o, al menos, en un autocontrol resignado: «Nada de lo que hago, ni siquiera lo que me parece necesario, tiene en última instancia importancia en el esquema más amplio de las cosas. Yo no soy el trabajo que realizo ni el país al que se puede decir que pertenezco ni siquiera las personas a las que me siento apegado, como mi familia y mis amigos, sino la capacidad de tomar distancia y observar mi vida en perspectiva, de aceptar y dejar ir. Así que disfrutemos de las cosas tal y como vienen con un entusiasmo mesurado y sin apegarnos demasiado». Es fácil convencerse a uno mismo de que esa independencia desapasionada constituye una perspectiva sobria y madura e incluso la quintaesencia del dominio de uno mismo. Pero a partir de lo que hemos visto sobre la grandeza de alma, la sabiduría práctica y la relación de las «partes» de la vida con la «totalidad», podemos reconocer la falta de sentido de esta actitud.

La verdadera fuente de nuestro miedo y nuestra obsesión no es una devoción excesivamente pasional por las cosas que apreciamos, sino una forma de relacionarnos con ellas orientada a una meta. Solo cuando un trabajo se convierte en algo que puedo conservar o perder, un país en algo que puede permanecer unido o desintegrarse, una persona en alguien que ahora está aquí pero que un día puede estar ausente, surge el tipo de miedo sobre cuya base podría convencerme de desprenderme de estas cosas y situar mi «verdadero» yo en la capacidad de examinar y evaluar mi vida desde la distancia. Pero en la medida en que presto atención a las cosas que me mueven como fuentes de sabiduría práctica, como posibilidades que surgen continuamente y adquieren significado a medida que ejercen su influencia unas sobre otras, llego a ser dueño de mí mismo en un sentido totalmente distinto: gracias a mi capacidad de observar las cosas en su totalidad, de establecer analogías y unificar la multiplicidad.

En contraste con la distancia desapasionada frente a nuestros compromisos a la que podríamos aspirar en momentos de frustración y ansiedad, podemos considerar la práctica de la autorreflexión que propone Nietzsche: «¿Qué es lo que has amado hasta ahora verdaderamente? ¿Qué es lo que ha atraído a tu espíritu? ¿Qué lo ha dominado y, al mismo tiempo, embargado de felicidad? [...] Compara esos objetos, observa de qué modo el uno complementa, amplía, supera, transforma al otro, cómo todos ellos conforman una escalera por la que tú misma [el alma joven] has estado ascendiendo para llegar hasta lo que ahora eres».[29] Vistas de este modo, las cosas que amas de verdad están siempre contigo como fuentes de apoyo e inspiración para el viaje de la vida.

La moralidad de la grandeza y la pequeñez según Aristóteles

Hacia la mitad de su exposición sobre la grandeza de alma, Aristóteles hace dos afirmaciones radicales. La primera es que la grandeza de alma conlleva todas las demás virtudes. Sería imposible imaginar, escribe, que una persona de alma grande pueda «huir alocadamente del peligro o cometer injusticias».[30] La grandeza de alma, por tanto, no es simplemente una virtud entre muchas. Es la virtud más completa y, de alguna manera, abarca el valor, la justicia y la generosidad. Parecería, pues, que las virtudes que conducen a la grandeza de las que habla Aristóteles son las puertas de entrada para alcanzar la virtud más elevada, como si uno tuviera que llegar a ser primero valiente, justo y generoso para poder acceder al siguiente nivel, la grandeza de alma. Pero Aristóteles hace una segunda afirmación aún más audaz, que pone en duda la posibilidad de tal progresión. La grandeza de alma, escribe, es una especie de «ornato» que corona las virtudes. No solo las abarca, sino que «las realza».[31] Aristóteles afirma de este modo que la grandeza de alma es la fuente de toda virtud en su sentido más verdadero o elevado. Sin grandeza de alma, todas las demás virtudes pierden su esplendor. Por tanto, no sería posible que alguien fuera plenamente justo, valiente, generoso o virtuoso si carece de grandeza de alma. Estrictamente hablando, la grandeza de alma es la única virtud, o la disposición subyacente a cualquier otra virtud, que hace que las virtudes sean una expresión del bien genuino. Las numerosas virtudes pueden entenderse como dimensiones o ramificaciones de la grandeza de alma. Debemos considerar esta afirmación con cierta precaución, ya que tiene importantes implicaciones para la relación de la virtud con el autodominio.

Una forma de considerar la primacía de la grandeza de alma respecto de las demás virtudes es la siguiente. Para cada virtud existe una versión elevada y una inferior: la propia virtud, que da fe de la grandeza de alma, y otra semejante a ella, que está empañada por una especie de pequeñez. Aristóteles no ofrece ninguna elaboración de esta idea sugerente. Sin embargo, merece la pena imaginar lo que podría tener en mente.

Tomemos la virtud de la justicia. Existe una forma de ser justos que habla de la grandeza de alma: vivir con la atención constante para ofrecer a las diferentes personas de nuestra vida lo que merecen; saldar nuestras deudas y cumplir nuestros compromisos, incluso cuando hacerlo no resulte fácil; otorgar reconocimiento, no por haberlo prometido, sino por comprender que es merecido (incluso a alguien con quien a menudo discrepamos); renunciar a algo que, en sentido estricto, nos pertenece por ley o por convención, pero que otra persona podría utilizar o apreciar mejor. Estas maneras de ser justos llevan el sello de la grandeza de alma. Requieren ejercer el propio juicio frente a las evaluaciones convencionales sobre quién merece qué. También implican una comprensión expansiva del «deber» hacia los demás que va más allá de las cosas materiales y podría referirse simplemente a la atención o el compromiso.

Sin embargo, hay otro tipo de justicia que denota pequeñez de alma y que es una forma de tacañería, debilidad o resentimiento. Se trata de la justicia del «toma y daca», que consiste en el cálculo constante de lo que es «equitativo»; la justicia cruel y burocrática que se atiene a «las normas» a expensas de lo que es correcto en un caso concreto; la justicia punitiva que en realidad es venganza ataviada de proporcionalidad; el impulso retributivo de buscar el «ojo por ojo» como una forma vana de ejercer el poder ante la pérdida: «¡No puedo remediar el daño que he sufrido, pero al menos puedo vengarme del perpetrador!». Parientes cercanos de esta justicia (que muchas veces no es consciente de sí misma como tal) son la vigilancia mezquina y el sermoneo moralista a los demás, tan habituales en la vida cotidiana y que, en el fondo, no dejan de ser resentimiento disfrazado.

Para dar una idea de este tipo de justicia, no puedo evitar acudir una vez más a la serie *Larry David*, una fascinante caricatura de nuestros males culturales. Larry espera en la cola para comprar un helado detrás de una mujer que está probando todos los sabores. Impaciente y frustrado, se dirige a su amigo Jeff, pero de modo que la mujer pueda oírlo, y la acusa de estar abusando de su «derecho a probar». La mujer le mira con enojo y finalmente se decanta por la vainilla. Cuando se aleja, Larry desahoga su frustración intentando mostrarse solidario con la mujer que sirve el helado. «¡Vainilla! ¡Se decide por el de vainilla! Será una broma, ¿no?», comenta. Sin compartir su indignación, la mujer detrás del mostrador espera en silencio a que Larry pida. Tras una breve pausa, que nos lleva a creer que Larry va a pedir por fin su helado, cambia de tono. Con una mirada inquisitiva, pregunta: «¿Está bueno el de vainilla?». Por lo visto, Larry también quiere permitirse el lujo de probar los helados que criticó en la mujer, aunque no se atreve por el miedo a que lo desaprueben. La apelación de Larry a la justicia nace del resentimiento. Señala a los demás por permitirse comportamientos que él reprime por cobardía.[32]

Hay otras virtudes que podemos examinar bajo la luz de la grandeza de alma, por ejemplo, la sinceridad. Decir la verdad y lo que uno piensa puede nacer del respeto a uno mismo, de la convicción de que mentir por conveniencia o por miedo a las consecuencias es una forma de debilidad personal. Por ejemplo, en lugar de aprovechar una situación difícil para reafirmar nuestros principios, negándonos a responder a una pregunta delicada o contestando de forma irónica pero honesta, podríamos traicionar nuestra autenticidad para adaptarnos a la situación. Con independencia de que decir una mentira sea perjudicial o irrespetuoso para otra persona, es una falta de respeto a la propia integridad.

No obstante, la sinceridad también puede ser una forma de debilidad, una especie de compulsión de decir lo que uno piensa por una escrupulosidad excesiva o por culpa, una necesidad de responder obedientemente y sin tapujos a todas las preguntas que se le hagan.

La sinceridad del personaje que interpreta Jim Carrey en la película *Mentiroso compulsivo* es un ejemplo elocuente de esa franqueza indiscriminada y cargada de culpa. Cuando un agente de policía le detiene por saltarse un semáforo y le pregunta si sabe qué fue lo que hizo mal, el personaje no puede evitar confesar todas las infracciones de su vida, incluido un montón de multas de aparcamiento sin pagar que saltan de la guantera cuando la abre sin que nadie se lo pida.

Quizá la virtud más conspicua en cuanto a expresar grandeza o pequeñez de alma sea la generosidad. Puede ser una virtud a través de la cual el benefactor se siente colmado por lo que da, por ejemplo, destinar recursos para cultivar el talento de un estudiante o apoyar una obra benéfica cuya misión satisface alguna dimensión de su propia vida. Sin embargo, también puede ser una forma de autodestrucción. Hay personas que se sienten presionadas a darlo todo por el sentimiento de culpa ante el hecho de que otros tengan menos que ellas, o por sentir lástima de los que sufren. Algunos incluso siguen dando a quienes se aprovechan de ellos.

Una caricatura de este problema es el caso de Bud Baxter, el personaje interpretado por Jack Lemmon en *El apartamento*, un clásico del cine en blanco y negro. Intimidado por una banda de directivos de la empresa de seguros donde trabaja, Baxter ofrece a estos su apartamento para que lo utilicen como habitación de hotel clandestina para sus aventuras amorosas. De manera diligente, deja libre su apartamento y regresa una vez que sus jefes han disfrutado de la velada. Una noche tiene que dormir en la calle y al día siguiente llega al trabajo con un terrible resfriado. Se podría decir que Baxter regenta una versión precursora de Airbnb, donde el pago es la promesa de un ascenso. Aunque es cómplice del comportamiento inmoral de sus jefes, en el sentido de propiciar sus aventuras, su hospitalidad es, de manera retorcida, generosa. Incluso ofrece más de lo que le correspondería, reponiendo las provisiones de bebidas para que sus «invitados» se lo pasen bien. Sin embargo, se trata de una generosidad muy limitada y poco inspiradora, nacida de la pequeñez y no de la grandeza de alma.

Generosidad y autodominio en las ligas infantiles de béisbol

En contraste con la generosidad derivada de la debilidad, como la de Bud Baxter, encontramos la generosidad de un mentor o un profesor que, al contribuir a la educación y desarrollo de su pupilo o alumno, se siente orgulloso y a la vez demuestra ser dueño de sí mismo. Me viene a la mente un viejo mentor que tuve en la época en la que jugaba en la Liga Infantil de Béisbol. Pero para apreciar su virtud, es necesario que describa brevemente la desagradable competitividad que suele reinar en los campos de béisbol de la Liga Infantil. El problema principal son los padres entrenadores, que a menudo tienen también cargos oficiales en la liga. Con el afán de revivir sus supuestos días de gloria en el campo, someten a sus hijos a una presión excesiva y tratan de ganar el campeonato local de cualquier manera. Recuerdo una primavera, cuando yo tenía doce años, en la que nuestro equipo había ganado el primer encuentro en una serie eliminatoria de tres partidos. Cuando el segundo partido, que íbamos ganando, se canceló por la lluvia a mitad del encuentro, un miembro directivo de la liga, que casualmente era el entrenador del equipo contrario, propuso que, para hacer las cosas más «ágiles», jugáramos un único partido de desempate para determinar quién pasaría a la siguiente etapa. El mismo padre entrenador presionó para que suspendieran a nuestro lanzador estrella durante toda la eliminatoria después de que el árbitro lo expulsara de un partido porque expresó su desaprobación ante una decisión de *strike* en contra de un compañero. Nuestro lanzador se había quejado al árbitro de que la zona de *strike* era demasiado amplia: «Eh, Shawn, ¿tienes que ir a algún sitio?». Al final, prevaleció la justicia frente a la idea del desempate único y nuestro lanzador estrella pudo jugar.

De vez en cuando, sin embargo, te topabas con alguien que era una excepción a ese tipo de artimañas. Recuerdo a un padre de voz afable que tenía tres hijos un poco mayores que yo. Había vivido muchas de esas situaciones con sus hijos y conocía bien el sistema, pero no dejaba que las mezquindades lo afectaran. Amaba el béisbol, tanto en la victoria como en la derrota, y era un astuto analista de la mecánica de los lanzamientos. Estoy seguro de que se preocupó mucho por la educación de sus hijos, pero, en lugar de estar pendiente de cada uno de sus movimientos, también dedicaba tiempo a entrenarme y a hablar de béisbol con mi padre. Recuerdo que me llevó a un montículo y me enseñó a lanzar, pese a que en ese momento uno de sus hijos estaba jugando al otro lado. Fue un gesto generoso, pero también un acto de entrega que le brindó alegría y satisfacción. Para él, constituyó una oportunidad de transmitir una actividad que amaba, con sus características y valores intrínsecos, y de ser testigo de su desarrollo en la siguiente generación de jugadores de béisbol.

Este padre no solo era más generoso que los padres que se afanaban por ganar. También confiaba más en sí mismo y disfrutaba más. Los otros padres, poco generosos en su rivalidad, estaban siempre insatisfechos. Cuando perdían, se quejaban y buscaba excusas. Cuando ganaban, se vanagloriaban, tal vez daban algún consejo arrogante, y luego seguían maquinando cómo conseguir más victorias. Eran incapaces de celebrar un partido bien jugado por ambos bandos, cuando los chicos mostraban cualidades de jugadores maduros, logrando dobles eliminaciones, o que los corredores fueran expulsados con un lanzamiento desde la posición de *home* hasta la segunda base.

Tampoco eran capaces de apreciar las lecciones vitales del juego: el significado de la lealtad al equipo, por ejemplo. Cuando nuestro lanzador estrella expresó su frustración atreviéndose a gritarle al árbitro desde el banquillo, pretendía defender a un compañero del equipo, no su propio juego. Y, aunque discutir sobre bolas y *strikes* se considera de mala educación, ni maldijo ni insultó al árbitro, como bien podría haber hecho un niño de doce años enfadado. Había algo admirable en la forma en que perdió los estribos. Sin embargo, los entrenadores del equipo rival solo vieron en él una oportunidad para aprovecharse. En su obsesión con ganar y perder, siguieron sumidos en el descontento. El padre que dedicó tiempo a enseñarme, por el contrario, se mantenía sereno frente a los altibajos del juego. Sabía que la actividad de entrenar era de por sí gratificante, una forma de dejar una huella perdurable, más allá de si alguno de sus jóvenes pupilos ganaba el partido o de si seguiría jugando al béisbol tras dejar la escuela. Su generosidad iba de la mano del dominio de sí mismo.

En un entorno extremadamente competitivo, centrado en clasificaciones y logros relativos, o en una sociedad enfocada en la producción, en la consecución de objetivos y en ascender en la escala profesional, corremos el riesgo de perder de vista la generosidad autoafirmativa. Podemos caer fácilmente en la actitud ansiosa y mezquina del «todo para mí», que nos deja sin saber qué contestar ante la pregunta de «¿para qué ganar?».

Cuando la norma que impera es el propio interés, la generosidad adopta la forma de un altruismo vacío y frágil, de renunciar a algo propio por el bien de otra persona. Aunque el altruismo puede ser útil como medio para destinar bienes hacia quienes más los necesitan, es un recurso moral limitado, pues no satisface ni al que da ni al que recibe. Usando el lenguaje de Aristóteles, el altruismo es generosidad sin grandeza de alma. El que da se queda sin tiempo ni dinero y solo puede encontrar satisfacción en la alabanza de los demás o en el sentimiento moral de haber realizado una buena acción sacrificando algo. El receptor obtiene algo útil pero externo, algo que ahora es oficialmente suyo, pero que no habla de su virtud ni de su capacidad. Por eso, muchos de los que reciben regalos altruistas en forma de caridad pueden sentirse ofendidos y rechazarlos. Su auténtico deseo es poder desarrollar su propio poder. La generosidad genuina, como la que demostró el padre de la Liga de Infantil de Béisbol al entrenarme, es aquella mediante la cual tanto el receptor como el dador se benefician y se fortalecen. El regalo en cuestión es una actividad compartida o una forma de vida.

En todos estos casos —la sinceridad, la generosidad y la justicia— existe el camino de la grandeza de alma y el de la pequeñez de alma. La virtud en el sentido más elevado es la primera vía. Ese es, en mi opinión, el punto de vista de Aristóteles. No obstante, aún existe algo de virtud en las expresiones de moralidad propias del alma pequeña. En muchos casos, a través de desposeernos, ayudamos a alguien o mostramos cierto respeto por un principio que merece la pena defender en abstracto. Sin embargo, esa moralidad tiene un coste personal, a veces inmenso. Carece del esplendor de la virtud nacida de un alma grande.

Podríamos verlo de otro modo: en el caso de la virtud nacida de la pequeñez, la pregunta de «¿por qué actuar de manera virtuosa?» se cierne sobre cada acto. Puesto que dicha virtud implica el empobrecimiento de uno mismo, esperamos algo a cambio. Queremos que el mundo nos recompense, no necesariamente con dinero, sino con reconocimiento o buena fortuna. Inevitablemente surge la pregunta inquietante de «¿por qué le ocurren cosas malas a la gente buena?». En el caso de la virtud nacida de la fortaleza, no nos planteamos tal pregunta. Nuestros actos morales hablan de quiénes somos. Desde la perspectiva de la grandeza de alma, no hay diferencia entre las «buenas acciones» y el resto de nuestras acciones.

2

El autodominio II
La vida y la muerte de Sócrates

Cuando leí por primera vez la descripción de grandeza de alma que hace Aristóteles, me pareció que retrataba una versión idealizada del típico aristócrata ateniense, con un fuerte sentido de dignidad y de nobleza obligadas. Pero cuando regresé a él para este libro, tuve una impresión algo diferente. Lo que más me llamó la atención fue el interés de Aristóteles por la verdad por encima de la reputación. Llegué a la conclusión de que el modelo en el que pensaba el griego era diferente: el filósofo héroe de apariencia modesta y a menudo desaliñada de los diálogos de Platón, es decir, Sócrates.

En la mayoría de los relatos sobre Sócrates, incluido el de Platón, se le describe como un hombre de aspecto peculiar, incluso feo, sin nada de la supuesta grandeza de un aristócrata. Era conocido por pasear por las calles de Atenas sin zapatos y por relacionarse con todo tipo de personas, tanto extranjeros como ciudadanos atenienses, y por entablar conversaciones con cualquiera que estuviera dispuesto a dialogar con él sobre el significado de la justicia, la piedad, el honor, la belleza, el alma, la vida buena y otros temas de la más profunda preocupación humana.

A diferencia de un aristócrata ateniense, que consideraría indigno mantener largas conversaciones con plebeyos o esclavos, Sócrates solía hacer preguntas a la gente corriente con no menos interés que a las personalidades de la alta sociedad de Atenas. En el diálogo *Menón* de Platón, por ejemplo, mantiene una larga charla con el esclavo de

Menón, en la que revela, al menos a nosotros, los lectores, que el esclavo es más capaz de aprender que su arrogante amo. Mientras que Menón, de noble linaje e instruido, debate con Sócrates repitiendo como un loro las opiniones de poetas y oradores famosos para parecer inteligente, el esclavo, que no posee una sabiduría convencional ni ninguna reputación que preservar, responde de manera franca y directa a las preguntas de Sócrates. De este modo, el filósofo nos muestra que, en esencia, el esclavo de Menón es más libre que su amo. Sin estar sujeto a las normas de lo que debe decir una persona respetable, él piensa por sí mismo.

A la manera de la persona de alma grande de Aristóteles, Sócrates se burlaba con ironía de los aristócratas pretenciosos de su sociedad y, al mismo tiempo, defendía el sentido común de figuras menos conocidas. A lo largo de los diálogos platónicos, los interlocutores favoritos de Sócrates son los jóvenes atenienses y no los padres, que ya habían alcanzado un estatus.

Aunque Sócrates vivió hace mucho tiempo y tenía un inusual estilo de vida por el que mantenía largas conversaciones callejeras, propongo que lo estudiemos como un modelo del que podemos aprender. Como mínimo el Sócrates descrito por Platón —que bien podría ser una versión idealizada— constituye un impresionante ejemplo de autodominio. Lo que me interesa de él no es solo el contenido de lo que proponía a sus alumnos, aunque muchas de sus recomendaciones explícitas tienen que ver con el tema del autodominio, sino también la virtud que demostró a lo largo de sus debates en su manera de actuar y en cómo afrontaba el desacuerdo e incluso la hostilidad.

Teniendo en cuenta la forma en que Platón retrata a Sócrates, tiene sentido centrarse en su conducta como una expresión significativa de quién era y de lo que pensaba. Un diálogo, a diferencia de un tratado o un relato expositivo, hace imposible separar el contenido de la manera en que este se transmite. Es imposible, por tanto, separar una enseñanza socrática del espíritu con el que vivió Sócrates. Para comprender sus proposiciones y afirmaciones, debemos considerarlas en el contexto de la acción y, en particular, a la luz de la manera en que cabe esperar que se enfrente a los personajes concretos con los que conversa.

Si atendemos al modo de actuar de Sócrates tanto como a las ideas que presenta, descubrimos que su comportamiento se ajusta notablemente a la descripción de Aristóteles sobre la grandeza de alma. A lo largo de sus discusiones con las personalidades atenienses, los hijos de los nobles de Atenas, los extranjeros notables, los esclavos y todos aquellos con quienes se relacionaba, Sócrates mantenía una impresionante inmunidad frente a las inseguridades comunes, como la preocupación por la popularidad, el decoro y la estima, y el miedo a parecer tonto frente a los que se consideraban sabios. Como pronto veremos, también constituye un modelo de cómo afrontar el infortunio.

Entender a aquellos con quienes discrepamos

El espíritu abierto de Sócrates, tanto hacia las personas que gozaban de reconocimiento como hacia los marginados, se debía a su permanente búsqueda de la verdad por encima de la reputación. A diferencia de la élite culta de su época, a Sócrates no le preocupaba en absoluto parecer inteligente, sofisticado o erudito. No temía abordar temas peliagudos o incluso sacrílegos, como la relación del amor con el sexo o si los dioses eran realmente omnipotentes. Sentía la misma curiosidad por la poesía reconocida, los grandes acontecimientos y los zapateros. Su principal interés era el conocimiento de sí mismo. Quería comprender y vivir según las virtudes del carácter que constituyen una vida buena. Impulsado por ese singular propósito, se mostraba dispuesto a escuchar a cualquiera que tuviera algo interesante que decir, con independencia de su rango, título o reputación.

Sócrates acogía con apertura el escepticismo y el desacuerdo, con el convencimiento de que el cuestionamiento de la sabiduría convencional solo podía beneficiarle. Partía de la idea de que, cuando se trata de conocerse a uno mismo, no hay ganadores ni perdedores, pues ser corregido o que te muestren un punto de vista nuevo y mejor sobre cómo vivir es un bien mucho mayor que corregir a otra persona. Frente al famoso orador Gorgias, admite de buen grado: «Soy de aquellos que aceptan gustosamente que se les refute, si no dicen la verdad, y de los que refutan con gusto a su interlocutor [...], pero que prefieren ser refutados a refutar a otro, pues pienso que lo primero es un bien mayor, por cuanto vale más librarse del peor de los males que librar a otro».[1]

El hecho de que Sócrates se interesara en especial por el conocimiento de uno mismo le diferenciaba de los famosos oradores y los sofistas de su época, que se enorgullecían de poder ganar los debates en la Asamblea o ante un jurado, sin importarles si consideraban verdadero o no el argumento. Los sofistas, de quienes procede la palabra «sofistería», eran maestros de retórica ambulantes que recorrían toda Grecia de una ciudad a otra, cobrando honorarios por instruir a los jóvenes ambiciosos en el arte del discurso ingenioso destinado a enredar al oponente a base de contradicciones. Los padres adinerados contrataban a los sofistas para que instruyesen a sus hijos en el tipo de discurso que podía ayudarles a destacar en el debate público. Fue Platón quien, al describir la crítica de Sócrates a los sofistas, contribuyó a su mala fama y allanó el camino para el término peyorativo actual de «sofistería».

Dado que los sofistas y los oradores se centraban exclusivamente en cómo convencer a un tercero, y no cultivaban una norma interna de lo correcto y lo incorrecto, se sentían contrariados y se enfurecían con facilidad en la discusión cada vez que se cuestionaba su supuesta maestría. Sócrates, por el contrario, se mantenía comedido y confiado, por muy duramente que se le confrontara. Por ejemplo, cuando Trasímaco, un joven orador exaltado y ambicioso, irrumpe en una conversación sobre el significado de la justicia acusando a Sócrates de hacer preguntas sin dar respuestas, este mantiene la calma y responde con genuina curiosidad: «No seas duro con nosotros, Trasímaco, pues tanto Polemarco como yo, si erramos en el examen de estas cuestiones, has de saber que erramos sin quererlo [...]. Así, es mucho más probable que seamos compadecidos por vosotros los hábiles en lugar de ser maltratados».[2] Cuando Trasímaco pregunta a Sócrates qué pena merecería pagar si él, Trasímaco, ofrece una respuesta «mejor» a la pregunta sobre el significado de la justicia, Sócrates responde que su «pena» debería ser simplemente «aprender del que sabe».[3]

Sin captar la honestidad en la respuesta de Sócrates, Trasímaco, que está obsesionado con el deseo de vencer y ciego ante la posibilidad de aprender excepto sobre los métodos de obtener una victoria verbal, piensa que Sócrates habla de manera sarcástica, convencido de que ganará la discusión. Sin embargo, Sócrates quiere entender de verdad lo que quiere decir Trasímaco. Cuando este expone con gran pomposidad su concepción supuestamente lúcida y no estúpida de la justicia, según la cual esta radica en «lo que conviene al más fuerte» (una idea que, aunque él lo desconocía, no era original suya, sino un tropo habitual entre quienes se deleitaban en la disputa), Sócrates se toma en serio la opinión. «Primeramente, debo comprender lo que quieres decir», replica. En lugar de intentar refutar a Trasímaco, plantea una sencilla pregunta para clarificar su opinión: ¿es la justicia lo que los gobernantes creen que les interesa o lo que de verdad les interesa? Pues ¿no se perjudican a veces a sí mismos incluso los tiranos más poderosos por su mal juicio? Y cuando el ciudadano que debe servir al tirano y actuar de este modo, «con justicia», sabe que hacerlo perjudicaría al tirano, ¿es justo que lo haga a pesar de todo?[4] Es una buena pregunta, compasiva y crítica a la vez. Mantiene la posibilidad de que Trasímaco esté en lo cierto sobre algún aspecto de la justicia, pero también deja ver que lo que entiende por «lo que conviene al más fuerte» es muy ambiguo y confuso. Al plantear esta pregunta, Sócrates abre el camino a un extenso debate a través del cual se esclarece el significado de la justicia.

A medida que se desarrolla el diálogo, Sócrates revela de qué manera Trasímaco no está del todo equivocado. Pues la justicia, como ayuda a descubrir a sus jóvenes amigos, está relacionada con el bien, con una cierta armonía del alma, en la que el amor a la sabiduría conduce al amor al honor y al amor al beneficio. Así entendida, la justicia es «lo que conviene» a todos, incluido al llamado más fuerte. Pese a su estrecha visión de «lo que conviene» y a su reducción de «lo bueno» al honor y la posesión material, Trasímaco no iba del todo desencaminado. Reconocía que la justicia no es simplemente el autosacrificio por el bien de otro. La justicia bien entendida enriquece y fortalece, en cierto sentido, a la persona que la posee.

Al final del diálogo, está claro que Sócrates ha conseguido entender a Trasímaco mejor de lo que este se entiende a sí mismo. Lo que expone es la visión verdadera y completa de la justicia que Trasímaco intentaba captar en su definición inicial. De esta manera, sale airoso frente a la oposición de Trasímaco, sin necesidad de rebatirlo a la manera de los oradores que ganaban casos en los tribunales, sino poniendo al descubierto el terreno común implícito bajo el desacuerdo inicial.

De manera parecida a la conversación con Trasímaco, Sócrates solía interrogar de buen grado a quienes lo desafiaban, con la intención sincera de desvelar el significado de sus opiniones más controvertidas. Incluso los animaba a elaborar con mayor precisión los puntos de vista contrarios para que resultasen más atractivos. Por ejemplo, invita a dos jóvenes participantes en la discusión, Glaucón y Adimanto, a profundizar en la visión de Trasímaco de la justicia de que «el poder determina lo que es correcto», considerando la historia de un ladrón con poder absoluto que, gracias a un anillo mágico que lo hace invisible, puede salir impune de cualquier injusticia que cometa. ¿No es esta persona más feliz que la persona justa que respeta debidamente los derechos de los demás, pero siempre se lleva la peor parte? Esta pregunta audaz y provocadora se convierte en el tema principal de la *República* de Platón, donde Sócrates expone su visión del tirano, o aspirante a tirano. En el contexto de un régimen político democrático, la misma premisa de tal indagación —que puede haber algo de valor en la vida del tirano— podría ser un tabú. Pero a Sócrates no le preocupaba el moralismo ni lo políticamente correcto. Le interesaba someter a indagación cualquier impulso tentador.

Al final, conduce a sus amigos a una crítica del tirano desde la perspectiva del propio tirano. Este, al salir impune de sus injusticias y tras acumular riquezas, mujeres y alabanzas, no hace más que satisfacer sus deseos con cosas efímeras e insustanciales, dándose «un atracón» de posesiones y halagos que lo dejan atrapado en un ciclo autodestructivo de gratificación y vacío. Al mismo tiempo, siempre debe estar pendiente de halagar a las personas que le otorgan poder. La verdadera felicidad, comenta Sócrates, solo puede hallarse en la búsqueda de la filosofía, que extrae los significados implícitos en todas las cosas bellas y deseables y los mantiene dentro de una concepción de la vida buena.

Sin embargo, esto significa que el tirano y el filósofo no son del todo distintos, pese a su gran diferencia en lo externo. Tanto al tirano como al filósofo les mueve un deseo apasionado e ilimitado de satisfacción que trasciende los límites de lo respetable y lo convencional. La diferencia entre ambos radica en la manera en que intentan satisfacer la misma necesidad básica.

La premisa fundamental de Sócrates, tal como demuestra su modo de interrogar y sus afirmaciones explícitas, era que, en toda opinión, hay al menos un atisbo de verdad. Entre las pocas afirmaciones que Sócrates hace sin reservas está la de que todos los seres humanos, incluso los más ignorantes o viciosos, desean el bien.[5] Hasta la persona tentada por el ideal del ladrón, capaz de cualquier cosa, desea el bien, aunque cree, erróneamente, que aprovechándose de los demás y robando sus posesiones, obtendrá la felicidad. Puesto que todos perseguimos a nuestra manera, más o menos eficaz, la coherencia y la armonía del alma, ni siquiera los que pueden parecer más perdidos y confusos están del todo desencaminados.

Gracias a que Sócrates trataba de entender a las personas en sus propios términos y consideraba el vicio como fruto de la ignorancia y no de la maldad, gozó de una notable libertad frente a la indignación que suele dominar a la mayoría de la gente. Incluso cuando recibía ataques directos a su forma de vida como filósofo, permanecía sereno e inquisitivo, y hasta disfrutaba con el reto de defender la filosofía ante otras personas en las que pudiera influir.

El ejemplo más destacado de ello es la respuesta que da a un joven aspirante a orador llamado Calicles, que tacha la filosofía de búsqueda «poco varonil y ridícula», encantadora en los niños, pero inapropiada para un adulto maduro.[6] Calicles insta a Sócrates a dedicarse a «cosas más grandes», los asuntos de Estado, para los que se necesita el arte de la retórica. Un filósofo, afirma Calicles, está del todo desprovisto de las habilidades necesarias para sobresalir en los asuntos privados y públicos, ciego ante el placer y el dolor humanos, y sin recursos a la hora de calibrar el carácter de los hombres. El filósofo, añade, está relegado a una vida sin reputación, «en un rincón, susurrando con tres o cuatro jovenzuelos».[7] Calicles concluye su alegato contra la filosofía presagiando el destino de Sócrates:

> Pues si ahora alguien te toma a ti, o a cualquier otro como tú, y te lleva a la prisión diciendo que has cometido un delito, sin haberlo cometido, sabes que no podrías valerte tú mismo, sino que te quedarías aturdido y boquiabierto sin saber qué decir, y ya ante el tribunal, aunque tu acusador fuera un hombre incapaz y sin estimación, serías condenado a morir si quisiera proponer contra ti la pena de muerte. Y bien, ¿qué sabiduría es esta, Sócrates, si un arte toma a un hombre bien dotado y le hace inferior?[8]

La acusación de Calicles representa una crítica clásica a la filosofía que no era desconocida en la época de Sócrates: la idea de que el filósofo se dedica a una investigación teórica abstracta que le aísla de los asuntos prácticos y le convierte en una especie de necio para los asuntos de la vida cotidiana. Aristófanes, el famoso comediógrafo de la época de Sócrates, lo había ridiculizado con sarcasmo precisamente en esos términos, retratándolo como un niño indefenso con la cabeza en las nubes, estudiando insectos con una lupa en su «pensadero». A través de la objeción de Calicles, Platón presenta el que podría ser el cargo más significativo contra Sócrates, una acusación más profunda que la formulada por la ciudad de Atenas de corromper a la juventud. Aunque la acusación de la ciudad conlleva una pena elevada, no ataca la esencia del modo de vida de Sócrates. Apunta a un efecto de la filosofía, no a la filosofía en sí. Platón hace que Calicles ponga a prueba a Sócrates de la forma más directa y contundente.

Sócrates no se indigna en absoluto ante la crítica mordaz de Calicles. Al contrario, se entusiasma ante la oportunidad de poder dialogar con alguien que dice lo que piensa y que, por tanto, será un interlocutor idóneo para debatir sobre cómo debe uno vivir su vida, el tema más importante de todos:

> ¡Voy a decírtelo. Creo que ahora, al encontrarte a ti, he encontrado tal hallazgo [esas piedras con las que prueban el oro]! [...]. Pues observo que el que va a hacer una comprobación suficiente sobre si un alma vive rectamente o no ha de tener tres cosas que tú tienes: ciencia, benevolencia y decisión para hablar [...]. En cierta ocasión, os oí deliberar sobre hasta qué punto se debe cultivar la sabiduría, y sé que prevaleció entre vosotros, poco más o menos, la opinión de no esforzarse en filosofar hasta la perfección [...]. Por tanto, cuando te oigo aconsejarme lo mismo que a tus mejores amigos, tengo una prueba suficiente de que, en verdad, eres amigo mío [...]. Es el más bello de todos, Calicles, el examen de estas cuestiones sobre las que tú me has censurado: cómo debe ser un hombre y qué debe practicar.[9]

A continuación, aborda cada uno de los argumentos de Calicles. Con respecto a la supuesta ignorancia del filósofo de los asuntos prácticos, Sócrates cuestiona a Calicles sobre la relación de lo agradable con lo bueno. Este había planteado que la vida buena consiste en dar rienda suelta a los deseos y contentarse en los placeres en el mayor grado posible. Para ello, afirma, uno necesita la retórica, con la que podrá persuadir a los demás para que le den lo que desea. Sócrates se detiene en la identificación que hace Calicles de lo bueno con lo placentero y le pregunta si realmente considera que son idénticos. Al principio, Calicles se mantiene firme en la opinión de que no hay diferencia entre ambos. La vida buena es la vida con la mayor abundancia de placeres. Pero cuando Sócrates insiste sobre el asunto, se ve obligado a reconocer una diferencia. Consciente de lo que motiva a Calicles, Sócrates le hace una pregunta sencilla para demostrar cuáles son sus verdaderas convicciones: «¿Has visto alguna vez gozar a un niño insensato?». «Sí», responde Calicles. «¿No has visto nunca gozar a un hombre insensato?». «Creo que sí», dice Calicles.[10] Entonces, Sócrates le conduce a la ineludible conclusión de que, según lo que ha admitido, no todos los placeres son buenos. Vivir bien implica tener sentido común, o sabiduría, para discernir entre los distintos deseos, en lugar de permitirse cualquier deseo que uno tenga en cualquier momento. Sócrates lleva a Calicles a esta conclusión al presentar una afirmación basada en la acusación de Calicles que este no puede negar. Justamente había acusado a Sócrates de ser un niño insensato por dedicarse a la filosofía. Sin embargo, Sócrates, con toda claridad, y delante de Calicles, se deleita filosofando. Para ser coherente con su opinión de que la vida del filósofo carece de valor, Calicles debe admitir la misma distinción que niega: que lo bueno es diferente de lo placentero.

No obstante, al admitir esto, socava de manera tácita su desprecio de la filosofía. Su alegato a favor de la retórica frente a la filosofía se basaba en la afirmación de que la retórica le permite a uno dominar y, por tanto, adquirir las cosas que desea, mientras que la filosofía es débil e inútil. El filósofo, según Calicles, es incapaz de permitirse las cosas que podría desear, relegado a una vida de abnegación ascética. Sin embargo, ahora Sócrates ha demostrado a Calicles que una vida buena requiere alguna forma de sensatez o sabiduría, que implica la evaluación crítica de lo que uno quiere, no únicamente los medios para adquirirlo. Por el contrario, la retórica, tal como la presenta Calicles, solo busca persuadir a un tercero para conseguir lo que uno quiere de él, como si ya supiera lo que es bueno. La retórica descuida la cuestión fundamental de cómo poner en orden la propia vida.

En la acusación de Calicles contra la filosofía está implícita la idea de que es una disciplina abstracta o un estudio de la naturaleza que no considera la virtud ni la vida buena. Aunque la filosofía ha adquirido esta reputación y, hasta cierto punto, ya la tenía antes de que Sócrates entrara en escena, la que practica Sócrates no es ese tipo de filosofía. Cuando Calicles equipara la filosofía socrática con el desinterés por lo mundano, olvida su necesidad permanente de deliberar sobre el curso correcto de la acción y de examinar la propia vida en su totalidad para determinar lo que merece la pena perseguir. Para esta tarea fundamental, la retórica, que solo pretende convencer al otro, resulta inútil. De este modo, Sócrates demuestra que la filosofía, y no la retórica, es la empresa verdaderamente práctica. Es el filósofo, interesado en el conocimiento de sí mismo, y no el orador, enfocado en ganar en los tribunales, quien está verdaderamente capacitado para ofrecer sabios consejos.

En respuesta a la acusación de Calicles de que la filosofía le deja a uno sin la capacidad de persuasión frente a un tribunal, incapaz de defenderse a sí mismo o a los amigos y expuesto a sufrir la injusticia más terrible, Sócrates plantea un dilema difícil. Si ser persuasivo significa tan solo gratificar a un tercero, por ejemplo, declarando a un jurado cualquier cosa que pudiera conducir a la absolución, entonces tiene un coste. Gratificar a un jurado corrupto para garantizar la seguridad personal implica desvirtuar la propia alma, es decir, cometer una grave injusticia contra uno mismo. Si uno quiere preservar la integridad de su alma y, a la vez, evitar que se cometa una injusticia, deberá intentar influir de algún modo en el tribunal, pero sin gratificarlo. Como veremos, este es precisamente el reto al que se enfrenta Sócrates en su propio juicio.

Para asestar el golpe final al argumento de Calicles, Sócrates señala que los más grandes oradores de la historia ateniense, como Pericles, por ejemplo, a los que Calicles y otros veneran ahora, no fueron capaces de salvarse cuando la democracia ateniense se volvió en su contra en épocas turbulentas. La retórica no ofrece el poder absoluto que Calicles imagina. La filosofía, que se ocupa de encontrar el equilibrio adecuado entre protegerse a uno mismo y tomar partido, es más poderosa.

Si hubiera que acusar a Sócrates de algún vicio, no sería de mansedumbre ni de falta de persuasión, sino de su tendencia, a la manera del hombre de alma grande, a observar a la gente desde un lugar elevado en el que la depravación se revela como algo cómico, como la insensatez de los niños inmaduros, que resultaría risible contemplada con un amigo filósofo.

En los diálogos de Platón, la única circunstancia en la que vemos a Sócrates actuar de modo poco caritativo con un interlocutor —llevándole, por ejemplo, a incurrir en contradicciones lógicas— es cuando trata de apartar de la discusión a un participante dominante que tiende a silenciar a los más jóvenes y reticentes a captar la atención, o que busca impresionarlos por razones equivocadas. En un momento de su diálogo con Trasímaco, Sócrates le hace caer en un enredo verbal que oscurece, en vez de aclarar, el significado de la justicia.[11] Sin embargo, solo hace esto después de que Trasímaco haya planteado de manera recalcitrante la pregunta de por qué es importante que exprese la verdad desde su punto de vista en vez de intentar simplemente refutarle. A modo de respuesta, Sócrates demuestra a Trasímaco que, cuando se trata de una argumentación confrontativa abstracta, a la manera de los sofistas, puede vencerle con sus mismas tácticas. Mediante tramposos cambios en los términos y usando las mismas palabras en diferentes sentidos, logra que Trasímaco se contradiga de manera ostensible. No lo hace para derrotarlo en abstracto, algo que no le importa lo más mínimo, sino para bajarle los humos ante Glaucón y Adimanto, los dos jóvenes cuya atención le interesa captar. Como estos quedarán sin duda impresionados ante alguien capaz de lograr que un tipo duro enrojezca de vergüenza, Sócrates aprovecha la oportunidad para mostrar la debilidad de Trasímaco en su propio terreno. Lo hace de un modo estratégico, pero el propósito principal es lograr que los dos jóvenes participen en una auténtica búsqueda de la sabiduría. Al estilo del hombre de alma grande de Aristóteles, Sócrates no desacredita a la gente a menos que tenga motivos para denigrarlos de manera deliberada.[12]

Otro aspecto en el que Sócrates mostraba ser dueño de sí mismo era en su honestidad o, en palabras de Aristóteles, su «veracidad». Aunque a menudo hablaba de manera indirecta a través de las preguntas que planteaba, siempre decía lo que pensaba. Expresaba su visión de la verdad y, hasta donde yo sé, jamás dijo una mentira. Con frecuencia, formula preguntas capciosas para invitar a un determinado personaje a asentir de manera irreflexiva. Sin embargo, esto lo hace en interés de otros participantes en la discusión que están más atentos, sobre todo para nosotros, los lectores. (No debemos olvidar que Sócrates es el protagonista de Platón y, nosotros, el público de este). Aunque una pregunta puede llevar a alguien por un camino equivocado, no es una mentira. Es una forma de honestidad cuidadosamente presentada que coloca el peso del discernimiento en la persona que debe responder. Sócrates no exponía sus pensamientos al mundo de manera indiscriminada. Solía expresar su opinión de forma implícita en sus preguntas a los otros, y rara vez la presentaba en la forma de afirmaciones.

Si sus amigos o enemigos le presionaban para que manifestara su opinión sin rodeos, a menudo se expresaba con ironía. Decía la verdad, pero en maneras que sabía que no serían entendidas del todo por algunos, para su propio beneficio o el de ellos. A través de la ironía, Sócrates fue capaz de mantener el dominio de sí mismo a lo largo de sus numerosas conversaciones. Nunca cedió a la presión de falsear quién era mediante una mentira ni cayó en una sinceridad desconsiderada susceptible de abusos y malentendidos.

Un ejemplo famoso de su ironía fue el alegato que pronunció en su juicio, el acontecimiento culminante de su vida que estamos a punto de examinar. Allí confesó que no se consideraba sabio, «ni poco ni mucho».[13] En cierto sentido, la afirmación era sincera. Sócrates nunca sostuvo que poseyera conocimiento en el sentido convencional de tener una certeza o una conciencia clara y concreta de la verdad. Se deleitaba en la búsqueda de la sabiduría, abordando cada comprensión como una posibilidad que debía refinar y reconsiderar en el devenir de su vida. Los que conocían bien a Sócrates captarían la verdad en su irónica afirmación. Los que no le conocían quizá supondrían que estaba describiendo la sensación de vacuidad de una vida dedicada a la desmitificación a través del escepticismo.

El juicio de Sócrates

A la edad de setenta años, Sócrates fue llevado a juicio por tres destacados atenienses que le acusaron de corromper a la juventud y de introducir nuevos dioses no reconocidos como tales por el Estado. Se trataba de un cargo grave que podía castigarse con la pena de muerte. Las circunstancias que rodearon a la acusación y el juicio de Sócrates subrayan la desgracia en la que había caído. Como descubrimos en los diálogos de Platón, Sócrates había procurado a lo largo de su vida practicar la filosofía sin provocar la ira de la ciudad. Aunque evitó la política por temor a verse implicado en las luchas de poder, cumplió debidamente con sus responsabilidades cívicas, entre ellas el servicio militar en la batalla de Delio. Sin embargo, en el momento del juicio, se vio perjudicado por circunstancias desafortunadas en el contexto del declive de Atenas en la guerra del Peloponeso contra Esparta.

Suele ocurrir que, en tiempos de agitación política, los poderes fácticos son menos tolerantes con las opiniones y formas de vida poco ortodoxas que en circunstancias de estabilidad. En el momento en que Sócrates fue procesado, Atenas, que había sido una gran potencia y centro de la cultura en Grecia, se encontraba a las puertas de la derrota. Para empeorar las cosas, Alcibíades, un joven general condecorado y uno de los alumnos destacados de Sócrates, había impulsado una expedición en Sicilia que resultó desastrosa, lo que le llevó a desertar y a refugiarse en Esparta. La campaña militar, que al principio prometía ser la conquista más gloriosa de la historia ateniense, estuvo precedida por un llamativo acto de impiedad que sacudió la democracia ateniense. Varias estatuas sagradas del dios Hermes habían sido profanadas por un desconocido que había mutilado sus falos. Corrió el rumor de que había sido Alcibíades, que buscaba afirmar su autoridad frente a las creencias religiosas de la ciudad. Sabemos por *El banquete* de Platón que Sócrates había intentado inculcar la moderación en Alcibíades y atemperar su afán por la fama y la gloria. Pero la ambición del joven general se había apoderado de él justo en el momento equivocado. Cuando las autoridades civiles atenienses lo apartaron de la expedición a Sicilia y amenazaron con presentar cargos contra él (una acción que, según algunos relatos, socavó la expedición), Alcibíades huyó a Esparta. Tras su deserción, se extendió la sospecha de que Sócrates estaba corrompiendo la lealtad de los jóvenes líderes de Atenas.

Al mismo tiempo, estalló el conflicto entre los demócratas atenienses y los oligarcas: los primeros reclamaban más poder para todos los hombres libres de Atenas y los segundos querían más poder para la élite, que trataban de mantener contratando a los sofistas para que enseñaran a sus hijos el arte de la elocuencia y la gobernanza astutas. En este ambiente, Sócrates podía ser fácilmente confundido con un sofista. Se relacionaba con los hijos de los aristócratas ricos (entre otros) y los instaba a cuestionar la sabiduría convencional. Además, conversaba con los extranjeros con la misma disposición que mostraba hacia los atenienses.

Sin embargo, Sócrates no era un sofista. Como recordó al jurado, nunca cobró honorarios por sus enseñanzas. Y nunca pretendió transmitir la virtud como si él fuera un cántaro de conocimiento y sus alumnos vasijas vacías. El sentido de la filosofía, tal y como él la practicaba, no era transmitir conocimientos ni ganar una discusión, ni siquiera llegar a una conclusión, sino involucrarse con los demás en una búsqueda conjunta del conocimiento de uno mismo que inspirara nuevos cuestionamientos.

La crítica matizada de Sócrates a los sofistas no fue comprendida por aquellos que los observaban desde lejos. Llegó a ser odiado por los demócratas tradicionales atenienses, especialmente a raíz del fiasco de Alcibíades. Al final del diálogo *Menón*, en el que Sócrates defiende la idea de que enseñar significa sacar a la luz lo que el alumno ya lleva dentro, vemos el odio hacia Sócrates encarnado en la persona de Ánito, un estadista que se convertiría en uno de sus acusadores. Ánito irrumpe de repente en la discusión y denuncia la mera disposición de Sócrates a dialogar con los sofistas. Se enfurece cuando este le pregunta si alguna vez ha sido agraviado por un sofista o si siquiera ha conocido a alguno. Cuando Ánito reconoce que no, Sócrates le pregunta cómo puede condenar a alguien que no conoce. Ánito responde que sabe «perfectamente quiénes son esos», y le advierte que se ande con cuidado, no sea que él mismo sea condenado como sofista.[14]

No fue tarea fácil para Sócrates aclarar los complicados malentendidos en los que se vio envuelto, incluidos los rumores de sofistería, ante un jurado de alrededor de quinientos ciudadanos, mientras se enfrentaba al castigo más severo que la ciudad podía imponer. Sin embargo, mantuvo la calma y la compostura. Encontró la manera no solo de enfrentar el revés del destino, sino también de reafirmar su vida y servir de inspiración para sus alumnos. Sin dejarse llevar por la ira, el miedo ni la autocompasión, expone ante el jurado ateniense una sutil defensa de la filosofía, relatada en el diálogo de Platón *La apología de Sócrates*. Platón nos muestra que Sócrates no era en absoluto la figura etérea y desentendida de los asuntos mundanos que suele asociarse a los filósofos cuando se les ridiculiza en historias como la de Tales, el pensador que estaban tan absorto contemplando el cielo, que se cayó en un pozo. Sócrates, según nos muestra Platón, era sabio en las cuestiones relacionadas con las motivaciones humanas y sabía bien cómo defenderse.

La defensa de Sócrates, tal como la presenta Platón, fue osada y a la vez prudente. Para que sus alumnos presentes, incluido Platón, no perdieran la fe en la filosofía, Sócrates sostiene de forma inequívoca que «una vida sin examen no tiene objeto vivirla».[15] Al mismo tiempo, para proteger a sus alumnos del destino que él enfrenta, recurre a un poder retórico que suele ser inaudito en los filósofos. Intenta demostrar que la filosofía va de la mano de una ciudadanía respetuosa con la ley, sugiriendo que la ciudad de Atenas, debido a su corrupción, no podía tolerar el tipo de discurso que haría mejores a sus ciudadanos.

Empleando giros lingüísticos no menos hábiles que los del famoso orador Gorgias, fingiendo ignorar las formas del tribunal, Sócrates teje un intrincado relato de cómo la filosofía fomenta el respeto a la ley. Cita dos casos de su pasado en los que defendió la ley frente a las pasiones de las masas. Al intentar presentar la filosofía como un baluarte de la integridad de la ciudad, en lugar de como una fuerza perturbadora, hace todo lo posible por inspirar y por proteger su modo de vida. Si su mayor esperanza era defender la filosofía y a la vez ser absuelto, una hazaña aparentemente imposible, casi lo consigue. No obstante, por un estrecho margen (poco más del 50 por ciento), el jurado lo declara culpable.

Al oír el veredicto, Sócrates mantiene su honesta apreciación de sí mismo. En vez de suplicar una sentencia menos severa que la muerte, como se permitía hacer a los condenados en Atenas, declara con atrevimiento que lo que debería recibir como «castigo» es que el Estado le recompense manteniéndolo de por vida, con comidas gratuitas incluidas. Esto, según él, sería su justo merecido por mejorar el carácter de Atenas. Huelga decir que el jurado no lo aceptó. La ciudad de Atenas lo sentenció a muerte.

Aceptando la sentencia con serenidad, Sócrates se dirige pacientemente, por turnos, a sus acusadores y a sus partidarios. A estos últimos les asegura que no considera su muerte como algo malo. Sostiene que, si dispusiera de más tiempo, podría convencer a sus acusadores de su insensatez.

Sócrates se enfrentó a una circunstancia que habría llevado a la mayoría de las personas a renegar de su forma de vida y a caer de rodillas suplicando clemencia. Hubiera sido fácil para él renunciar a la filosofía, al menos en Atenas, o haber implorado el destierro en vez de la muerte. Pero, en vez de traicionarse a sí mismo y abandonar la filosofía para salvar el pellejo, optó por afrontar la desgracia y utilizarla como una oportunidad para afirmar su forma de vida. De este modo, dio muestras de la virtud del hombre con grandeza de alma que «ni se expone al peligro por fruslerías ni ama el peligro [...], pero afronta grandes peligros, y cuando se arriesga, no regatea su vida porque considera que no es digna de vivirse de cualquier manera».[16] Sócrates asumió la desgracia usándola a su favor. Al hacerlo, se elevó por encima de sus acusadores, no destruyéndolos ni venciéndolos en el tribunal (aunque lo intentó), sino utilizándolos para transmitir un mensaje a cualquiera que se sintiera conmovido por la filosofía: nunca te rindas. No temas a la muerte, pues la vida no examinada no merece la pena ser vivida. Si Sócrates no hubiera adoptado una postura tan contundente, es poco probable que hubiera ejercido la misma influencia sobre sus alumnos, incluido Platón.

La muerte de Sócrates: cómo redimir la desgracia y ser fiel a uno mismo

Como prueba de sus convicciones, Sócrates permaneció en la cárcel, pese a que tuvo la oportunidad de escapar. En aquella época era común sobornar a un guardia de la prisión y huir airosamente a otra ciudad. Platón dedica todo un diálogo a la manera en que Sócrates rechazó esta opción, que su amigo Critón se ofrece a facilitarle. El día de su ejecución, Sócrates mantiene su característica actitud serena y alegre. Su amigo Fedón relata: «No se apoderaba de mí la compasión en la idea de que asistía a la muerte de un amigo, porque se me mostraba feliz [...], no solo por su comportamiento, sino también por sus palabras. Tan tranquila y noblemente moría...».[17] Dispuesto a ser ejecutado al atardecer, Sócrates pasó el día como cualquier otro, inmerso en un diálogo serio y a la vez desenfadado con sus amigos sobre asuntos relacionados con la virtud y el alma.

Ante su inminente muerte, dirige un debate abierto y profundo sobre lo que podría parecer la cuestión más inquietante de semejante circunstancia: si el alma es o no inmortal. Sus jóvenes amigos, entre ellos Simmias y Cebes, desean investigar el asunto con él. Al principio temen desafiar la proposición de Sócrates de que el alma es inmortal. No quieren perturbarlo con posibilidades inquietantes en sus últimos momentos. Pero Sócrates detecta sus vacilaciones y los anima a no escatimar argumentos. Con una calma paternal, les invita a exponer sus temores más profundos.

Después de que Simmias y Cebes presenten sus temores por turnos, Sócrates los interroga. Resulta notable que, según el relato de Fedón sobre lo que Sócrates hizo y dijo, se dedicara a apaciguar los temores de todos los presentes:

> Pese a haber admirado a Sócrates muchas veces, nunca le admiré más que en aquella ocasión que estuve a su lado. El que supiera encontrar una respuesta [a lo que los jóvenes le preguntaron sobre el alma] tal vez no tiene nada de extraño. Pero lo que más me maravilló de él fue, ante todo, con cuánto placer, benevolencia y deferencia acogió la argumentación de los jóvenes; luego, con cuánta penetración percibió el efecto que había producido en nosotros la argumentación de aquellos, y, por último, cuán bien supo curarnos. Estábamos en fuga y derrotados, por decirlo así, y él nos llamó de nuevo al combate, impulsándonos a seguirle y a considerar con él el razonamiento [sobre el alma].[18]

A medida que se acerca la hora fatídica y el diálogo llega a su fin, Sócrates conduce a Simmias y a Cebes a la «prueba» de la inmortalidad del alma. La esencia de la indagación de Sócrates es revelar que los temores de sus jóvenes amigos se basan en su reducción implícita del alma al cuerpo. Cuando estos hablan de la posibilidad de que el alma se disperse o se extinga en el momento de la muerte, se apoyan de manera implícita en su observación de las cosas físicas, como el aliento que puede verse brevemente en un día frío antes de desvanecerse o las brasas de un fuego que se apagan. Sin embargo, Sócrates plantea que la cuestión del destino del alma requiere un examen más profundo.

Al mismo tiempo, su calma inquebrantable ante la muerte revela una conciencia espiritual profunda que ningún argumento o prueba puede plasmar del todo. Lo que anima al cuerpo y le da vida es el alma, que no solo se manifiesta en el cuerpo, sino también en los significados que transmiten las palabras y las acciones. Aunque esos significados puedan pasar desapercibidos, malinterpretarse e incluso quedar olvidados durante mucho tiempo, no pueden destruirse ni dispersarse como un soplo de aire o una bocanada de humo. Siguen viviendo en las acciones de aquellos a quienes conmueven, del mismo modo que Sócrates vive en las palabras de Platón y también en nuestros pensamientos y acciones cuando interpretamos los diálogos platónicos e intentamos vivir de acuerdo con su sabiduría.

En una de las últimas instrucciones a su amigo Critón, que le pregunta si puede hacer algo por sus hijos, Sócrates responde con una simple petición: «Lo que siempre estoy diciendo, Critón [...]. Si os cuidáis de vosotros mismos, cualquier cosa que hagáis no solo será de mi agrado, sino también del agrado de los míos».[19]

Lo que Sócrates quiere no es ser recordado y alabado, sino perdurar como una fuerza viva para quien pueda reconocer el mérito en su forma de vida. Sin comprender del todo la petición de Sócrates, Critón le pregunta cómo le gustaría ser enterrado. Con su habitual sentido del humor imperturbable, Sócrates responde con una amable sonrisa: «Como queráis [...], si es que me cogéis y no me escapo de vosotros».[20] La broma aquí es que Sócrates ya se ha escapado de

Critón, que identifica ingenuamente al hombre con el cuerpo que pronto será un cadáver. No es una casualidad que Critón sea el que intenta convencer a Sócrates de que escape de la cárcel. Preocupado por el cuerpo y por su conservación, no puede comprender el mayor poder del alma.

Para mostrarnos hasta qué punto Sócrates aceptó la adversidad, Platón lo presenta orquestando su propia ejecución. Es Sócrates quien ordena a su amigo Critón que llame al verdugo. Es Sócrates quien acepta jovialmente la copa de cicuta mientras el verdugo rompe a llorar y abandona la sala. Sin temblar ni lamentarse por su destino, apura el brebaje como si se tratara de una copa de vino con la que uno brinda.

En sus últimos momentos, cuando el veneno empieza a hacer efecto, Sócrates consuela a sus amigos, que están todos sollozando. A Critón le hace su última petición, que resulta ser las últimas palabras que pronuncia: «Debemos un gallo a Asclepio. Pagad la deuda y no la paséis por alto».[21] La críptica última frase de Sócrates se interpreta a menudo como un testamento en contra de la vida. Asclepio es el dios de la curación, y la deuda del gallo representa una ofrenda. Puede parecer que el sentido del encargo a Critón es que la vida, ligada al cuerpo, es una enfermedad de la que nos cura la muerte. Por ello, debemos ofrecer un sacrificio al dios que nos cura de la corporeidad a través de la muerte. Sin embargo, esta interpretación pasa por alto el espíritu desenfadado con el que Sócrates la pronuncia. Todo lo que este hizo y dijo el día de su ejecución, durante el juicio y durante toda su vida estuvo impregnado por el amor a la sabiduría, que era tanto de este mundo como del otro. Por tanto, resulta posible interpretar al dios Asclepio como un símbolo de la filosofía, ya que Sócrates muchas veces considera al filósofo como una especie de sanador del alma (en esta vida).

La idea de que Sócrates creía que la verdadera vida solo puede alcanzarse tras abandonar el cuerpo o las aflicciones de este mundo es quizá una proyección neoplatonista, influenciada por ciertas doctrinas cristianas. Aunque Sócrates afirma la primacía del alma frente al cuerpo, nunca rechaza el cuerpo como un obstáculo para el alma. En el diálogo de Platón *El banquete*, incluso identifica el *eros*, el amor apasionado por lo bello, como el origen y la fuerza motivadora de la filosofía. Allí sugiere que la belleza de un cuerpo no solo suscita un anhelo físico de estar con lo bello, sino también un anhelo intelectual de dar sentido a la belleza misma. Lejos de renunciar al mundo corporal de las cosas visibles y tangibles, lo contempla con asombro y lo integra continuamente en alegorías sobre cómo vivir.

Un ejemplo revelador de cómo entiende Sócrates la corporeidad y de la pasión con la que vivió su vida es el último mito que cuenta a sus amigos justo antes de su ejecución, el de «la verdadera superficie de la tierra» vista desde arriba, donde se dice que moran las almas de los hombres buenos después de la muerte. La imagen de la tierra resulta ser un modelo para una vida inspirada por la filosofía. La tierra, dice Sócrates, no es en su tamaño ni en su forma lo que creemos que es. Vivimos solo en una pequeña parte de ella, como hormigas o ranas alrededor de una charca. Aunque pensamos que habitamos en la superficie terrestre, vivimos sumergidos en una de sus numerosas cavidades llenas de agua, aire y niebla. Nuestra condición es como la de los seres que viven bajo el mar y creen que moran en su superficie. Al ver el sol y las estrellas a través del agua, confunden el mar con el cielo. Por pereza y debilidad, nunca llegan a la superficie para ver cuánto más puros y bellos son el sol y las estrellas cuando resplandecen desde nuestra posición más privilegiada aquí. Nosotros estamos en la misma situación. Debido a nuestra pereza y debilidad, tomamos el aire por el cielo en el que se mueven las estrellas. Pero este aire es en realidad un mero sedimento del cielo puro, lo que muchos llaman el éter. Si lográsemos que nos salieran alas y nos remontásemos más allá de nuestra turbia atmósfera, podríamos ver las estrellas y todas las demás cosas como son en realidad.[22]

Las diferentes capas de la tierra representan diferentes niveles de autoconocimiento. Lo de «las cavidades» en las que habitamos es para inspirarnos a cuestionar la sabiduría convencional, para que reconozcamos que hay algo más en la vida que las «verdades» que se pronuncian en nuestros círculos. Esas supuestas verdades son en realidad opiniones que, cuestionadas de manera reflexiva, con el bien en el punto de mira, apuntan a comprensiones más amplias de lo que en la actualidad somos capaces de ver. La perspectiva completa hacia la que apuntan nuestras opiniones es «la tierra desde arriba», que resplandece como una armoniosa variedad de los colores más brillantes: el púrpura, el dorado, el blanco y muchos otros. Pues las «cavidades, que están llenas de agua y de aire, proporcionan un tono especial de color que brilla en medio del abigarramiento de los demás, de tal suerte que ofrece un aspecto unitario continuamente abigarrado».[23]

La armoniosa variedad de colores que imagina Sócrates, en la que cada tono alcanza su belleza en relación con los demás, ofrece una forma de entender la integridad, o totalidad, de una vida dueña de sí misma. La imagen también presenta una visión de la ignorancia en consonancia con su idea de que ninguna opinión es del todo falsa. Nuestro desconocimiento no se debe a que confundamos lo ilusorio con lo real, sino a que somos víctimas de la obsesión o de la miopía, a que nos perdemos en algún detalle de nosotros mismos, en una de las muchas cavidades de la tierra, y, de este modo, nos volvemos incapaces de percibir la armoniosa variedad de colores a la que contribuye cada cavidad. Al considerar cada una de las cavidades desde la perspectiva correcta en relación con otras regiones de la tierra, esta se revela como una parte indispensable de la imagen unitaria y resplandeciente.

La hermosa morada de las «almas buenas» es en realidad este mundo visto en su verdadera proporción y color, iluminado por la filosofía. Sócrates da a entender que una vida guiada por el amor a la sabiduría es un viaje incesante a través del cual uno adquiere perspectivas cada vez más elevadas y puntos de vista más claros sobre el mundo que ya conoce y ama.

Al final de su defensa, después de haber sido condenado, afirma ante el jurado que su mayor esperanza después de la muerte es poder continuar con la filosofía. Si llegara a encontrarse con Aquiles y Ulises en el Hades (el mítico inframundo), nada le gustaría más que interrogarles sobre los mismos asuntos que siempre debate con sus amigos.

Gracias a su amor por la sabiduría y a su incansable búsqueda del autoconocimiento, Sócrates pudo afrontar su juicio y ejecución con el mismo aplomo que caracterizó su vida en su momento de mayor libertad. De la misma manera que confrontó a los interlocutores hostiles extrayendo algo de valor de sus opiniones, se enfrentó a sus acusadores y utilizó el juicio como una oportunidad para defender la filosofía. Sócrates entendió su vida como un viaje y, de esta manera, fue capaz de relativizar incluso la muerte. Su ejecución solo fue un acontecimiento más en su historia, que continuaría escribiéndose en los pensamientos y actos de otros.

La vida es bella: un relato socrático contemporáneo

La historia de la vida y la muerte de Sócrates revela que la filosofía no consiste simplemente en argumentos, discursos y especulaciones. Se trata, sobre todo, de una manera de ser filosófica, de responder con aplomo a las pruebas y tribulaciones de la vida. Si esto es cierto, deberíamos ser capaces de identificar filósofos más allá de aquellos con un nivel elevado de intelectualidad.

Un ejemplo elocuente de ello es la película de Roberto Benigni *La vida es bella*, una historia moderna sobre la posibilidad de trascender dificultades extremas gracias al poder redentor de la conciencia de uno mismo en relación con los compromisos adquiridos. La película muestra a un héroe inesperado que resulta sorprendentemente socrático en la manera en que resplandece su autodominio a través de una fachada bobalicona y desvergonzada.

Al principio, el héroe, Guido Orefice, aparece en circunstancias cómicas, como un camarero de cara divertida y recursos modestos que persigue a Dora, una mujer claramente fuera de su alcance. Esta es una bella aristócrata que está prometida con un pomposo funcionario del Gobierno. Gracias a su ingenio, su talento para el romanticismo y a una imbatible tolerancia al rechazo, Guido acabará por conquistar a Dora. En la fiesta de compromiso, se hace pasar por camarero y se cuela por debajo de la larga mesa en la que Dora está sentada, le da un golpecito en la pierna y la convence para que se fugue con él. Volvemos a encontrar a Guido varios años después. Ahora está casado con

Dora y es padre de un travieso niño de cinco años, Giosuè. Parece que su historia sea el relato de un éxito improbable, una comedia en la que todo encaja.

Pero, de repente, las circunstancias toman un giro trágico. Los nazis llegan al poder y nos enteramos de que Guido es judío. Una tarde, Dora regresa a casa y descubre que la han registrado de arriba abajo y que su marido y su hijo han desaparecido. Desesperada, sale corriendo en su búsqueda hasta la estación de ferrocarril, donde se les está empujando a entrar como ganado en un tren con destino a un campo de concentración. Aunque ella no es judía, suplica que la dejen subir al tren para quedarse con su familia.

El resto de la historia es el inverosímil relato de la ingeniosa forma en que Guido protege a su mujer y a su hijo en el confinamiento cruel del campo de concentración. El elemento principal de la trama es su astuta estrategia para ocultar a Giosuè de las autoridades nazis cuando los demás niños ya han sido asesinados. Este se había salvado de la ejecución en la cámara de gas quedándose en los barracones mientras a los otros niños se les ordenaba ir a «ducharse». Con su característico ingenio creativo, Guido hace creer a Giosuè que están participando en una gran competición con los demás reclusos. La regla más importante del juego es que los guardias de la prisión no te vean. Entre las otras reglas figura la de no quejarse por tener hambre ni de echar de menos a mamá. El que cumpla bien las reglas y obtenga más puntos ganará un tanque militar. Con los ojos bien abiertos ante la perspectiva de semejante premio, Giosuè obedece a su padre y permanece escondido.

A medida que se desarrolla la historia, comprendemos que es algo más que una fábula elaborada sobre la supervivencia. Como sugiere el título de la película, se trata de la posibilidad de elevarse por encima de las circunstancias y seguir siendo dueño de uno mismo en condiciones de extrema opresión. El juego que inventa Guido no es solo un medio para proteger a su hijo. Es una expresión del espíritu de ligereza y talento creativo que ha caracterizado su vida desde el momento en que conoció a Dora. El juego, por tanto, no debe verse como una fantasía extravagante destinada a engañar a un niño por su propio bien. Es la forma en que Guido es capaz de ser él mismo, incluso en circunstancias que impulsarían a cualquiera a traicionarse. El juego es la manera de Guido de afrontar la realidad. Y la realidad —con todo el terror y la adversidad que supone— se convierte en el recurso para el juego. Como hace Sócrates en su juicio y ejecución, se mantiene fiel a sí mismo en el más hostil de los escenarios.

La dimensión de autoexpresión del juego se revela en la manera en que Guido lo introduce. Tras descender del tren y ser obligados a entrar en los barracones, él y los demás hombres italianos se sientan y permanecen en silencio, esperando órdenes de un fornido oficial de las SS con un imponente casco abombado. La situación de aquellos hombres parece de total impotencia. En un tono de voz muy serio y rígido, el oficial pregunta si alguien puede traducir del alemán al italiano. Sin saber una palabra de alemán, pero viendo la oportunidad, Guido se ofrece audazmente, asumiendo el riesgo.

Para sorpresa y desconcierto de los demás prisioneros, fingiendo estar atento a cada palabra del oficial, e incluso manteniendo el tono severo de este, empieza a inventar el juego y a esbozar las reglas que quiere que siga Giosuè. El oficial, que no entiende el italiano, cree que Guido está transmitiendo fielmente sus órdenes. La idea de Guido supone un acto de resistencia mediante el cual le da la vuelta a la situación. Es también una especie de reiteración, en una circunstancia mucho más grave, de la manera en que se había burlado del arrogante prometido de Dora, y de las demás payasadas que han definido su espíritu bromista.

Guido demuestra el mismo talento y autodominio en la expresión de su amor por Dora, incluso estando separados en el campo de concentración. Una mañana, al empezar el trabajo, mientras empuja una carretilla en la que se encuentra escondido Giosuè, se percata de que la sala de comunicaciones ha quedado sin vigilancia. Arriesgándose a ser capturado, lo que significaría una muerte segura para él y su hijo, se aparta sigilosamente de la fila y toma el control del altavoz, haciendo señas a Giosuè para que se una a él. «¡Buenos días, princesa! —saluda a su esposa, esté donde esté—. He soñado contigo toda la noche. Íbamos al cine y llevabas ese traje rosa que tanto me gusta.

Solo pienso en ti, princesa». Luego deja que Giosuè diga unas palabras antes de emprender una precipitada retirada. Dora, que está trabajando con las mujeres en otro rincón del campamento, lo oye y se ilumina sorprendida y esperanzada. Al apropiarse del altavoz, Guido convierte una herramienta de opresión en un medio para expresar quién es, tal como había hecho al «traducir» al oficial nazi.

Su último acto es del mismo carácter. Cuando los aliados se acercan para liberar el campo, los oficiales nazis empiezan a reunir a los prisioneros para matarlos. Guido esconde a su hijo en un horno abandonado y corre a buscar a Dora para que puedan escapar juntos. En su búsqueda apresurada, un guardia lo atrapa a la vista de su hijo, que está espiando por una rendija de la puerta del horno a varios metros de distancia. Sabiendo que Giosuè puede verlo retenido a punta de pistola, se vuelve hacia donde está escondido y le guiña un ojo disimuladamente. Cuando el guardia lo empuja hacia un callejón donde será ejecutado, Guido desfila con pasos cómicamente exagerados, como hacía cuando jugaba con su hijo en sus días de libertad. En cuanto desaparece de la escena, oímos los disparos de ametralladora que indican que ha sido ejecutado. Poco después, llegan los aliados y liberan el campo. Giosuè y Dora logran salvarse y se encuentran de nuevo.

En la vida y la muerte de Guido hay algo asombrosamente socrático. A primera vista, los dos personajes son muy diferentes. Uno es un filósofo que se preocupa poco por la familia; el otro, un marido y padre devoto cuyo pensamiento analítico se limita a resolver acertijos (uno de sus pasatiempos). Sin embargo, ambos son un ejemplo de la misma actitud filosófica. A partir de un sentido claro de quiénes son y de dónde residen sus compromisos, son capaces de afrontar y redimir la desgracia. De esta manera, Sócrates convierte el juicio y su ejecución en una tribuna para defender la filosofía. De esta manera, Guido se apropia del altavoz del campo de concentración para expresar su amor a Dora. En tales actos de redención, las vidas de Sócrates y Guido cierran el círculo. Los dos logran ser ellos mismos enfrentados a una adversidad extrema. Son capaces de rescatar una vida digna de ser vivida a partir de un mundo hecho pedazos. Incluso sus respectivas muertes, por un lado forzadas, conllevan la expresión de su coherencia interna, ya que los dos mueren con el mismo espíritu con el que han vivido, es decir, con libertad. Las vidas de Sócrates y Guido ofrecen la visión de que el sufrimiento no invalida la vida. Incluso en los momentos más oscuros, la vida brinda posibilidades de redención y alegría.

El significado de la compasión genuina ante el sufrimiento

Al reflexionar sobre el significado del sufrimiento, ya sea una injusticia política, una enfermedad o una tragedia personal, nos hallamos ante el delicado equilibrio entre reconocer el horror de lo sucedido y admirar la fortaleza de quienes lo afrontaron con nobleza, siendo capaces incluso de dar sentido a su vida en las peores circunstancias. Con demasiada frecuencia nos centramos en el dolor y el horror, sintiendo lástima por los que sufrieron, haciendo hincapié en la manera en que fueron deshumanizados por las circunstancias que les tocó enfrentar.

Una razón común por la que hacemos esto es que nos sentimos, con razón o sin ella, cómplices del sufrimiento. Tal vez nosotros, o nuestros antepasados, participamos de alguna manera en un régimen opresor, o no prestamos ayuda a las víctimas de una catástrofe cuando podríamos haberlo hecho. La culpa nos impulsa a recordar el dolor de aquellos a los que no ayudamos y a resaltar lo terrible que fue. Aunque esto puede ser un reflejo de una compasión sana y del sentido de la responsabilidad, también puede constituir una forma perversa de autoflagelación que degrada la virtud de quienes enfrentaron el sufrimiento y lo trascendieron.

En los casos de desgracias de las que no somos cómplices, nuestra lástima por los que sufren no hace más que cultivar una identificación superficial que surge de la lástima por nosotros mismos al imaginar lo terrible que sería sufrir así. Sin embargo, si nos limitamos a apenarnos por su sufrimiento, estamos, al mismo tiempo, glorificando nuestra imaginada incapacidad para afrontar la situación (como si se tratase de compasión) y denigrando la fortaleza de aquellos. Pasamos por alto la lección crucial de que, incluso en condiciones de escasez, penuria e injusticia extremas, resplandece la posibilidad de redención y el imperativo de salvar no solo la mera existencia, sino una vida con sentido. Al considerar a los que sufrieron solo como víctimas, les despojamos, y nos privamos, de la grandeza de alma. Deberíamos, por el contrario, tratarlos como exponentes de la más alta virtud y fuente de inspiración. Este tipo de relación es una forma de respeto infinitamente mayor que la compasión basada en la lástima.

Un sucedáneo de la compasión es la actual postura políticamente correcta de abordar de manera superficial el sufrimiento de otras personas (o el sufrimiento histórico de los grupos a los que pertenecen), a menudo usando expresiones de disculpa del tipo «desde mi perspectiva, no soy capaz de comprenderlo», lo que convierte a la lástima y la culpa en las formas de expresión universalmente «seguras». Si nos enfocamos de manera prioritaria en la fortaleza de los que sufrieron y en cómo lograron superar la injusticia y las graves dificultades, atraemos un montón de preguntas condenatorias: «¿Estás diciendo que lo que les ocurrió no fue tan malo? ¿Estás insinuando que semejante daño estuvo justificado?». Estas reacciones tan habituales no reconocen que, pese a que un acto sea injustificado en lo que respecta a su perpetración, puede ser trascendido y, por tanto, justificado en un sentido más profundo, a través de la transformación creativa de quienes lo afrontaron. Estudiar, apreciar y emular a aquellos que convirtieron la opresión en una vida con sentido es la forma más elevada y auténtica de compasión, cuyo significado, según su raíz latina (*cumpati*), es «sufrir con». Para sufrir con otros, debemos hacer todo lo posible por imaginar cómo podríamos superar lo que ellos sufrieron de haber estado en su lugar. Muy a menudo, descartamos de entrada este ejercicio al suponer que existe una insalvable diferencia entre ellos y nosotros (desde nuestra supuesta comodidad o privilegios).

La vida es bella fue atacada por algunos críticos por no atenerse de manera exhaustiva a la dureza y la gravedad características de las películas sobre el Holocausto. Consideraron que al presentar un personaje que, a través de la comicidad, transformaba las horribles circunstancias de un campo de concentración en un juego, la película trivializaba el Holocausto. Estas críticas pasan por alto la enorme inteligencia y poder creativo que requería la ligereza del héroe. Tal ligereza solo resulta convincente contrastada con los horrores sobre los que se eleva: el exterminio masivo de niños del que el hijo del protagonista escapa de milagro; la separación de las familias por las condenas a trabajos forzados impuestas a hombres y mujeres; la pila humeante de cadáveres que el héroe encuentra al perderse una noche volviendo de servir a los oficiales nazis en una de sus decadentes fiestas. Es en esta terrible realidad donde el héroe debe encontrar la fortaleza para vivir.

Tachar de inverosímil tal representación de la fortaleza de carácter implica negar el poder de un ideal. Pero también supone ignorar la realidad de los hechos históricos. Entre los documentos más conmovedores que se exhiben en el Museo del Holocausto de Jerusalén figuran los objetos de adorno personal cuidadosamente elaborados y hasta elegantes —anillos, pendientes, peines…— que algunos prisioneros de los campos de concentración crearon de la nada en el poco tiempo del que disponían. Lo que hace que estos objetos resulten tan llamativos es que son bellos pero totalmente inútiles en circunstancias de supervivencia. Son del mismo carácter que el amor que el héroe de *La vida es bella* declara subrepticiamente a su mujer por el altavoz del campo. Más que cualquier ornamento que uno pueda encontrar en un entorno doméstico, estos objetos ilustran la afirmación de Aristóteles de que la persona con grandeza de alma «preferirá poseer cosas hermosas e improductivas […], pues es una nota de suficiencia».[24]

En resumen, es posible reconocer una injusticia y a la vez apreciar cómo aquellos que la sufrieron lograron transformar las fuentes de su opresión en una vida con sentido. Desde la perspectiva del que lucha, y no desde la del observador que intenta compadecerse desde la distancia y solo ve el hecho lamentable, la frase «no lo haría de otra manera» es la expresión de la máxima fortaleza y de la más elevada virtud.

Es importante que reconozcamos tal fortaleza por nuestro propio bien, pues, en sentido estricto, nunca somos meros espectadores del destino de los que sufren de forma espantosa y horrible. Como escribe el filósofo y teólogo del siglo XVII Blaise Pascal, «El acto final es sangriento».[25] Con ello quiere decir que todos debemos enfrentar la muerte y que, cuando se trata de las cuestiones últimas, ninguna persona tiene más ni menos privilegios que otra. Tanto si la causa inmediata del sufrimiento es la enfermedad, la opresión política o simplemente la vejez, todo es un campo de batalla divinamente orquestado. Nuestra percepción habitual de que ciertas formas de muerte son mejores o peores que otras nos sirve de consuelo cuando eludimos la responsabilidad de enfrentarnos al paso del tiempo en cada momento. Pascal tenía una sensibilidad notoriamente morbosa. Sin embargo, no debemos interpretar su inquietante visión de la fragilidad de la vida como pesimista. Por el contrario, debería inspirar en nosotros un espíritu de redención y ligereza, a la manera de Sócrates y del héroe de *La vida es bella*. Cualquier instante es valioso, puesto que habla de una vida de la cual somos responsables, una vida que es bella, tentadora, desafiante e inspiradora en el aquí y ahora.

3

La amistad

A veces, al terminar el curso, mis alumnos me preguntan de qué modo ha cambiado la filosofía mi forma de vivir, si es que lo ha hecho. Antes solía responder de manera general refiriéndome a los méritos de la reflexión y de cuestionar la sabiduría convencional. Pero, tras meditar mejor la pregunta y pensar qué le contestaría al estudiante universitario que fui yo, mi respuesta se ha vuelto más específica: la filosofía me ha ayudado a apreciar más la amistad.

Si hay algún consejo, basado en mi estudio de la filosofía, que pueda dar a los estudiantes universitarios ambiciosos que están buscando su camino, es que traten de tener amigos y no solo aliados. Un aliado es alguien con quien compartes un interés, que te ayudará a conseguir un objetivo, como la persona que trabaja contigo en el consejo editorial del periódico estudiantil, o que lucha a tu lado por una causa de justicia social. Un amigo es alguien que te ayudará a relativizar un objetivo, a superar el miedo al fracaso y a recordarte que en la vida hay algo más que logros.

Mientras que una alianza siempre aspira a algún producto acabado, ya sea un artículo, una reforma o una victoria, la amistad no aspira a nada más allá de sí misma. El «fruto», por decirlo de alguna manera, de la amistad es un sentimiento fortalecido de uno mismo, que nace de saber que alguien te apoya y que tú apoyas a alguien. Esto no quiere decir que los aliados no puedan ser también amigos, y viceversa. Algunos de mis mejores amigos son al mismo tiempo compañeros de entrenamiento y colegas. Sin embargo, a medida que te haces mayor y te sumerges en una profesión, es fácil encontrarte rodeado de personas que se ofrecen con prontitud a colaborar contigo si se trata de una presentación o de «hablar de trabajo», pero que están «demasiado ocupadas» para asistir a tu boda. Es difícil no sucumbir a este modo instrumental de amistad. Lo cierto es que la amistad no hace buenas migas con el esfuerzo orientado a objetivos. En nuestra prisa por acabar y terminar las cosas, tendemos a buscar aliados más que amigos auténticos.

Este problema no es solo algo contemporáneo. Aristóteles era consciente de ello cuando distinguía entre los amigos que buscan algún tipo de beneficio en la compañía del otro —los «amigos útiles»— y los que se sienten atraídos mutuamente por el compromiso común con la virtud. Los amigos útiles no se aman «por sí mismos», sino solo por los bienes o servicios que se proporcionan. Tales amigos se separan en cuanto uno deja de ser útil para el otro.[1] Como la relación es transaccional o está limitada a un objetivo concreto, tales amistades suelen apelar a la justicia; cuando están juntos, los amigos útiles están siempre atentos a si cada uno cumple su parte o a si el intercambio es equitativo.

En cambio, los amigos auténticos disfrutan de la compañía del otro por sí misma, con independencia de lo que puedan obtener. Se sienten atraídos mutuamente al reconocer la virtud o la grandeza de alma del otro. Mientras que otras asociaciones se disuelven a medida que cambian los intereses, la amistad basada en la virtud permanece mientras los amigos sean quienes son. Tal amistad existe en un plano superior al de la justicia, pues las dos personas se ofrecen de forma espontánea una a la otra y se apoyan mutuamente. Nunca se plantea la cuestión de si los intercambios son justos. Entre amigos, «ninguna necesidad hay de justicia».[2]

Aunque a menudo utilizamos el término general «amistad» para referirnos tanto a las relaciones de utilidad como a las basadas en la virtud, en realidad estamos hablando de dos tipos distintos de relación: una totalmente orientada a un objetivo y, como la describe Aristóteles, «accidental» (pues uno no necesita tener este o aquel objetivo), y otra que existe por sí misma.

La amistad por sí misma, sostiene Aristóteles, es la felicidad plena: «Sin amigos nadie querría vivir, aunque tuviera todos los otros bienes».[3]

La amistad y el autodominio

Sin la amistad, resulta difícil incluso dar sentido al autodominio. Si nos paramos a pensar sobre los momentos en que nos hacemos valer, ejercemos nuestro juicio o trascendemos la adversidad, nos damos cuenta de que la mayoría de las veces lo logramos con el apoyo de nuestros amigos. Los verdaderos amigos, escribe Aristóteles, «se hacen mejores actuando y corrigiéndose mutuamente».[4]

Solemos realizar nuestros actos más significativos de autodominio también en beneficio de nuestros amigos (o de los seres queridos con quienes tenemos una relación que podría calificarse, en un sentido amplio, como amistosa). La forma en la que el héroe de *La vida es bella* mantiene su integridad y su alegría de vivir en las circunstancias más espantosas es inseparable de la devoción que siente por su mujer y su hijo. En sus proclamaciones de amor a Dora y en sus osados actos creativos en beneficio de Giosuè, es cuando manifiesta más quién es. Cuando Sócrates declara que «la vida no examinada no merece la pena ser vivida» y se niega a disculparse por su modo de vida, está defendiéndose a sí mismo y, a la vez, a sus alumnos. Intenta justificar la filosofía ante la ciudad de Atenas para proteger e inspirar a quienes la practiquen.

Incluso aunque no actuemos de manera explícita por el bien de un amigo, las actividades que disfrutamos y que nos ayudan a conocernos mejor a nosotros mismos a menudo atestiguan de manera sutil diversas formas de amistad. La devoción de Sócrates por la filosofía es un ejemplo de ello. El diálogo filosófico, tal como lo entiende Sócrates, podría considerarse intrínsecamente amistoso. A diferencia del discurso de tipo antagónico característico de la sofistería y la retórica judicial, en el que uno de los interlocutores pretende ser más astuto que el otro, el diálogo socrático aspira a otorgar poder a las dos partes.

Supone un compromiso compartido para dilucidar el significado de la vida buena mediante un autoexamen honesto, respondiendo y planteando preguntas basadas en lo que uno considera verdadero o desconcertante, y resistiendo a la tentación de introducir objeciones hipotéticas por el mero hecho de argumentar. Consciente del compromiso mutuo que implica la auténtica filosofía, Sócrates a menudo se refiere a ella como una forma de amistad. Incluso su ironía característica, que lo separa de los interlocutores crédulos, lo une en amistad con aquellos que la comprenden. La apreciación recíproca de la ironía, que implica una disposición de carácter afín, es un ejemplo de la amistad que es valiosa por sí misma.

Puede parecer que el autodominio conlleva independencia o individualidad, como sugiere Aristóteles con el término *autarkeia*, o «autogobierno», que considera una parte integrante de la grandeza de alma, sin embargo, esta independencia es compatible con la amistad. Gobernarse a uno mismo, tal como lo entiende Aristóteles, no es vivir como un individuo aislado, sino adoptar una actitud crítica hacia las convenciones imperantes, las opiniones habituales y las formas de deferencia. Y en esto, sin duda, un amigo puede ser de gran ayuda. A menudo son nuestros amigos los que nos recuerdan que debemos ser nosotros mismos a pesar de las presiones de nuestro entorno social, o los que nos señalan amablemente las formas en las que, sin saberlo, podemos habernos desviado de quienes somos.

Cuando Aristóteles escribe que la persona de alma grande no «puede vivir de cara a otro», añade una matización significativa: «a no ser al amigo».[5] A lo largo de su exposición sobre la grandeza de alma, Aristóteles hace sutiles referencias a la amistad, que más tarde retoma y desarrolla en capítulos explícitamente dedicados a ella. Por ejemplo, a la persona de alma grande le gusta realizar buenas acciones y, por tanto, necesita un beneficiario. El verdadero beneficiario, sugiere Aristóteles más adelante, es un amigo, alguien que recibe el beneficio de la sabiduría y la desarrolla a su vez.

También en los momentos en que nos encontramos solos ante una dificultad o una fuente de confusión interna, nos damos consejos a nosotros mismos a través del diálogo, haciéndonos preguntas, repitiéndonos palabras de motivación en silencio o en voz alta, como si habláramos con un amigo. Aristóteles afirma que es posible incluso la amistad hacia uno mismo, pues el ser humano participa de la dualidad y la multiplicidad.[6] Esta afirmación un tanto críptica hace referencia a una experiencia habitual: por mucho que estemos en paz con nosotros mismos o en armonía con nuestra alma, no podemos evitar que existan momentos de división interna. A veces nos encontramos divididos entre un tipo de conducta que sabemos que es correcta y la tentación hacia otra cosa. En este caso, ser amigo de uno mismo significa encontrar el poder de actuar por el bien, tal vez examinándonos profundamente y diciéndonos «tú puedes» o pegando una imagen motivadora sobre el escritorio. Otras veces, puede que no sepamos qué rumbo seguir. Podemos vernos acosados por compromisos contrapuestos, tratando de encontrar una salida a la situación. Mientras deliberamos sobre cómo ser fieles a nuestros diferentes compromisos, sopesando unos frente a otros en la situación en cuestión y en el contexto más amplio de nuestra vida, actuamos como amigos de nosotros mismos.

Esta amistad interna implica que la amistad y el dominio de uno mismo son en realidad dos formas de considerar la misma virtud. Las deliberaciones características de la amistad hacia uno mismo son también un elemento esencial del autodominio. No solo nos resulta más fácil ser dueños de nosotros mismos con el apoyo de los amigos, sino que el autodominio supone de manera intrínseca una especie de relación amistosa entre las distintas voces internas. Por ello, Sócrates describe al alma armoniosa como aquella en la que las distintas partes mantienen una relación «amistosa», en donde el amor al aprendizaje y a la sabiduría predominan sobre el amor al honor y a la ganancia. Aristóteles concluye que una persona buena es, ante todo, amiga de sí misma, y que dicha amistad es la forma más básica de la virtud.[7]

Lo que solemos llamar amistad, la estrecha relación de un yo con otro, puede considerarse una extensión de la amistad que debemos mantener con nosotros mismos. Si nuestra propia casa no está en orden, por así decirlo, si no sabemos equilibrar los compromisos, relativizar las pérdidas y hacernos valer, no podremos ser buenos amigos.

No dispondremos de la base necesaria para ofrecer el estímulo y los consejos de los que surge la amistad. Alguien propenso al resentimiento, la venganza, la ira, la obsesión u otras formas de vicio parece incapaz de brindar el apoyo fundamental que se necesita en una amistad.

Aristóteles sostiene que solo los virtuosos pueden ser auténticos amigos, y describe el modelo de un buen amigo haciendo referencia a la disposición que tiene una buena persona hacia sí misma:

> Las relaciones amistosas con el prójimo y aquellas por las que se definen las amistades parecen originarse de las de los hombres con relación a sí mismos. Pues algunos definen al amigo como el que quiere y hace el bien o lo que parece bien por causa del otro, o como el que quiere que otra persona exista y viva por amor del amigo mismo [...]. Cada una de estas condiciones se atribuyen al hombre bueno por lo que respecta a sí mismo [...]. Este, en efecto, está de acuerdo consigo mismo y desea las mismas cosas con toda su alma, y quiere y practica para sí el bien [...]; y lo hace por causa de sí mismo (puesto que lo hace por la mente, en lo cual parece consistir el ser de cada uno), y desea vivir y preservarse él mismo y, sobre todo, la parte por la cual piensa.[8]

Podríamos preguntarnos si Aristóteles tiene razón al asociar tan estrechamente el autodominio con la amistad. ¿No es cierto que algunos, pese a tratarnos con una dureza y desconsideración excesivas, aún siguen siendo nuestros amigos? ¿Es posible que el autodesprecio y la falta de confianza en nosotros mismos mermen de manera inevitable el apoyo que podemos prestar a otra persona? Aristóteles seguramente tenía en mente algo así: el simple hecho de que nos atrapemos en los momentos de dura autocrítica y nos demos cuenta de que es un error tratarnos de ese modo revela, al menos, que aspiramos a ser amigos de nosotros mismos. Y tener la aspiración supone que ya tenemos conciencia de lo que implica la verdadera autoestima. Cada vez que ayudamos de manera genuina a un amigo, activamos y reforzamos esta conciencia. El hecho de que tengamos lapsus momentáneos de virtud hacia nosotros mismos o hacia los demás no nos descalifica para ser buenos amigos. Nadie es perfecto. Cuando actuamos como buenos amigos, estamos haciendo uso de una amistad que, en cierto sentido, no podemos evitar aplicar a nosotros mismos. Dado que pasamos toda la vida en nuestra propia compañía, puede que tendamos a pasar por alto la amistad que predomina en nuestro interior y a exagerar el grado en que a veces sucumbimos al autodesprecio. Podemos recordar con todo detalle los momentos excepcionales de desorientación, obsesión o desesperación, y olvidar aquellos en los que somos dueños de nosotros mismos. Por tanto, nunca puede ser del todo cierto que seamos amigos de los demás mientras somos enemigos nuestros. Si somos capaces de ayudar a un amigo a relativizar las cosas, quiere decir que poseemos esa capacidad en nuestro interior y que podemos aplicarla en nosotros mismos de formas que quizá no apreciemos del todo.

Uno de los grandes beneficios de los amigos es que pueden reforzar nuestra autoestima al señalarnos y recordarnos las virtudes que poseemos y tendemos a olvidar. Aristóteles describe esto en su respuesta a la pregunta de para qué iban a querer los virtuosos tener amigos, dado que ya son virtuosos y supuestamente no necesitan nada más. Con independencia del grado de virtud que hayamos alcanzado, para comprender plenamente en qué sentido somos virtuosos, es necesario reflexionar sobre ello con otra persona. Aristóteles hace el siguiente razonamiento:

> Y si el ser feliz radica en vivir y actuar, y la actividad del hombre bueno es por sí misma buena y agradable [...], y somos capaces de percibir a nuestros prójimos más que a nosotros mismos, y sus acciones más que las nuestras, entonces las acciones de los virtuosos, que, además, sean amigos suyos, serán agradables a los buenos [...]. De ahí que el hombre dichoso necesitará de tales amigos, si es verdad que quiere contemplar acciones buenas y hacerlas propias, [...] y esto puede producirse en la convivencia y en la comunicación de palabras y de pensamientos.[9]

La idea de Aristóteles de que somos más capaces de contemplar y apreciar a nuestro prójimo que a nosotros mismos contrasta de manera clara, como veremos más adelante, con el planteamiento de los estoicos. Estos sostenían que es a nosotros mismos a quienes debemos conocer en primer lugar y que tenemos una inclinación innata al amor propio que debemos moderar para ser bondadosos con los demás. El grado en que seamos capaces de conocernos y amarnos, con independencia del resto, tiene implicaciones significativas, como veremos, para la relación entre la amistad y la identidad personal, y también entre la amistad y la justicia.

Aristóteles sostiene que solo podemos valorarnos de verdad cuando vemos nuestras propias acciones reflejadas en los actos de un amigo. Aunque nos comportemos de maneras admirablemente virtuosas, por ejemplo, en los sacrificios que hacemos, en los riesgos que asumimos y en cómo actuamos en circunstancias que desconcertarían a la mayoría de la gente, es probable que pasemos por alto nuestra propia virtud cuando ser nosotros mismos es ya un hábito. Es posible incluso que nos encontremos atrapados en inseguridades mientras, para el resto del mundo, estamos demostrando una asombrosa integridad en nuestra forma de vivir. Aquí es donde entran en juego los amigos para ayudarnos a recordar lo que no somos capaces de ver por tenerlo tan cerca. Nietzsche, que casi nunca menciona a Aristóteles, opinaba lo mismo. Describe al amigo como una boya que impide que el diálogo interno del eremita le hunda en la desesperación: «"Yo" y "Mí" dialogan siempre con excesiva vehemencia. ¿Cómo soportarlo, de no mediar un amigo? Para el solitario, el amigo es siempre el tercero; y tal tercero es el corcho que impide que el diálogo de los dos llegue al fondo. ¡Ay, existen demasiadas profundidades para todos los solitarios! Por eso el eremita busca ardientemente un amigo, y ponerse a su altura».[10]

La amistad por sí misma

Pensemos en una historia que pueda ilustrar una amistad en nuestra vida. Lo más probable es que tenga que ver con afrontar juntos alguna dificultad, ya sea grande o pequeña. La amistad, tal como a mí se me presenta, es estar atrapados juntos en un caótico embotellamiento de tráfico en Bangalore, en la India, de camino a una boda a la que llegábamos con dos horas de retraso tras haber volado desde el otro extremo del mundo. Y, en esa situación de impotencia, descubrir lo mejor a través del humor, viendo a nuestro conductor, un chófer contratado, muy bien vestido y de aspecto profesional, pero sin la más mínima idea de adónde ir. La amistad es batirse uno contra otro en una competición de múltiples pruebas de resistencia atlética en la que nadie, aparte de nosotros dos, sabrá quién ha ganado, pues el verdadero propósito es motivarnos mutuamente hasta donde podamos. Al terminar, nos lanzamos uno a otro una toalla fresca, nos echamos en la hierba fuera del gimnasio y comentamos la hazaña.

Estas acciones no son medios para un fin ulterior; no logran nada extrínseco a su realización. En términos de Aristóteles, son actos cuyo significado reside en la *energeia*, «en la acción», y no en un resultado posterior. Entendidos de esta manera, los actos de amistad son distintos de los actos productivos, como pueda ser la fabricación de unos zapatos, cuyo valor reside en el producto acabado (el par de zapatos que podrá usarse). El propósito de tomarse con humor un inoportuno atasco de tráfico o de lanzarse mutuamente una toalla fresca después de la competición no es producir ni conseguir nada, sino ser uno mismo y animar al otro. Esos momentos de apoyo, que a menudo implican afrontar la adversidad de manera creativa, definen la amistad. Hablan de la manera en que la amistad es el fruto de un viaje. Un amigo es alguien que participa de la misma historia que yo vivo, una persona en cuya presencia logro ser dueño de mí mismo mientras enfrentamos juntos las vicisitudes de la vida. Un amigo íntimo es alguien sin el cual la historia de mi vida sería difícil, si no imposible, de contar.

Además, aunque los actos de amistad no tienen más finalidad que ellos mismos y se completan, por así decirlo, «en el momento», también gozan de una perpetuidad que no tiene un producto acabado, por ejemplo, unos zapatos. Estos últimos alcanzan la cúspide de su valor cuando están terminados. A partir de ese momento, se irán desvalorizando a medida que se usan y se gastan. Un acto de amistad, por el contrario, sigue viviendo y desarrollándose. Abre posibilidades en el futuro, al convertirse en un punto de referencia y una fuente de sabiduría para situaciones venideras. La próxima vez que nos encontremos atrapados en un atasco, por ejemplo, podemos recordar «aquella vez en Bangalore...» y transformar la frustración comentando un episodio similar que, como expresión de la amistad, se ha convertido en parte de un viaje memorable que nos pertenece.

Tomarse en serio la manera en que la amistad se relaciona con un viaje personal supone reconocer que lo que convierte a alguien en un amigo no puede plasmarse en términos de cualidades en abstracto. En el mundo hay muchas personas buenas que son empáticas, generosas, justas, pero no todas son amigas nuestras. Y no necesariamente querríamos ser amigos de todas ellas. Aunque admiremos a una figura como Nelson Mandela por su tremenda fortaleza y su espíritu de reconciliación, no podríamos tener una relación de amistad con él hasta conocer más a fondo su vida y la manera en que esta se relaciona con la nuestra, lo que lograríamos mejor pasando tiempo con él, compartiendo historias y deliberando juntos.

La amistad supone algo más que el aprecio por una persona que sea buena en algún sentido general. Implica una lealtad mutua y una experiencia compartida. La virtud a la que aspira la amistad no es una idea del bien en general, sino la coherencia de nuestra vida tal como la vivimos en realidad.

La amistad es un reflejo de la manera en que una vida virtuosa busca lo que es bueno para uno mismo, no el bien en abstracto. Aunque Aristóteles a veces parece considerar la vida buena como si fuera idéntica para todos, en su descripción de la amistad ofrece una visión más matizada. En el contexto de su definición de un buen amigo, explica la relación que existe entre el bien y el bien personal: «Todo hombre desea para sí el bien, y nadie escogería llegar a ser otro y tenerlo todo (también Dios posee ahora el bien), sino siendo lo que es».[11] Esta observación un tanto oscura se refleja en su idea de que la virtud es, en cierto sentido, relativa. Después de definir la virtud como una especie de término medio entre dos extremos —por ejemplo, la valentía como término medio entre la temeridad y la cobardía, y la grandeza de alma como término medio entre la vanidad y la mansedumbre—, Aristóteles se pregunta si el término medio es algo absoluto o «relativo a nosotros», y concluye que lo segundo.[12]

Lo que parece querer decir es lo siguiente: aunque la virtud puede, en cualquier situación, ajustarse a un patrón general —que implica la búsqueda de coherencia, la capacidad de deliberar y juzgar y la habilidad para relativizar las desgracias—, los compromisos y relaciones particulares que intervienen en cualquier acto de deliberación, de juicio o de redención son relativos a cada uno. El peso que concedamos, por ejemplo, a la familia, al trabajo o a una afición dependerá de nuestras propias circunstancias, del lugar que cada uno de estos compromisos ocupe en la totalidad de nuestra vida. En todas las circunstancias, sin embargo, la virtud requiere que uno considere la totalidad de sus compromisos, que los equilibre entre sí en la situación en cuestión y que actúe siendo fiel a sí mismo como totalidad. Aunque el principio de «totalidad», o de coherencia, es el mismo para todos, la configuración particular de la totalidad no lo es. Aun estando igualmente comprometidos con la virtud, tendremos diferentes amigos, ya que nuestras circunstancias y biografías son diferentes.

Es decir, la razón por la que una persona es nuestra amiga y no otra no tiene por qué basarse en la virtud relativa evaluada con respecto a algún criterio universal. Podría ser simplemente que, dada nuestra gama particular de compromisos, una persona determinada ha demostrado ser especialmente apta para ofrecernos el tipo de apoyo y orientación que precisamos. Aunque Aristóteles sostiene que la amistad genuina solo es posible entre los virtuosos, nunca afirma que todos los virtuosos sean idénticos en su virtud ni que todas las personas virtuosas seas amigas entre sí.

Hay otra razón por la que la bondad en abstracto no sirve para explicar la bondad específica de un buen amigo. Si bien todos aspiramos a una vida íntegra, ninguno de nosotros es perfecto. Si lo fuéramos, no tendríamos necesidad de esforzarnos por comprendernos a nosotros mismos ni de buscar el apoyo y el reconocimiento de los amigos. Algo intrínseco a las actividades características de una vida buena es una cierta inquietud, no como un anhelo por conseguir más cosas, sino por alcanzar un mayor dominio de nosotros mismos. Las maneras en que fallamos en tal dominio difieren de una persona a otra. Algunos somos más propensos a la ira, otros a la lástima, algunos a la obsesión, otros al descontento. Algunos nos prodigamos ayudando a los demás y dejamos poco tiempo para nuestros propios proyectos. Otros nos enfocamos tanto en el trabajo que perdemos el contacto con nuestro espíritu de generosidad hacia los demás. Cuanto más nos preocupemos por mejorar, más buscaremos de manera natural amigos cuyos puntos fuertes sean nuestros puntos débiles, amigos en cuya compañía podamos aprender y crecer. Nos sentimos atraídos por aquellas personas que encajan bien con nosotros, no simplemente por las que son buenas en general.

Una última manera en que la amistad no se basa en la virtud en abstracto tiene que ver con su dimensión activa y creativa. La amistad no es algo que se dé desde el comienzo, sino que se forja a través de actos de compromiso. No consiste en que se encuentren dos personas plenamente maduras, ambas comprometidas con la virtud pero con puntos fuertes y débiles complementarios y al instante se conviertan en amigas. Tal afinidad puede ser el comienzo de la amistad, pero no es la amistad en sí. Solo a través de la vida compartida —enfrentando dilemas juntos, respaldándose mutuamente, decidiendo permanecer uno al lado del otro, confirmando y renovando el compromiso—, adquiere la amistad todo su sentido. Como lo expresa Aristóteles, las verdaderas amistades «requieren tiempo y trato». «Es imposible conocerse unos a otros —escribe— antes de haber consumido juntos mucha sal». Solo a través del desarrollo de una historia de experiencia compartida y apoyo mutuo, uno se muestra ante el otro «amable y digno de confianza».[13]

Aristóteles sostiene que el amor más profundo no se descubre, sino que se forja. Cuestiona la idea del amor a primera vista no solo porque antes de aceptar como amiga a una persona necesitemos conocerla más, sino porque lo que confiere a la relación su carácter es nuestra postura activa hacia ella, la manera en que la alimentamos mediante actos de compromiso. Amamos más lo que, de algún modo, hemos creado. Aristóteles establece una analogía con los artesanos que aman sus obras y los poetas que aman sus poemas: «Existimos por nuestra actividad [...]. Y, así, el creador empeñado en su actividad es, en cierto sentido, su obra, y por eso la ama, porque ama el ser».[14] Por esta razón, continúa Aristóteles, las madres sienten un afecto tan profundo por sus hijos: porque han contribuido a su existencia y han sufrido el dolor del parto. Por supuesto, no creamos ni damos a luz a nuestros amigos. Los encontramos en el transcurso de la vida. Pero sí contribuimos a lo que son a medida que los vamos conociendo, mediante actos de apoyo, con nuestras deliberaciones y consejos. A través de actos recíprocos de entrega, los amigos llegan a quererse como extensiones de sí mismos.

La tensión entre la amistad y la justicia: Holly Martins y Harry Lime en *El tercer hombre*

El aspecto activo y comprometido de la amistad implica la posibilidad de enfrentar difíciles dilemas morales. Demostramos que somos amigos de alguien permaneciendo a su lado cuando podríamos optar por otra opción. Ser un buen amigo puede significar posponer otros compromisos o asumir riesgos para ayudar a un amigo necesitado. Puede significar incluso poner en peligro un proyecto solidario o transgredir las normas de la sociedad. Si nos encontramos en la tesitura de tener que contratar a alguien para un trabajo, podría sostenerse que estaría mal no dar al menos cierta prioridad a un amigo que necesita el empleo. Desde la perspectiva de la justicia imparcial, tal preferencia se ve como una forma de corrupción. Sin embargo, desde el punto de vista de la amistad, puede ser lo correcto. Lo mismo ocurriría si mostráramos a un amigo algo privado en cierto ámbito en el que tenemos influencia, pero que está vetado al público en general. Hasta cierto punto, la amistad puede implicar incluso encubrir la fechoría de un amigo.

Las demandas especiales de la amistad pasan a un primer plano precisamente cuando la amistad entra en conflicto con la justicia. Ahora bien, podría argüirse que la amistad y la justicia no deberían estar reñidas, al menos en el caso de la amistad por amor a la virtud.

El propio Aristóteles sostiene que la persona virtuosa que reúna los requisitos para ser amiga de verdad, es decir, la persona de alma grande, no cometería una injusticia, pues le importan poco las cosas por las que la mayoría de las personas compiten y por las que se traicionan. Estando en armonía consigo misma, la persona con grandeza de alma no es propensa al resentimiento ni a la venganza, ni siquiera ante las injurias y los insultos. No obstante, decir que la grandeza de alma, o el autodominio, excluye la injusticia y que los verdaderos buenos amigos serán siempre justos es una visión demasiado simplista de la vida. Para empezar, somos imperfectos. Aunque vivamos, por lo general, de manera virtuosa, también podemos sucumbir al miedo, al resentimiento, a la ira y a la desesperación. En esos momentos, podemos tratar de forma injusta a los demás. Y dado que el mundo es imperfecto a pesar de nuestras mejores intenciones, incluso los que tienen dominio de sí mismos pueden verse obligados a realizar actos de lealtad que sean injustos. Una de las preguntas más difíciles es hasta qué punto debemos apoyar a un amigo que actúa injustamente, e incluso ayudarle a eludir la justicia. Sin embargo, esta pregunta solo es relevante en la medida en que reconozcamos la amistad como una virtud importante por derecho propio.

Un ejemplo que invita a la reflexión sobre hasta dónde pueden llegar los límites de la amistad lo encontramos en *El tercer hombre*, de Carol Reed. La película presenta a un joven escritor en apuros, Holly Martins (Joseph Cotten), que viaja desde Estados Unidos a la Viena de la posguerra para aceptar una oferta de trabajo de un amigo de la infancia, Harry Lime (Orson Welles). Cuando Martins llega a Viena, se sorprende al descubrir que Lime ha desaparecido. Pronto se entera de que murió en un misterioso accidente de tráfico. Ante la sospecha de que se trata de un crimen, decide quedarse a investigar. Pronto se topa con un taciturno jefe de la policía británica que le insta a abandonar la investigación privada. Lime, le explica el jefe de policía, era un delincuente, un estafador insensible, y el mundo está mejor sin él. Creyendo que su amigo debía estar envuelto en algún plan relativamente inofensivo de contrabando de neumáticos o cigarrillos, Martins decide dar la cara por él e investigar a fondo su muerte.

Pero tras algunos giros inesperados de la trama, descubre una espantosa verdad: Harry Lime sigue vivo. Había fingido su propia muerte para evitar ser arrestado por un plan delictivo aún más frío e inhumano de lo que el jefe de policía había dado a entender en un principio. Lime y sus socios han estado robando grandes cantidades de penicilina de los hospitales locales, diluyéndola hasta concentraciones ineficaces y vendiéndola en el mercado negro a pacientes desesperados que han muerto después: hombres con las piernas gangrenadas por heridas de guerra, mujeres que habían contraído infecciones tras el parto, niños con meningitis...

En un enfrentamiento con Lime en lo alto de una inquietante noria, en un barrio de Viena devastado por la guerra, Martins descubre lo despiadado que se ha vuelto su amigo. Mirando hacia abajo desde una desvencijada cabina en la cima de la noria, Lime señala hacia el suelo a las personas que se ven como puntitos. Le pregunta a Martins si realmente le importaría que uno de ellos dejara de moverse para siempre: «Si te ofreciera veinte mil libras por cada puntito que se parase, ¿me dirías que me guardase mi dinero? ¿O empezarías a calcular cuántos puntos podrías detener?». Con esta sombría justificación, propone a Martins que se una al plan o que se retire.

Como persona honesta, Martins se muestra indignado y rechaza la oferta. También se queda destrozado al darse cuenta de lo despiadadamente cínico que se ha vuelto su amigo. Y, sin embargo, no intervendrá para ayudar al jefe de policía a llevar a Lime ante la justicia.

Nos enteramos por Martins de que él y Lime se habían criado juntos. De niños, habían compartido todo tipo de aventuras y travesuras. Lime siempre encontraba una salida (aunque incluso entonces, comprende Martins al recordar, cuidaba de sí mismo en primer lugar). Si bien de un modo retorcido, Lime sigue apoyando a Martins: le pagó el billete de avión a Viena y tenía en mente que se uniera al perverso plan. Dada la manera en que sus vidas están entrelazadas, Martins no traicionará a Lime. Este puede merecer la horca, reconoce Martins al jefe de policía, «pero no espere que le haga el nudo».

La novia de Lime, Anna Schmidt, adopta una postura similar, a pesar de que este la ha traicionado al desaparecer para llevar a cabo la estafa. Oponiéndose a Martins, que empieza a cambiar de opinión y está a punto de ayudar al jefe de policía a atrapar a su amigo, Anna reafirma su lealtad hacia Lime: «Ya no lo quiero. No quiero volver a verlo ni oír más su voz, pero sigue formando parte de mí, sin duda. No podría hacerle ningún daño». Anna está incluso dispuesta a ser deportada al Este para salvarlo. El jefe de policía se ha enterado de que ha estado viviendo en Viena con un pasaporte ilegal que Lime falsificó. Amenaza con deportarla si no colabora en su captura.

Al final, Martins y Anna eligen caminos diferentes. En un último esfuerzo por convencer a Martins de que lo ayude, el jefe de policía lo lleva a un hospital lleno de niños que sufren daños cerebrales permanentes por los efectos de la penicilina diluida de Lime. Decantándose finalmente por la justicia, Martins ayuda al jefe de policía a sacarlo de su escondite. En una dramática escena de persecución, atrapa a Lime, que ha recibido un disparo de un agente y está herido. Sin esperanza de escapar, Lime dirige a Martins una mirada expresiva, como diciendo «se acabó; aprieta el gatillo». Mientras la cámara se aleja de los dos hombres, suena un único disparo, que da a entender que Martins ha accedido y asestado el golpe final a su descarriado amigo.

Mientras tanto, Anna ha mantenido su lealtad a Lime. Incluso intentó avisarle de la emboscada final. La película termina con Anna y Martins presentes en el funeral de Lime, esta vez el verdadero funeral. En la última escena, cuando Martins se propone hablar con Anna y restablecer la relación con ella, esta pasa de largo, sin siquiera dar señales de advertir su presencia.

El desenlace deja que seamos nosotros, los espectadores, quienes resolvamos si tenía razón Martins o Anna. No está nada claro que la decisión de Martins, que finalmente se inclina por la justicia, fuera más noble que la de Anna, que elige la amistad. Lo que está claro es que los dos personajes se ven abrumados por la conciencia del trágico conflicto entre las exigencias de las dos virtudes. Esta conciencia solo es posible en la medida en que se reconozca la amistad como una virtud importante por derecho propio, al lado de la justicia, no por debajo de ella.

Una prueba para saber cómo equilibrar la amistad frente a la justicia es plantearse hasta qué punto la deshonestidad o las artimañas de un amigo salpican la relación de amistad. Es difícil imaginar que alguien que siempre busca aprovecharse de los demás no lo haga también en algún momento con sus amigos. Parte de lo que lleva a Martins a cooperar con la policía en contra de Lime es el hecho de haber descubierto que este es un amigo desleal, además de una persona inmoral. En el sombrío encuentro en la noria, Lime amenaza a Martins y también revela su actitud totalmente utilitaria hacia Anna, quien cree que Lime la quiere de verdad. Martins se da cuenta de que incluso cuando eran amigos en la niñez, Lime siempre antepuso su propio interés.

Sin embargo, también es posible imaginar a un amigo cuyos actos contra la justicia sean focalizados y restringidos, como, por ejemplo, infracciones contra «el sistema» o contra normas abstractas de lo que es justo que no suponen una amenaza para la amistad. Pensemos en el sentimiento de camaradería que prevalece entre los ladrones en la película *Ocean's Eleven* o en la lealtad inquebrantable de Bonnie y Clyde mientras atracan bancos por todo el Medio Oeste. Sus delitos no parecen corromper la amistad. Aunque no sean amistades especialmente sublimes, se basan, hasta cierto punto, en la virtud del carácter. No pueden tacharse de meramente utilitarias. De forma paradójica, los actos contra la justicia pueden llegar incluso a fortalecer la amistad, al convertirse en ocasiones para conspirar juntos, deliberar, apoyarse mutuamente y compartir una forma de vida.

La posibilidad de mantener una amistad con alguien que ha cometido un delito grave y ha escapado de la justicia se refleja de manera impactante en la novela *Crimen y castigo*, de Fiódor Dostoievski, en el amor que Sonia siente por Raskólnikov. Sonia lo perdona cuando se entera, por confesión del propio Raskólnikov, de que fue él quien asesinó a la vieja usurera y a su hermanastra menor, Lizaveta. Está consternada y horrorizada por el hecho y le cuesta creer que pueda ser cierto. Sin embargo, se queda junto a Raskólnikov por la lealtad que él le ha demostrado. A pesar de la confusión y la depravación que lo llevaron a cometer el espantoso doble asesinato como una especie de prueba perversa de poder y autonomía, Raskólnikov ha dado pruebas de su férreo compromiso con Sonia mientras se esfuerza por no hundirse tras el crimen. Muchas de las personalidades aparentemente respetables de San Petersburgo miran con desprecio a Sonia, que ha recurrido a la prostitución para salvar a su familia y hermanas pequeñas de la pobreza, pero Raskólnikov logra ver en ella la pureza de su corazón. Ama a Sonia y siente compasión hacia su padre, Marmeládov, un antiguo funcionario que ha caído en la miseria y ha agotado los pocos recursos de la familia con la bebida. Cuando este es atropellado por un carruaje en un terrible accidente, Raskólnikov corre en su ayuda e intenta salvarle la vida. Tras la muerte de Marmeládov, Raskólnikov entrega a Sonia y a su familia lo poco que posee. También defiende a Sonia de las falsas acusaciones de robo cuando un hombre intenta difamarla. Debido al apoyo y el amor que ha mostrado hacia ella, un amor que finalmente lo conduce a su redención, Sonia mantiene su lealtad hacia él, a pesar de que una de las mujeres asesinadas, Lizaveta, resultara ser amiga suya.

Del mismo modo que Raskólnikov ve lo bueno en Sonia, ella ve lo bueno en él. Con una claridad mucho mayor de la que Raskólnikov es capaz de reconocer en sus propias razones, atrapado como está en una incapacitante desconfianza hacia sí mismo, Sonia comprende que es alguien que se ha extraviado de una forma terrible. Lo reprende para que se arrepienta y «bese la tierra» que ha profanado. Incluso cuando él se niega a hacerlo, ella se mantiene firme en su amor. Al final, Raskólnikov se entrega por decisión propia y es condenado a ocho años de trabajos forzados. (Su sentencia es relativamente indulgente para un asesinato, ya que el juez, al no comprender sus verdaderos motivos, lo toma por loco). Sonia se traslada a Siberia con él y lo visita en prisión todos los días. Gracias al amor de ella, Raskólnikov encuentra finalmente la redención. La historia termina con el renacimiento de Raskólnikov en brazos de Sonia, cuyas aspiraciones y propósitos decide compartir.

Si Sonia se hubiera comprometido solo con la justicia, habría delatado a Raskólnikov nada más enterarse de su crimen, o al menos habría cortado los lazos con él mientras huía de la ley. Sin embargo, su amistad y su amor por Raskólnikov prevalecen. En la medida en que admiremos a Sonia por su lealtad, no podremos admitir tan fácilmente que la justicia deba anteponerse a la amistad.

El sesgo moderno contra la amistad en favor de la justicia

En el fondo, la mayoría reconocemos la importancia de la amistad como una virtud valiosa en sí misma. Sin embargo, cuando nos sentimos presionados por las demandas profesionales e incapaces de sacar tiempo para la amistad, o cuando vemos nuestras esperanzas de amistad truncadas por la traición, podemos con facilidad convencernos de que no resulta tan importante en el panorama más amplio de las cosas. Gracias a una tradición filosófica moderna que suele degradar la amistad en favor de conceptos supuestamente más universales, tenemos a nuestra disposición toda una gama de argumentos moralistas y en apariencia fundamentados contra la amistad.

Me topé con uno de ellos en un libro contemporáneo de autoayuda basado en la filosofía estoica, según el cual la amistad es un «indiferente preferido», algo que preferiríamos tener a no tener, pero que no es esencial para una vida buena. El autor seguía explicando que lo único que no es un «indiferente preferido» es el carácter moral. Para él, la amistad y el carácter moral son totalmente independientes, y la primera está a un paso del mero egoísmo. En un pasaje revelador, escribe: «No puede existir nada parecido a una amistad (estoica) entre criminales [...] porque cada vez que un criminal ayuda a su amigo criminal, por ejemplo, a escapar de la justicia, coloca su amistad hacia el otro por delante de su integridad moral, precisamente lo contrario del conjunto de prioridades estoicas».[15]

Lo que el planteamiento estoico pasa por alto es que la integridad moral es mucho más amplia que la justicia. Como nos recuerda Aristóteles, la justicia puede considerarse incluso una virtud correctiva. Apelamos a las normas de la justicia solo después de que se hayan erosionado los lazos más profundos. Por encima de la justicia están la grandeza de alma y la amistad, por no hablar de la valentía y la generosidad, que Aristóteles también trata como virtudes por derecho propio. El hecho de que alguien sea un criminal no lo convierte en una mala persona ni en un mal amigo. Argumentar que Bonnie y Clyde no eran verdaderos amigos porque cometieron actos contra la justicia tiene poco sentido, a menos que se pueda demostrar que esos actos llegaron a socavar su lealtad mutua.

Limitarse a defender la búsqueda de la justicia como un criterio para medir la «verdadera» amistad es pasar por alto las complejidades de las virtudes en conflicto. Como sugiere de forma clara el caso de Martins y Lime, ayudar a un amigo a escapar de la justicia puede constituir de por sí un tipo de integridad moral. Esto se revela en especial en los casos en los que al amigo le conviene delatar a su compañero. Por alguna razón simpatizamos con los delincuentes en películas como *El Padrino*. Aunque censuremos sus delitos, admiramos su firme lealtad hacia la familia y los amigos. No podemos tachar esa lealtad de utilitarista o egoísta. De hecho, habla de una especie de virtud del carácter, de la amistad por sí misma.

La suposición de que la verdadera amistad no puede darse entre delincuentes no reconoce el deber moral de cubrirse las espaldas mutuamente. Como señala Sócrates en la *República* de Platón, entre los ladrones puede prevalecer una cierta virtud en la medida en que se mantengan unidos para llevar a cabo su delito. Aunque condenemos el delito en sí, no podemos desestimar tan fácilmente las formas de lealtad que se mantienen y forjan en el proceso.

El menosprecio de la amistad que encontramos en este autor estoico no es inusual en la filosofía moral contemporánea. La opinión de que la amistad es una especie de afinidad emocional de estrechas miras por aquellos que forman parte de nuestro círculo próximo es sorprendentemente común entre los filósofos actuales. Para muchos de ellos, se trata de una especie de hábito de lealtad basada meramente en la contingencia de con quién nos hemos criado o con quién nos cruzamos por casualidad en la vida cotidiana. Lo que realmente importa, y requiere el esfuerzo de la razón, dicen, es la justicia desinteresada. Mientras que ser un buen amigo, sostienen, se da casi de forma natural, como una disposición instintiva a favor de quienes tenemos cerca, ser una buena persona, ser bueno con la gente en general, requiere esfuerzo. Desde este punto de vista, alcanzar una conciencia moral expansiva significa resistir la atracción de las tendencias egoístas, incluida la amistad.

Este prejuicio contra la amistad tiene raíces que se remontan al filósofo escocés de la Ilustración Adam Smith. Este describe la amistad como una «simpatía limitada» que surge de una identificación demasiado intensa con las personas a las que uno ve habitualmente: en primer lugar, las de la familia, seguidas de las del vecindario y después las del país al que uno pertenece.[16] Partiendo del principio del amor propio, Smith sigue el planteamiento de los estoicos al trazar círculos concéntricos de simpatía cada vez más amplios, definidos por una «simpatía habitual» que se va atenuando de forma progresiva, hasta despojarse por completo de la influencia del hábito y alcanzar la simpatía universal por los extraños. Para Smith, la simpatía universal es el sentimiento moral más elevado: «El individuo sabio y virtuoso [...] debe ponderar todos los infortunios que puedan sobrevenirle a él, a sus amigos, su grupo o su país, en tanto que necesarios para la prosperidad del universo».[17] Montesquieu, el pensador de la Ilustración francesa, expresa un sentimiento casi idéntico cuando afirma que «si los hombres fueran perfectamente virtuosos, no tendrían amigos».[18]

Sin embargo, considerar la amistad como una disposición meramente emocional y de estrechas miras, reñida con la razón y la reflexión, es un error. El mismo hecho de que podamos tomarnos en serio las exigencias de la justicia y, sin embargo, ponernos del lado de la amistad (como hace Anna Schmidt en *El tercer hombre*) indica que la amistad implica consideraciones profundas y compromisos dolorosos. Ser amigo supone equilibrar los compromisos, no una lealtad ciega.

Incluso en el caso de que la amistad no suponga un conflicto con la justicia que requiera reflexión, sino que se desarrolle de forma natural en el transcurso de la vida cotidiana, implica una capacidad creativa e interpretativa. Consideremos los gestos mundanos a través de los cuales se expresa y fortalece la amistad, como, por ejemplo, contar un chiste mientras estamos juntos en un atasco de tráfico. Desarrollar una amistad de esta manera supone estar atento a una situación en la que se tiene en cuenta a ambas partes, siendo fiel tanto a la propia naturaleza como al sentido del humor del amigo. Uno tiene que ser capaz de ver la absurdidad de un conductor con el uniforme pulcramente planchado, que aparenta profesionalidad, pero que no tiene ni idea de adónde se dirige. Y es necesario saber que esa absurdidad es algo que tu amigo apreciará en ese momento. Esto es sabiduría práctica, no mera afinidad emotiva basada en la proximidad. Hay muchas personas que nos caerían peor después de haber pasado con ellas por el suplicio de un atasco de tres horas en Bangalore.

Aunque las personas que acaban convirtiéndose en amigos pueden haberse conocido por casualidad —por proceder de la misma ciudad o pertenecer al mismo club de atletismo—, la relación que desarrollan no puede tacharse como meramente accidental. Al reducir la amistad a los lazos forjados por la proximidad, mientras consideramos el mundo en su totalidad e imaginamos quiénes podrían ser nuestros amigos si nuestros caminos se cruzaran, pasamos por alto el hecho obvio de que, respecto a las personas que están más cerca, esas que vemos todos los días, solemos mantener una actitud distante. Y, en algunos casos, por una buena razón. Pensemos en ese vecino pelmazo que cuanto más lo tratamos, peor nos cae. Nos quedamos solo con algunas personas cercanas, las que demuestran ser leales y nos ayudan a ser más nosotros mismos.

El aspecto del aprendizaje y el reconocimiento mutuos de la amistad es lo que ignora la visión de Smith de la amistad como algo sentimental. Mientras que Aristóteles parte de la actividad compartida y de la idea de que desarrollamos un sentido del yo solo en la interacción con los demás, Smith parte del yo individual, que, de manera natural, puede (o no) involucrarse en diversos tipos de relaciones. Mientras que Aristóteles sostiene que el conocimiento de uno mismo y el amor propio solo son posibles en la amistad, que no podemos ser plenamente nosotros mismos y apreciarnos sin amigos, Smith parte del principio del amor propio que puede pasar por delante incluso del amor por la familia. Solo a través de la contingencia del hábito y la costumbre, dice Smith, llegamos a amar a nuestra familia y amigos. Para él, ese amor es una especie de amor propio atenuado.

Cuando Smith habla de los «amigos virtuosos», se refiere simplemente a aquellos que están unidos por el sentimiento compartido del amor a la humanidad en general. Sigue sin reconocer el tipo de virtud que implica desarrollar la sabiduría práctica, el juicio y el dominio de uno mismo en la compañía de otras personas.

Las demandas de la amistad y del interés universal

La idea de que la simpatía universal por la humanidad debería anteponerse a la amistad ignora la posibilidad de que sea la amistad lo que en realidad define lo que significa ser humano en primer lugar. El cosmopolitismo critica la amistad al presuponer que se trata de algo accidental, algo que podemos o no adquirir en el transcurso de la vida. Lo que somos como seres humanos, por el contrario, es necesario, o natural, y puede identificarse y comprenderse al margen de la amistad. Tanto si tenemos amigos como si no, somos seres humanos y podemos identificar a otros seres humanos como tales por algún rasgo básico, como la racionalidad, el lenguaje, la capacidad de sentir o alguna combinación de criterios. Adam Smith habla de la «sociedad de todos los seres sensibles e inteligibles», dando a entender que la capacidad de sentir y la inteligencia definen lo que es ser humano y digno de respeto.[19] Desde su punto de vista, la esencia humana es anterior a la amistad.

Sin embargo, para Aristóteles, lo humano no puede separarse de las actividades compartidas a través de las cuales alcanzamos el dominio de nosotros mismos. La virtud del autodominio, que, como hemos visto, implica la amistad, no es una propiedad inherente a un ser que ya ha sido definido como humano por algún otro criterio. Ser humano supone esforzarse por ser dueño de uno mismo, lo que también significa ser amigo, ya sea de uno mismo o de otra persona. Como sostiene Aristóteles, el ser humano no puede definirse sin hacer referencia a la actividad característica del ser humano (*ergon*), la actividad del alma para alcanzar la virtud.

Aristóteles da a entender que el ser humano no es algo que pueda observarse en su humanidad, o conocerse objetivamente, sino una fuerza activa que solo puede comprenderse desde una perspectiva de participación y compromiso. Al principio de su *Ética a Nicómaco*, afirma que solo el lector que ya esté comprometido con una vida ética comprenderá el significado del libro, con sus planteamientos sobre la «virtud», la «sabiduría práctica» y el «juicio». Solo a través del esfuerzo por alcanzar nuestra humanidad en colaboración con los amigos, llegamos a comprender lo que significa ser humano.

Por esta razón, todos los planteamientos que contraponen la amistad al amor universal hacia la humanidad son erróneos. Solo llegamos a apreciar a los que están lejos imaginando cómo podríamos incorporarlos en el acto de equilibrar las diferentes demandas que caracterizan nuestra vida activa. Llegamos a respetar a los extraños como otros seres humanos solo imaginando cómo podríamos incluirlos en nuestro círculo de amigos. Podemos empezar a imaginar la inclusión de los extraños solo en la medida en que escuchemos sus demandas y consideremos cómo podríamos responder a ellas, empezando así a relacionarnos con ellos como personas cercanas. La humanidad y el respeto hacia los demás se manifiestan únicamente a través de la amistad.

Aceptar que la amistad no es una relación accidental entre seres humanos sino una dimensión constitutiva de lo que significa ser humano es reconocer que la cuestión de si la humanidad en general debe anteponerse a la amistad no tiene sentido. Aparte de nuestros amigos y de las demandas que nos hacen mientras nos esforzamos por alcanzar el autodominio, no tenemos otra manera de acceder a la humanidad.

Cuando Smith habla de «la sociedad de todos los seres sensibles e inteligentes», adopta de manera implícita una concepción de lo humano que pasa por alto la importancia de la actividad compartida, una concepción según la cual un ser humano es una entidad que puede apreciarse en virtud de alguna propiedad que comparten los miembros de la especie, como la sensibilidad o la inteligencia. Aunque en un sentido formal y abstracto pueda tener razón, los criterios que menciona no pueden observarse ni comprobarse de manera teórica. La razón, por ejemplo, es inseparable de la práctica de intercambiar razones e intentar alcanzar la claridad sobre un tema de interés mutuo. El lenguaje es inseparable de las ideas que encuentran expresión en el diálogo.

En cuanto nos planteamos la pregunta, tan común hoy en día entre biólogos, antropólogos e incluso filósofos, de si alguna especie animal puede poseer capacidades como el lenguaje o la razón y asemejarse, por tanto, a los seres humanos, ya hemos perdido el contacto con la postura participativa y comprometida que nos permitiría acceder a algo parecido al lenguaje y la razón. Desde un punto de vista teórico u observacional, el lenguaje o la razón que podríamos descubrir es, como mucho, una especie de cálculo, una forma de entender de qué manera determinada acción conduce a un resultado concreto, como, por ejemplo, cuando un chimpancé utiliza un palo para extraer termitas de un nido o la manera en que un determinado sonido desencadena cierta acción, como cuando el grito estridente de un mono hace que el resto del grupo se disperse para escapar de una serpiente. Sin embargo, este no es el tipo de razón o lenguaje por el que consideramos a la humanidad intrínsecamente merecedora de respeto. La comunidad de seres humanos, que se expresa a través del lenguaje y la razón, se basa en un compromiso compartido con el contexto de lo que se dice. Sin las palabras de inspiración y consejo que nos ayudan a ser dueños de nosotros mismos —al debatir sobre lo bueno y lo malo, lo justo y lo injusto—, no puede existir ningún vínculo humano.

El filósofo del siglo XX Hans-Georg Gadamer ofrece una explicación clara de la manera en que el lenguaje, la razón o cualquier otro supuesto criterio de lo «humano» elude el análisis objetivo y la identificación empírica. El alemán sostiene que cada vez que experimentamos o nos encontramos con el lenguaje, este nos exige algo, nos presenta un significado que debe ser cuestionado y trabajado en el contexto de nuestro esfuerzo por lograr coherencia. Si el lenguaje se desconecta de su capacidad para cautivarnos y exhortarnos a cuestionar nuestra vida, este carece de valor. Poseer un lenguaje, o tener la capacidad de usar un lenguaje, significa estar ya respondiendo a su llamada.[20]

Nuestra relación necesariamente comprometida con el lenguaje significa que nunca puede convertirse en un objeto, definirse en términos meramente descriptivos o reducirse a un sistema de signos que controlamos. Es el lenguaje el que nos habla y nosotros los que respondemos. No obstante, la llamada y la respuesta del lenguaje solo pueden darse entre amigos, entre quienes participan en un proyecto compartido de autoconocimiento.

Tal análisis del lenguaje sugiere que la humanidad, en el sentido al que nos referimos cuando hablamos del interés universal, no puede ser objeto de una apreciación distante. Cualquier rasgo que podamos considerar fundamentalmente humano presupone la amistad, lo que equivale a decir que la amistad es la única base posible para el amor a la humanidad.

La degradación de la amistad bajo la lente del pensamiento providencialista

Por influyente que sea la crítica cosmopolita de la amistad, en especial en los círculos académicos, es más una postura intelectual que la verdadera razón por la que la descuidamos. Algo que se opone con mayor poder a la amistad que el ideal del amor universal en abstracto es cierto tipo de actitud orientada a objetivos que se desarrolló a partir del pensamiento ilustrado junto con una ética cosmopolita. Se trata de la fe en que el mundo se mueve hacia algún ideal de justicia, libertad, felicidad o progreso tecnológico, y que la vocación humana más elevada es ayudar a hacer realidad ese ideal. Podríamos llamarlo la perspectiva orientada a un objetivo en sentido amplio, una visión de la providencia divina o histórica. La encontramos en expresiones coloquiales como «hacer del mundo un lugar mejor» y «estar en el lado correcto de la historia».

Esta visión providencial sitúa la amistad por detrás de la alianza. En el mejor de los casos, la amistad es una fuente de aliento en el camino hacia el mundo ideal, una forma de apego que con el tiempo será desplazada por una «hermandad humana». No es casualidad que el principal filósofo de la providencia histórica, Karl Marx, escribiese volúmenes sobre la solidaridad de la clase obrera y la «esencia genérica» del hombre, pero nada sobre la amistad. En su concepción del progreso mundial, la amistad solo puede significar una alianza en interés de una sociedad libre de explotación.

El rechazo de la amistad en favor de la alianza pasa por alto una posibilidad que el pensamiento antiguo, sobre todo tal como se presenta en la tragedia griega, reconoce sin dificultad. Consiste en que la opresión, ya sea en forma de desastre, calamidad o sufrimiento inmerecido, es un aspecto esencial de la existencia humana, no un accidente social susceptible de reforma.

La caída en desgracia y la redención de Edipo es un ejemplo clásico. El hombre más sabio, capaz de resolver el acertijo de la feroz Esfinge y salvar la ciudad de Tebas, un hombre que, como recompensa a su heroísmo, asciende al trono y gobierna con las mejores intenciones, se ve arrastrado por el destino a un abismo de asesinatos e incestos involuntarios. Es precisamente por su extraordinaria sabiduría y bondad que se convierte en víctima de una trágica caída. Lo que transmite su historia, y la tragedia griega en general, es que las personas no reciben lo que merecen. A pesar de su espantosa cadena de desatinos, Edipo, el hombre responsable del completo desmoronamiento del orden moral, que, cuando descubre lo que ha hecho, se arranca los ojos y se condena a sí mismo al exilio, encuentra la redención finalmente a través de la bendición que otorga a la ciudad de Atenas, la ciudad dispuesta a aceptarlo a pesar de su destino fatal.

En un mundo caracterizado por las tragedias más que por la providencia, en el que nuestros mayores objetivos acaban en fracaso y nuestras mejores intenciones se vuelven en contra en formas que escapan a nuestra limitada previsión, en el que las perturbaciones repentinas e imprevisibles son inherentes a la vida, sin darnos signos claros de su propósito último, la amistad se eleva por encima de la justicia. La virtud más necesaria en un universo plagado de sufrimiento es la de redimir los accidentes a través de una historia que nos inspire a seguir viviendo. Sin personas que nos respalden y nos acepten a pesar de nuestros errores, es difícil mantener, o incluso dar sentido, a esa capacidad redentora.

La visión antiprovidencial de la vida que atestigua la tragedia también podría plantearse en términos que pongan de relieve una manera de influir, no a través de la previsión y la planificación, sino de la creatividad. Solo en un universo en el que el propósito de la vida aún no se vislumbra, resulta posible la auténtica creatividad, como el nacimiento de lo nuevo, el amanecer de una vida transformada. La creatividad en este sentido no significa construir desde cero —aunque de manera implícita siempre existe alguna forma hacia la que trabaja—, sino la respuesta creativa al sufrimiento, a lo imprevisto. La tragedia revela que lo que hacemos mientras vivimos y nos esforzamos no es simplemente trabajar hacia un objetivo ya a la vista, sino elaborar el significado de cualquier meta posible. Y es la exuberante alegría de no estar determinados por una meta la que nos impulsa a buscar amigos, aquellos que recibirán e interpretarán nuestras creaciones y mantendrán viva la actividad creadora.

Ningún filósofo ha sintonizado de una manera más profunda que Nietzsche con la dimensión exuberante y alegre de la tragedia. En su primer libro, *El nacimiento de la tragedia*, sostiene que lo que los eruditos de su época habían denominado «alegría griega», la alegría por la vida y el aparente optimismo de los antiguos griegos que se reflejan en sus hermosos templos y estatuas de mármol de los dioses, nacía de un hondo sentido de la tragedia y de la necesidad de redimir el «sufrimiento primordial». Nietzsche llega a este planteamiento tras preguntarse cómo un pueblo tan atento al orden, la proporción y la simetría en sus esculturas y representaciones de los dioses pudo a la vez crear mitos tan espantosos como la historia de Edipo, que parece aniquilar cualquier idea de estabilidad y armonía. Concluye que estas dos tendencias estaban conectadas. El «poder de crear formas» de los griegos, que encontró su expresión paradigmática en la arquitectura y que Nietzsche denominó «apolíneo», por el dios Apolo, nació de la necesidad de moldear la caótica fuerza «dionisíaca», que se haya en permanente agitación en el corazón de la existencia. La manera en que los griegos moldearon lo dionisíaco, sostiene Nietzsche, fue expresándolo directamente, por así decirlo, en la imagen de la tragedia. Al incorporar la fuerza dionisíaca rudimentaria, que representa el coro, en la unidad apolínea de una historia, lograron unificar el caos y el orden, generando una forma de arte que redimía el sufrimiento e inspiraba nuevos actos de creación.

A partir del ejemplo del mito trágico griego, Nietzsche llega a una conclusión más amplia. El sufrimiento es inseparable de la exuberancia creativa por la que vale la pena vivir. No se trata solo de que el sufrimiento nos saca de la complacencia y nos empuja a crear. El propio impulso creativo, siempre que nos mueve, implica tensión interna y discordia, una forma de sufrimiento que supone, al mismo tiempo, una afirmación de la vida. Como lo expresa Nietzsche, «es preciso llevar aún algún caos dentro de sí para poder engendrar estrellas danzarinas».[21] Las estrellas danzarinas a las que uno puede dar a luz son, en esencia, una ofrenda a los posibles amigos, a aquellos que se inspiran en el resplandor de estas para «dar a luz» a su vez. «¡Oh, Tú, Gran Astro! —escribe Nietzsche en alusión al sol naciente—. Si te faltasen aquellos a quienes iluminas, ¿qué sería de tu felicidad?».[22] Como veremos en nuestra indagación sobre el tiempo (capítulo 5), no es casualidad que Nietzsche, sensible al aspecto creativo y trágico de la existencia, considere la virtud de hacer regalos como la más elevada. Al hacerlo, coincide de manera implícita con Aristóteles, que otorga el mismo rango a la amistad.

La redención a través de la amistad: la historia de *Perdición*

Cuando las cosas van terriblemente mal, cuando nuestras intenciones se topan con el desastre y cuando caemos en la desesperación y la depravación, la amistad redime la vida y consigue que merezca la pena vivirla. Esa es la moraleja de *Perdición*, la película clásica de cine negro de Billy Wilder. Vista como una afirmación de la amistad, constituye un antídoto inspirador contra nuestra concepción orientada a objetivos de lo que es bueno.

Perdición es la historia de Walter Neff (Fred MacMurray), un elegante agente de seguros en mitad de su treintena que trabaja para la aseguradora Pacific All Risk, una empresa grande e impersonal con sede en Los Ángeles. Aburrido de su vida de conformismo laboral y de los repetitivos discursos de ventas, se enamora de Phyllis Dietrichson (Barbara Stanwyck), la joven y seductora esposa de un viejo y hosco cliente a la que conoce en una visita ordinaria al domicilio.

Phyllis se revela como una arquetípica *femme fatale*. Haciendo uso de su experta seducción manipuladora, enreda a Neff en un plan perverso: venderle a su marido una póliza de seguro de vida con una cláusula de doble indemnización por muerte accidental y luego cargarse al marido, haciendo que parezca que cayó de un tren. Embelesado con Phyllis y deseoso de timar a la Pacific All Risk, Neff la ayuda a llevar a cabo el retorcido plan.

Al final, Phyllis traiciona a Neff. Se propone abandonarlo, escapar con el dinero y orquestar su asesinato. En el último encuentro con él, saca una pistola de debajo del almohadón de un sillón y le dispara en el pecho, infligiéndole lo que resulta ser una herida mortal. No obstante, Neff todavía tiene fuerzas para avanzar fríamente hasta ella y retarla: «Prueba otra vez, nena». Phyllis no es capaz de decidirse a disparar de nuevo y Neff le arrebata la pistola, la dirige hacia ella y la mata de un tiro: «¡Adiós, nena!». Así concluye lo que parece ser una historia completamente sombría.

Sin embargo, el verdadero drama de la película, donde reside su profundidad, va más allá del sórdido y destructivo romance entre Neff y Phyllis. Tiene que ver con la incongruente amistad que surge entre Neff y su colega en la Pacific All Risk, Barton Keyes (Edward G. Robinson), un brillante investigador de siniestros falsos con un conocimiento enciclopédico de las estadísticas de accidentes.

Al principio de la película, vemos a Neff narrando la historia de su enredo con Dietrichson en un dictáfono, solo, a altas horas de la noche, en el despacho de Keyes. Le está haciendo una confesión detallada: «¿Quieres saber quién mató a Dietrichson? Que no se te caiga tu puro barato... Yo maté a Dietrichson». De esta manera, emprende el tortuoso relato de asesinatos y engaños.

Al principio de la historia, somos testigos de la curiosa amistad entre Keyes y Neff mientras bromean en la oficina. En casi todo, son uno lo contrario del otro. Neff es un joven alto y apuesto, que habla con soltura, haciendo comentarios encantadores y espontáneos. Keyes es un hombre de mediana edad, bajo y corpulento, con una mente brillante para resolver casos de reclamaciones falsas. Habla a mil por hora exponiendo los intrincados encadenamientos lógicos por los que logra identificar a los estafadores. Es precisamente en este contraste en lo que se basa su amistad. Se entienden uno al otro a través de sus réplicas agudas y francas, llenas de insultos desenfadados y burlas ingeniosas. El hecho de que se lleven bien no puede confundirse con la mera diplomacia entre colegas ni con una alianza estratégica. Keyes se burla incluso de Neff por los quebraderos de cabeza que le provoca como vendedor: «Estoy harto de ir detrás de una pandilla de agentes charlatanes tan tontos como para vender un seguro de vida a un tipo que duerme con cuatro serpientes de cascabel en la cama».

A su vez, Neff se mofa de Keyes por su obsesión maniaca por resolver casos: «Te encanta, solo que te preocupas demasiado [...]. Eres tan meticuloso que acabarás volviéndote loco. No dirás que hoy es martes sin mirar antes el calendario, y luego comprobarás si es de este año o del pasado y entonces querrás saber quién lo imprimió».

Sin embargo, se aprecian uno al otro por su peculiar forma de ser. Su mutuo reconocimiento se plasma en un ritual característico: Keyes saca uno de sus puros baratos para darle una calada mientras reflexiona sobre un caso. Neff le da fuego. El gesto es un momento de amistad genuina en el que cada uno puede ser quien es sin más motivo. Neff puede brindar su apoyo de manera serena y firme, sin tener que vender nada. Y Keyes puede exhibir su lógica deductiva como una habilidad en sí misma, como algo más que un medio para resolver casos. Cada uno aprecia al otro por cómo es, no por las cosas que consigue.

Sin Neff, la vida de Keyes se limitaría a obtener resultados (atrapar a los estafadores) sin poder desplegar su brillante proceso deductivo. Sin Keyes, Neff estaría condenado a intentar agradar a los clientes con la esperanza de lograr otra venta, sin nadie que apreciara su encanto persuasivo.

Sin embargo, solo al final de la película, cuando las cosas se tuercen, Neff y Keyes llegan a reconocer plenamente lo que significan el uno para el otro. Hasta ese momento, Neff había estado ocupado intentando engañar a Keyes, mientras este seguía el rastro del misterioso asesino de Dietrichson. Keyes había descubierto que la muerte de Dietrichson no había sido un accidente. Incluso había deducido que lo habían asesinado antes de subir al tren, y que el acto fue llevado a cabo por un par de conspiradores, no por un lobo solitario. Sin embargo, no puede concebir que Neff, su viejo amigo, esté implicado, a pesar de que fue este quien le vendió a Dietrichson la póliza de seguros.

Traicionado por Phyllis, Neff hace algo que escapa a cualquier previsión y que asegurará que lo atrapen. Sangrando por la herida de bala, hace acopio de sus fuerzas para conducir hasta la oficina y grabar una confesión a Keyes a altas horas de la noche. La confesión es una forma de recuperar el dominio de sí mismo ante el desastre. También es un reconocimiento de lo que era importante para él desde el principio, pero que había relegado por su obsesión con Phyllis: la amistad con Keyes.

Al narrar la historia en el dictáfono, rinde un homenaje a Keyes con una sorprendente inversión de papeles. Ahora es Neff quien revela a Keyes los pormenores del caso, tal y como este solía hacer para él.

Cuando Neff está llegando al final de la historia, aparece Keyes en el umbral de la puerta de su despacho. Oye lo suficiente como para comprender enseguida lo que ha ocurrido. Ante él se encuentra el escurridizo criminal, el asesino de Dietrichson que había estado buscando tenazmente. La terrible sorpresa es que se trata de su mejor amigo. Por una vez, Keyes ha fracasado en su intento de atrapar al delincuente a través de su ingenio. Sin embargo, en su fracaso, también alcanza una comprensión más profunda: incluso los más avanzados métodos de ciencia actuarial e investigación forense encontrarían sus límites en la amistad. La razón por la que Keyes no pudo resolver el caso es porque el autor era alguien en quien confiaba. Keyes sabe que Neff ha venido a confesarse con él por una razón: para salvar su amistad y para reconocer que él, Keyes, resolvió el caso con una perspicacia impresionante, salvo por la sorpresa final.

Neff deja claro su propósito a Keyes en sus últimas palabras, que pronuncia con la respiración entrecortada: «¿Sabes por qué no te has dado cuenta de esto, Keyes? Deja que te lo diga. El tipo que buscabas estaba demasiado cerca. Justo enfrente de ti». «Más cerca aún, Walter», responde Keyes. Las miradas de ambos se encuentran y Neff se reconcilia con el amigo al que había engañado: «Yo también te quiero, Keyes». Apreciando la sinceridad y profundidad en la sucinta manera de responder de Neff, Keyes completa la inversión de papeles con un gesto silencioso: cuando su amigo se desploma por la pérdida de sangre y saca con esfuerzo un cigarrillo, le da fuego. La inversión pone de manifiesto el genuino aprecio que cada uno siente por el otro.

Al final, ni Neff ni Keyes encuentran satisfacción en sus proyectos. Así lo expresa el primero al comienzo de su confesión: «Maté a Dietrichson. Lo hice por dinero y por una mujer. Y no conseguí el dinero ni conseguí a la mujer». Keyes, por su parte, no logra resolver el caso. Solo descubre al misterioso asesino cuando Neff se delata en una impactante revelación. Evaluada desde un enfoque centrado en objetivos, *Perdición* constituye sin duda el epítome del cine negro. Pero su mensaje más profundo radica en que el éxito o el fracaso no es lo que realmente importa en la vida. Lo que importa son esos actos que, aunque no logran nada, personifican el dominio de uno mismo y la amistad.

Perdición es en realidad una advertencia contra la obsesión y la pasión desmedida, al margen de si tales vicios puedan conducir al asesinato, el engaño o la injusticia. En cierto modo, todos corremos el riesgo de convertirnos en Walter Neff y nunca estamos totalmente libres de caer en su misma suerte. Quizá no nos enamoremos de la señora Dietrichson. Pero mientras vivamos y nos esforcemos, nos veremos tentados por metas seductoras, por «conseguir el dinero o la mujer», por así decirlo, ya sea resolviendo un misterio, logrando un trabajo soñado o alcanzando un hito. El destino de Walter Neff, igual que el de Keyes, nos insta a que nos alejemos de esas fuentes de obsesión y permanezcamos atentos a aquello que tenemos tan cerca y que es tan fundamental que a menudo no lo apreciamos.

La relación entre la amistad y la competencia

Otra lección que puede extraerse de la amistad entre Neff y Keyes es que la igualdad que existe entre los verdaderos amigos no supone una simple uniformidad, sino una manera de ser diferentes, incluso opuestos, que los enriquece mutuamente. En su intercambio amistoso de bromas, que refleja el estilo y la personalidad de cada uno, Neff y Keyes llegan a apreciarse uno al otro y a conocerse a sí mismos. Este aspecto de oposición en la amistad es algo que he llegado a apreciar en el ámbito del deporte, en la relación que se da entre competidores respetuosos.

A primera vista podría parecer que la amistad y la competencia son diametralmente opuestas. Cuando competimos, se supone que nuestros objetivos son la victoria y el dominio. La amistad, por el contrario, aspira al apoyo mutuo. En el mejor de los casos, solemos pensar, la competencia es una versión saludable de la hostilidad, una salida contenida para los instintos agresivos que encuentran su máxima expresión en la violencia y la guerra. Como diría Sigmund Freud, los deportes son una manera de sublimar la «pulsión de muerte», el instinto destructivo básico de la psique humana. Según esta visión de la competencia, lo que los seres humanos desean realmente es dominar a los demás. Los deportes nos permiten satisfacer ese impulso sin ir demasiado lejos.

Aunque este planteamiento puede parecer verosímil, en especial si pensamos en deportes de contacto como el boxeo o el rugbi o cuando asistimos a las peleas que se dan en el campo de béisbol, he llegado a la conclusión de que es superficial. En su forma más elevada, competir no significa aplastarse mutuamente, sino cultivar algo juntos.

En todos los deportes existe una tensión entre el deseo de ganar —venciendo o deteniendo al adversario—, que es el imperativo de la guerra, y el deseo de sacar lo mejor del juego. Esta tensión se expresa de forma memorable en el famoso grito de guerra de Muhammad Ali: «Vuela como una mariposa y pica como una abeja. Golpea, amigo, golpea. Uaaaaaah!». Aunque «golpea» y el rugido sugieren pegar fuerte y ganar por nocaut, «flota como una mariposa» sugiere gracia, ligereza y belleza, una danza sincronizada en la que cada uno intenta superar al otro en la destreza. «Pica como una abeja» parece situarse en un punto intermedio. Evoca el golpe rápido y preciso de Muhammad Ali, que era capaz de asestar de manera prodigiosa mientras retrocedía.

Aunque Ali era conocido por lo que muchos consideraban su instinto asesino, plasmado en la icónica imagen en la que se encumbra de pie por encima de Sonny Liston, tras noquearle en el primer asalto de su revancha por el título de los pesos pesados, insistía en que aplastar a su oponente no era su principal objetivo. Lo que en realidad deseaba era ofrecer un espectáculo, enfrentarse a un boxeador que le motivara a usar los reflejos, la precisión técnica y la resistencia de una nueva forma artística de lucha:

> Cuando llegué al boxeo [...], no se suponía que los boxeadores fueran humanos ni inteligentes. Solo brutos que estaban ahí para entretener y para satisfacer la sed de sangre de la multitud. Dos animales para desgarrarse la piel mutuamente, para romperse la nariz [...]. Yo cambiaría la imagen del boxeador a los ojos del mundo [...]. Odiaba ver en televisión a dos pesos pesados grandes, torpes, desgarbados, moviéndose con pesadez, acechándose como dos Frankensteins, agarrándose y dándose golpes uno frente al otro. Sabía que yo podía hacerlo mejor. Sería tan rápido como un peso ligero, desplazándome en círculos, bailando, esquivando, pegando y apartándome, sip-sip-pop-pop, pegando y retrocediendo, bailando de nuevo, y haría de ello un arte.[23]

La actitud de Muhammad Ali demuestra que, incluso en el más brutal y bélico de los deportes, un verdadero deportista no aspira solo a la victoria en el sentido de derrotar, de noquear, sino a una lucha en la que los oponentes se lleven mutuamente al límite, obligándose a exhibir la belleza de una actividad compartida. En su mejor expresión, los deportes de competición tienen que ver con ayudarse uno a otro a esforzarse al máximo, no con aplastarse. Son, en este sentido, escenarios para desarrollar la amistad. La cuestión no es quién será derrotado, sino quién llevará el deporte a su nivel más alto, revelando formas nuevas e imprevistas de sutileza y gracia.

Para un deportista serio, y para un verdadero amante del juego, no hay nada más insatisfactorio que una victoria aplastante, salvo una derrota abrumadora o, algo aún peor, perder por incumplir las normas. La victoria más satisfactoria es aquella en la que dos contendientes se baten en prórrogas, desempates prolongados o minutos extra, cada uno intentando superar al otro en la excelencia del juego.

Paradójicamente, tal victoria se experimenta en el desarrollo de la acción, no en el resultado. En el momento culminante de la competición, los jugadores quisieran seguir compitiendo. El final, ya sea una derrota o una victoria, está cargado de un sentimiento de añoranza tanto como de alivio y satisfacción. La superestrella del tenis Roger Federer reveló una vez en una entrevista, tras una reñida victoria sobre su principal rival, Rafael Nadal, que le hubiera gustado que el partido no tuviera que acabarse. Los verdaderos deportistas quieren que el otro llegue más alto y más lejos para que ambos logren jugar de la mejor manera posible. Cuando Federer y Nadal intercambian golpes fulminantes, Nadal con su característico efecto liftado y Federer con su enorme precisión, cada uno golpeando con más fuerza y con un ángulo más cerrado que el otro, corriendo de un lado a otro, participan en un duelo entre iguales, exhibiendo ambos su estilo particular y sus habilidades complementarias. Al responder al desafío que representa el otro, los dos pueden desarrollar su talento único.

Este aspecto de oposición de la amistad es algo de lo que Nietzsche era consciente: «A la manera como bóvedas y arcos se traban cuerpo a cuerpo en divino combate, y se derrumban —escribe sobre la antigua arquitectura griega—; al modo como con luz y sombra pugnan ellos entre sí, llenos de divinas aspiraciones. ¡Así nosotros, con igual seguridad y belleza, amigos míos, queremos *oponernos*!».[24] De este modo, Nietzsche llega a la conclusión de que, en todo lo que es bello y en toda amistad, hay «guerra». Entiende claramente que la esencia de la guerra es fortalecerse mutuamente, no una oposición en la que si uno gana, el otro pierde.

Podríamos preguntarnos si cuando Nietzsche emplea el término «guerra» está hablando de manera imprecisa e hiperbólica. Después de todo, la oposición hostil y autodestructiva que se desarrolla en el campo de batalla, lo que solemos considerar como una guerra «de verdad», parece lo más alejado de la amistad, aun cuando esta implique cierto grado de competencia intensa. Pero si tenemos en cuenta la relación de la amistad con la competencia, podríamos concebir la guerra «de verdad» bajo una nueva luz. Quizá lo que Nietzsche quiere que veamos es que, sometida a examen, la guerra «de verdad», por así decirlo, resulta ser un intento rudimentario e inadecuado de obtener el reconocimiento que prevalece entre competidores amistosos en el cuadrilátero de la lucha libre o en la cancha de tenis. Tal vez la opinión habitual de que el deporte constituye una expresión clara de la agresión de la guerra sea a la inversa. Quizá los instintos agresivos que se manifiestan en la guerra aspiran de manera implícita a la competición amistosa de los deportes.

Como plantea Hegel, uno de los predecesores filosóficos de Nietzsche, en su análisis del origen de la esclavitud en el mundo antiguo, hay algo insaciable e insatisfactorio en una vida orientada a la mera destrucción o negación del adversario. Incluso el conquistador más despiadado, señala, se siente obligado, en última instancia, a perdonar la vida al vencido para preservar una realidad que pueda reconocer su superioridad. Así surge la práctica de la esclavitud, como una forma en la que el conquistador intenta romper el círculo vicioso de destrucción y vacío afirmando su proeza ante alguien que sobrevivirá para honrarla: «¡Te he vencido! Ahora, en reconocimiento de mi superioridad, y a cambio de tu vida, ¡debes servirme!». En vez de destruir al vencido, el conquistador lo convierte en esclavo. El problema, sin embargo, es que el reconocimiento forzado, arrancado a alguien a quien consideramos inferior, no es reconocimiento en absoluto. Al subordinar a alguien para que satisfaga nuestros deseos, reduciéndolo a una mera cosa o una herramienta a nuestra disposición, y privándolo así de su condición de persona a nuestros propios ojos, socavamos el valor de cualquier respeto que pueda ofrecernos. Además, cualquier respeto que el esclavo muestre, será siempre sospechoso desde la perspectiva del amo, ya que este no podrá tener la seguridad de que tal respeto no sea una mera farsa en aras de la supervivencia. De este modo, el amo, que busca afirmarse a través de la dominación de otro ser humano, pierde en el proceso su propia humanidad y la certeza de quién es.

El reconocimiento genuino, enseña Hegel, solo puede darse en una forma de vida que implique la lucha complementaria entre iguales, en la que cada uno despliegue una excelencia única que fortalezca e inspire al otro. Hegel propone que tal reconocimiento prevalezca en un modelo económico en el que cada miembro de la sociedad pertenezca a una profesión particular con su propia dignidad equivalente a las otras dentro de un sistema de interdependencia.

Fargo, la serie creada por Noah Hawley, es un excelente ejemplo de cómo el deseo de amistad se encuentra implícito incluso en la oposición más hostil. El antagonista, Lorne Malvo (Billy Bob Thornton), un asesino a sueldo que «no tiene amigos» y disfruta sembrando el caos en su decadente comunidad de clase media en un pueblo de Minnesota, acaba de derrotar a dos sicarios rivales que habían intentado asesinarlo. A uno de ellos le tiende una emboscada y lo mata a puñaladas en medio de un tiroteo; al otro, le dispara la policía y lo detiene, enviándolo al hospital bajo vigilancia policial. Para rematar la faena, eso creemos, Malvo se cuela en el hospital y estrangula sigilosamente al agente de policía que vigila la habitación donde se recupera el sicario. Se acerca a la cama y se sienta con actitud amenazante junto a su adversario vencido. Suponemos que está a punto de asestarle el golpe final. Sin embargo, en lugar de eso, saca unas llaves que robó al agente, las llaves de las esposas que encadenan a su rival a la cama del hospital, y se las arroja con un breve comentario de reconocimiento: «Estuviste cerca [de matarme]. Más cerca que nadie. No sé si fuiste tú o tu compañero, pero mira, si cuando te pongas bien todavía estás resentido, ven a verme». Después, sale de la habitación.

Incluso Malvo, que desprecia a la humanidad y siente cierto placer en la manipulación y el asesinato, no puede soportar una vida de mera destrucción. Desea reconocimiento y, por tanto, un compañero en el crimen. No puede resistirse a la seducción de una especie de amistad. Su desdicha radica en su incapacidad para hacer realidad su deseo de reconocimiento, que se ve constantemente frustrado por sus intentos de dominio sobre los demás.

En contraste con Malvo, la serie presenta a una heroína insólita que encarna el autodominio nacido de la amistad genuina, que tanto anhela Malvo pero no consigue alcanzar. Se trata de la joven detective, la ayudante Solverson (Allison Tolman), que persigue de manera persistente al asesino a lo largo de la serie. Por diferentes que parezcan, Solverson y Malvo, heroína y antihéroe, no son del todo opuestos. Ambos son capaces de ver, tras la fachada de la buena educación y la moral que prevalecen en los buenos ciudadanos, el instinto lobuno reprimido que acecha en ellos. (La serie está plagada de sutiles alusiones a la mezquindad, hostilidad e indiferencia que se adivinan bajo la apariencia de vida idílica del Medio Oeste). Los dos se esfuerzan por ser ellos mismos frente a un mundo del que se sienten alienados. Pero mientras que Malvo da por sentado que la única alternativa a una vida de conformidad borreguil es la dominación depredadora de la sociedad, Solverson cree en la posibilidad de una comunidad genuina. Su fe procede de los oasis de lealtad incondicional, entre los que destaca el amor y ejemplo de su padre, un expolicía conocedor del mundo que ahora es propietario de una cafetería, donde cocina y atiende a los clientes. En compañía de su padre, de su adorado colega de Duluth y de la valiente hija adolescente de este, Solverson logra encontrar la motivación para proteger a una comunidad en la que nunca acaba de encajar y en la que apenas puede reconocerse a sí misma. Desde la perspectiva de su círculo íntimo, es capaz de mirar hacia fuera con la esperanza de que esa lealtad y amistad puedan encontrar expresión en las vidas de los demás. La esperanza de Solverson, nacida de las personas que tiene cerca, le otorga un poder superior al de Malvo.

Mientras que este busca la independencia frente al mundo que desprecia oponiéndose a él con un rotundo «¡no!», expresado en sus actos de manipulación y asesinato, quedándose atrapado en la derrotista alternancia entre la destrucción y el vacío, Solverson logra ser dueña de sí misma al ser capaz de discernir en su entorno el destello de una forma de vivir que quisiera fomentar.

¿Se atraen los opuestos o los semejantes?

La interacción dinámica entre competidores comprometidos para llevar el juego al máximo nivel revela el modo en que la afinidad y la oposición van de la mano en la amistad. Federer y Nadal se parecen en el modo en que buscan expresar la belleza del tenis. Valoran esto incluso por encima de las victorias y las derrotas. No obstante, son diferentes en su forma particular de jugar y en la manera única con la que encarnan la gracia y la inteligencia en sus movimientos en la cancha. En toda amistad, sea o no claramente competitiva, parece haber elementos de unidad y oposición, de identidad y diferencia.

Tanto Aristóteles como Platón hacen hincapié en que los amigos deben ser afines. Sócrates, citando la *Odisea* de Homero, señala que «Siempre hay un dios que lleva al semejante junto al semejante», lo que interpreta como que el bueno es amigo del bueno.[25] Frente a la opinión de que los opuestos se atraen, Aristóteles invoca las distinciones entre la amistad por utilidad, por placer y por virtud. Si lo único que buscamos es la utilidad o el placer, tiene bastante sentido que «los opuestos se atraigan». Cuando se trata de aliados y socios comerciales, queremos a alguien que aporte algo diferente, que compense lo que a nosotros nos falta. En las amistades por placer, si alguien es una persona tímida y comedida, se deleitará en compañía de un bromista. Pero cuando se trata de la amistad basada en la virtud, la atracción de los opuestos pierde su fuerza. Si buscamos un amigo que refuerce nuestra grandeza de alma, no nos sentiremos atraídos por alguien que sea todo lo contrario, que sea pequeño en esta virtud, cobarde, propenso al resentimiento o a enojarse con facilidad. Podríamos intentar ayudar a alguien así si llegase a caer bajo nuestra tutela, pero no la buscaríamos. Desearíamos rodearnos de personas con el mismo compromiso con la virtud y que hayan demostrado su solidez de carácter a lo largo de la vida.

Pero incluso en la amistad fundada en la virtud subyace una oposición, o una diferencia, implícita, de manera parecida a la que existe entre Federer y Nadal. La razón por la que buscamos amistades de este tipo no es simplemente para recibir elogios que reflejen nuestras virtudes, como «qué buena acción» o «has obrado bien», sino para que nos señalen el significado y la importancia de las virtudes que expresamos. Un amigo es alguien que tiene la capacidad de encontrar palabras para comprender y apreciar nuestra virtud mejor de lo que podríamos hacerlo nosotros mismos. Un amigo es alguien que puede, de esta manera, motivarnos para que sigamos siendo fieles a nosotros mismos en momentos de debilidad, confusión, ofuscación u obsesión. Sobre todo, un amigo es alguien que, al reconocer y valorar nuestras cualidades, nos ayuda a encontrar nuestro camino y nos recuerda quiénes somos cuando perdemos el rumbo. Por tanto, hay algo de verdad en la idea de que «los opuestos se atraen», tal y como se expresa en un pasaje de Heráclito que Aristóteles presenta para que reflexionemos sobre él: «La armonía más hermosa procede de tonos diferentes».[26] Cuando dos amigos, ambos comprometidos con el bien pero cada uno con una fuerza de carácter peculiar, se animan y se enseñan uno al otro cómo desarrollar su fortaleza, logran expresar la unidad a partir de la diferencia.

4

El compromiso con la naturaleza

Al finalizar mis estudios de posgrado decidí despedirme del mundo de la competición en levantamiento de potencia por dos razones. Por un lado, tras años de sentadillas y *press* de banca, los músculos de mis caderas y mis pectorales estaban exhaustos; por otro, echaba de menos practicar deporte al aire libre. Se podría decir que la naturaleza me hizo una advertencia y una llamada. Mi cuerpo, crónicamente dolorido, me instaba a plantearme un nuevo reto físico más acorde a mi complexión, mientras que el cielo azul, la brisa veraniega y la hierba recién cortada de los campos de atletismo me invitaban a salir del gimnasio.

Por supuesto, podría haberme resistido a esas señales de la naturaleza. Cuando se trata de elegir cómo vivir la propia vida, la naturaleza nunca tiene del todo la última palabra. Puede instar e implorar, pero no obligar. Me acordé de esto cuando fui testigo de la desafiante respuesta de un compañero de equipo de levantamiento de potencia a un extraño accidente que le ocurrió durante una competición. En su primer intento de levantamiento de peso muerto (un ejercicio que consiste en elevar una barra con pesas desde el suelo hasta ponerse de pie), sufrió una rotura del tendón del bíceps en el brazo que utilizaba para el agarre supino de la barra. La angustiosa imagen del bíceps desprendiéndose del hueso y contrayéndose hasta formar una pequeña bola compacta en la base del hombro, acompañada de un horrible sonido semejante al del velcro cuando se separa, es algo que ninguno de los que estábamos presentes olvidará fácilmente. Si eso no fue la naturaleza enviándole un mensaje para que lo dejara todo y fuera al hospital, no sé lo que fue. Pero mi compañero había centrado todos sus esfuerzos en esa competición, interrumpiendo incluso sus estudios universitarios para dedicarse plenamente al levantamiento de potencia. En un acto de determinación suprema, se vendó el brazo lesionado tan fuerte como pudo con un vendaje compresivo y, cambiando el tipo de agarre, completó su segundo intento de peso muerto y ganó la competición.

No pretendo insinuar que la acción de mi compañero de equipo fuese aconsejable ni un ejemplo del tipo de compromiso con la naturaleza que propongo. Relato esta anécdota solo para ilustrar hasta qué punto podemos oponernos a la naturaleza, aunque sea en detrimento nuestro. Esto es lo que quiero decir al afirmar que la naturaleza nunca tiene del todo la última palabra. (Como investigaremos en el capítulo 5, incluso la muerte, que tendemos a considerar como la última barrera natural a nuestro esfuerzo, no es un fenómeno ante el que seamos impotentes. La forma en que interpretamos la muerte contribuye a definir lo que es).

En última instancia, si queremos vivir bien y descubrir cuáles son nuestras verdaderas pasiones, debemos escuchar a la naturaleza y negociar con ella. Incluso mi desafiante compañero tuvo que ceder un poco ante la naturaleza vendando su bíceps lesionado y cambiando el tipo de agarre de su peso muerto. En cuanto a mis lesiones, relativamente poco importantes pero persistentes, podría haber llegado a un difícil pacto con la naturaleza. Podría haber intensificado mi rutina de levantamiento de potencia, insistiendo en lograr el vitoreado reto de realizar la sentadilla con 180 kg y el *press* de banca con 140 kg. A cambio, habría tenido que dedicar más tiempo a ejercitar la movilidad y a realizar estiramientos antes y después de cada sesión de entrenamiento. Habría sido posible. Pero decidí que no era eso lo que quería. La naturaleza, pensé, me llevaba en otra dirección más atractiva, hacia un nuevo desafío que combinaría fuerza, resistencia y la interacción con un entorno al aire libre.

Así que decidí realizar un nuevo experimento en mi trayectoria atlética. Seguiría practicando el levantamiento de potencia, pero con menos peso y más repeticiones, y saldría a correr al aire libre. Mi nuevo objetivo era reducir el tiempo de correr una milla a menos de cinco minutos y, a la vez, entrenar la fuerza para poder realizar veinte repeticiones de sentadillas, *press* de banca y cargadas de potencia. Además, me fortalecería saliendo a correr con cualquier condición climática, tanto si llovía como si hacía sol.

En poco tiempo aprendí a tolerar el cansancio extremo de un duro entrenamiento en la pista y a soportar más peso durante un esfuerzo prolongado. Aunque al principio no me di cuenta, estaba desarrollando las habilidades que pronto me llevarían a un nuevo ámbito de mi vida, el de la competición de dominadas y calistenia.

Pero lo más significativo era que también estaba empezando a apreciar de otra manera el hecho de estar al aire libre. En las agotadoras tercera y cuarta vueltas de la milla, estaba aprendiendo a lidiar con el viento y a aprovecharlo como apoyo inclinándome hacia él, sin perder la postura correcta. De camino al trabajo, observaba aspectos del mundo natural que antes habría ignorado o considerado una mera molestia. Nunca había agradecido tanto un chaparrón repentino en un caluroso día de verano. Lo que antes habría considerado como algo inoportuno, ahora lo agradecía como una refrescante bendición en la décima milla de una carrera larga.

Llegar a un acuerdo con los límites de mi cuerpo tras años de levantamiento de potencia me enseñó una importante lección sobre la relación entre el esfuerzo humano y las fuerzas de la naturaleza: aunque a menudo los percibimos como enemigos en una lucha perpetua por el dominio, deberíamos considerarlos aliados en una tarea compartida. Deberíamos tratar de ver a la naturaleza no como un mero adversario, sino como un amigo con quien dialogar, o al menos como un rival con el que podemos negociar o a quien podemos intentar persuadir. En mi transición del levantamiento de potencia a la fuerza y la resistencia, empecé a entablar una especie de conversación con la naturaleza. Mis persistentes lesiones no eran ataques ni obstáculos que ella interponía en mi camino. Al igual que las opiniones desagradables de un personaje problemático en un diálogo platónico, eran puntos de partida para reflexionar sobre mis capacidades y objetivos, oportunidades para la introspección y el autoconocimiento.

El concepto de «naturaleza»

Antes de proseguir en nuestra exploración del compromiso con la naturaleza, podríamos detenernos a reflexionar sobre una dificultad: ¿qué entendemos exactamente por «naturaleza»? Al relatar mi transición del levantamiento de potencia a otras aventuras atléticas, he usado el término «naturaleza» en un sentido un tanto amplio, que abarca una serie de significados, como las limitaciones del cuerpo, las fortalezas y debilidades a las que está predispuesta una persona y los fenómenos externos, como el sol, la lluvia y el viento. A estas maneras habituales de concebir la naturaleza, podemos añadir otras. La naturaleza a la que se refiere el término «ciencias naturales», por ejemplo, no se limita al entorno natural o las cosas de la tierra y del cielo, sino, en cierto sentido, a todo lo que «existe» y puede conocerse. Al físico no le interesan los árboles y las rocas más que las radios y los aviones. Este sentido tan amplio de la naturaleza se remonta al antiguo término griego *phusis*, del que deriva la palabra «física». *Phusis*, de acuerdo con el uso habitual que encontramos en Platón y Aristóteles, significa simplemente «todo lo que existe». En este sentido, es casi intercambiable con «ser», en griego, *to on*.

Además de la naturaleza que estudia la física, hablamos de «la naturaleza» de tal o cual tema, como la naturaleza de la justicia, la naturaleza del derecho o la naturaleza de la física como campo de estudio. En este sentido, «naturaleza» significa algo así como «carácter» o «esencia» y puede aplicarse tanto a una idea como a algo material.

Así pues, nos enfrentamos a una diversidad tan notable de significados en el único término «naturaleza», que cualquier intento de definir la naturaleza en su totalidad parece inútil. Y, sin embargo, hay algo en común en los múltiples usos que damos a la palabra. En todos los casos que hemos considerado, la naturaleza se refiere, en cierto sentido, a aquello que nos confronta o nos sucede, lo queramos o no. Se refiere a lo que nos es *dado*.

En ningún aspecto es esto más evidente que en nuestra atribución de la naturaleza a la trayectoria del sol y los cambio en el clima. Aunque podemos intentar predecir estos fenómenos y adaptarnos a ellos de diversas maneras, no los originamos. No se pliegan a nuestra voluntad. Incluso en el caso de cuestiones no materiales como la justicia o el derecho, que a menudo consideramos productos de la mente humana en contraste con lo natural, en el momento en que intentamos comprenderlas en cuanto lo que son («¿qué es la justicia?», «¿qué es el derecho?»), nos encontramos con algo que nos confronta como un enigma, algo que nos servirá como punto de partida para avanzar en nuestra investigación. Por tanto, seguimos hablando de examinar la naturaleza de tales cosas.

En todos estos sentidos, la «naturaleza» responde a la condición de ser limitada, o finita, más que omnipotente. Refleja la manera en que siempre estamos en medio de las cosas, obligados a encontrar nuestro camino. Lo opuesto a la naturaleza es el artificio, o lo que llega a existir mediante un acto de la voluntad. Decir que un ser es completamente artístico o creativo significa que fabrica su entorno desde cero y, por tanto, sin la confrontación de la naturaleza.

La cuestión que quiero investigar en este capítulo puede enunciarse de la siguiente manera: ¿cómo debemos entender aquello que nos es dado y relacionarnos con ello? ¿Es lo dado algo totalmente externo a nosotros, una fuerza que actúa sobre nosotros y constituye la «manera de ser de las cosas» al margen de la vida que vivimos? ¿O es, en cierto sentido paradójico, algo *autodado*, a la vez fuente y producto de nuestra capacidad interpretativa?

Otra manera de plantear la cuestión es si existe la naturaleza aparte de la forma en que la entendemos e interpretamos. La pregunta también podría formularse a la inversa: ¿es posible concebir lo que llamo el propio ser separado de la forma con la que me enfrento a mí mismo y me descubro en respuesta a los impulsos de la naturaleza?

La idea de que la naturaleza es algo externo a nosotros, que sigue su curso al margen de lo que hagamos o pensemos, es una concepción común. Solemos pensar en la salida y la puesta del sol, en la trayectoria de las estrellas y en el cambio de las estaciones como fenómenos que ocurren con regularidad y se desarrollan por sí mismos querámoslo o no, con total indiferencia respecto a si les prestamos atención o no. Los estoicos entendían la naturaleza precisamente de esta manera, como un orden que podemos llegar a comprender y al que podemos adaptarnos, pero que en modo alguno depende de nosotros. La naturaleza «existe» al margen de las formas en las que podamos relacionarnos con ella. «Vivir conforme a la naturaleza» era el famoso lema estoico, que sugiere que debemos aceptar lo que ella dicta. En vez de resistirnos con obstinación y en vano al orden necesario de las cosas —el desarrollo y el deterioro, el nacimiento y la muerte—, deberíamos prestar atención a la manera en que todo se desintegra y se vuelve a unir, y aprender a apreciar la naturaleza como un ciclo interminable que nos arrastra junto con todas las demás cosas.

Y, sin embargo, junto a la visión aparentemente lógica de la naturaleza como algo autónomo, independiente de nosotros, está la sensación de que los seres humanos sí participamos en la configuración del orden natural. Sabiendo que las emisiones de carbono de la industria contribuyen al calentamiento global y al cambio climático, deducimos que esas fuerzas aparentemente autónomas se ven afectadas por nuestras acciones. En un sentido más profundo, la mentalidad tecnológica que nos lleva a considerar las cosas como dadas *para nosotros*, para que las usemos del modo que consideremos oportuno, implica una visión de la naturaleza como infinitamente maleable. Incluso el cambio de las estaciones, desde la perspectiva tecnológica, es algo que podría alterarse si encontráramos la manera de poner en marcha la cadena de causas que provocan al calentamiento y el enfriamiento de la atmósfera. La naturaleza, así entendida, no es un orden fijo o inamovible. Podemos desintegrar y recombinar las cosas para los fines que queramos. La naturaleza es algo externo a nosotros solo de manera temporal y provisional, mientras seamos ignorantes e ingenuos. Para la conciencia «instruida», lo externo a nosotros está sujeto, en definitiva, a cualquier forma que podamos imponerle. Lo que en apariencia está fuera de nuestro control es algo que, en principio, podemos llegar a dominar.

Desde la perspectiva tecnológica, la naturaleza se convierte en el objeto de nuestra voluntad. Mientras que la visión estoica de la naturaleza propone una postura humana en última instancia pasiva, la interpretación tecnológica implica una predisposición manipuladora y orientada a una meta. La naturaleza no es algo que deba comprenderse, sino conquistarse.

Quizá parezca que las visiones tecnológica y estoica de la naturaleza son diametralmente opuestas. Sin embargo, están conectadas de forma sutil. Considerar la naturaleza como algo que nos domina, a la manera de los estoicos, implica el deseo subyacente de liberarnos de su dominio, si tuviéramos esa capacidad.

La máxima estoica de «vivir conforme a la naturaleza» solo adquiere significado en contraposición con la tentación de luchar contra la naturaleza, por ejemplo, para burlar la enfermedad y la muerte. De otro modo, «vivir conforme a la naturaleza» sería redundante. Significaría instarnos a vivir conforme a lo que ya es nuestra predisposición. En la pasividad estoica hay implícito un activismo incipiente que aflora a la superficie a medida que nos dejamos llevar por nuestras aspiraciones prometeicas de dominar nuestro entorno y alcanzar cierto éxito.

Sin embargo, a medida que nos entusiasmamos con la perspectiva de conquistar la naturaleza, el mundo que contemplamos adquiere una apariencia ajena e inhumana; se convierte en algo constituido por pura materia a la espera de que le impongamos nuestra voluntad para «ser» cualquier cosa. Y en cuanto ponemos nuestro sello en las cosas, estas se convierten, una vez más, en meros objetos de una posible reconstrucción. Talamos bosques para convertirlos en tierras de cultivo, y asolamos tierras de cultivo para construir un aeropuerto. Cada acto de creación hace surgir algo que constituye en sí mismo el posible alimento para un proyecto totalmente nuevo. En ningún momento prestamos atención a lo que tenemos ante nosotros como algo que debemos respetar, preservar o cultivar como fuente de sentido y continuidad en nuestra vida. Nuestra actitud tecnológica nos deja, por tanto, atrapados en un ciclo de imposición y alienación. Para nuestra subsistencia y para el ejercicio continuado de nuestra voluntad, dependemos de una realidad externa que consideramos intrínsecamente carente de valor. Pero vivir en tal dependencia es perder precisamente la capacidad de intervenir que pretendemos ejercer.

La actitud que parecería liberarnos del servilismo estoico a la naturaleza nos sume en una nueva forma de esclavitud. Al considerar la naturaleza como el objeto de nuestra voluntad, nos sigue pareciendo algo externo a nosotros, de forma muy parecida a la manera en que el esclavo es algo externo al amo.

Aquí podemos recordar la crítica de Hegel a la dominación y la servidumbre que examinamos en nuestra investigación de la amistad: el intento de afirmarse a través de dominar a otro convierte al amo en dependiente de una realidad que solo puede despreciar, lo que conduce a una forma de esclavitud autoimpuesta. La verdadera capacidad de intervenir en el mundo requiere el compromiso con el «otro» dentro de una actitud de aprecio mutuo y aprendizaje compartido.

La única forma, al parecer, de romper el ciclo de imposición y alienación característico de la actitud tecnológica sería dejar que la naturaleza se erija, por derecho propio, en un posible interlocutor en el diálogo mientras nos esforzamos por ser dueños de nosotros mismos. Esta relación con la naturaleza es lo que pretendo elaborar.

La concepción de la naturaleza que propongo supone recuperar un significado en el que «lo dado» no es algo externo a nosotros, sino algo *autodado*. La naturaleza no está ni más allá de nuestra capacidad de interpretarla y darle forma ni totalmente bajo nuestro control. En cuanto interactuamos con ella, nos ofrece una serie de significados que es necesario interpretar y aplicar en el contexto del viaje de la vida. Aunque a veces pueda parecer una fuerza ajena a nosotros, en conflicto con nuestras aspiraciones e indiferente a nuestro destino, en un examen más detenido se revela como un posible interlocutor con quien podemos dialogar en nuestro intento de hacernos dueños de nosotros mismos. Y aunque podamos concebirla como el objeto de nuestra voluntad, para utilizarla con los fines que le impongamos, tal visión utilitarista atestigua un esfuerzo orientado a la consecución de objetivos que ha perdido de vista la actividad por sí misma. La interpretación tecnológica de la naturaleza, como veremos, no es más que una visión muy limitada de cómo son las cosas. No es más válida ni verdadera que otras innumerables formas de concebir el universo. Nuestra actitud tecnológica, orientada a la predicción y el control, no ha desvelado en absoluto el misterio de la naturaleza, al contrario, lo ha oscurecido.

Crítica a la actitud moderna de oposición a la naturaleza

En la actual era tecnológica, nuestra actitud predominante hacia la naturaleza es de enfrentamiento. La vemos como una fuerza ajena que podemos someter y doblegar a nuestros propósitos o aceptar con resignación temporal hasta que dispongamos de una tecnología mejor. Cuando el cuerpo se queja con dolor por haber sufrido alguna lesión, lo bombardeamos con los medicamentos y tratamientos más avanzados para poder recuperar lo antes posible el estilo de vida que, en muchas ocasiones, provocó el daño. Cuando las condiciones climáticas cambian de repente contradiciendo las previsiones meteorológicas, maldecimos los límites de nuestra capacidad predictiva, buscamos un paraguas y corremos a refugiarnos, sin apenas tomarnos un momento para admirar la belleza de las nubes que se están formando y el espectáculo del chaparrón inminente. Cuando nos consideramos «demasiado altos» o «demasiado bajos», vemos esa característica como una barrera aún por derribar y buscamos soluciones genéticas que puedan modificar tan «lamentable» destino, ignorando que esas peculiaridades pueden ser bendiciones disfrazadas. De este modo, tratamos a la naturaleza como si fuera un obstáculo que se opone a nuestros hábitos y objetivos. No se nos ocurre pensar que ella puede estar *criticando* las metas que perseguimos, que las lesiones, la enfermedad, el mal tiempo y las limitaciones del cuerpo pueden ser invitaciones a cambiar nuestra forma de vivir, como interlocutores con los que podemos deliberar mientras nos esmeramos por ser dueños de nosotros mismos.

Nuestra relación antagonista con la naturaleza está profundamente enraizada en la filosofía moderna. Se remonta al filósofo John Locke, del siglo XVII, quien la consideraba carente de valor mientras el trabajo humano no la transformase en algo útil. Según Locke, una extensión de tierra salvaje no vale nada en comparación con la tierra labrada para la agricultura y convertida en algo productivo. El trabajo, sostiene, da valor a todo. A partir de esta premisa básica, desarrolla un derecho natural a la propiedad, anterior a la institución del gobierno y la promulgación de leyes que aseguren la distinción entre «lo mío y lo tuyo». Poseemos legítimamente «por naturaleza» aquello que «modificamos con nuestro trabajo». Pues es nuestro trabajo, y solo nuestro trabajo, lo que da a las cosas su valor. La naturaleza en sí misma apenas vale nada.[1]

La visión tecnológica de la naturaleza que introduce Locke culmina en Marx, para quien toda la historia humana consiste en la «conquista» progresiva de la naturaleza. Imagina una etapa final de la historia en la que nos habremos apropiado con tanto éxito de la naturaleza a través de la fuerza del trabajo, que seremos capaces de proporcionar medios de subsistencia para todos con solo mover una palanca. Pero el verdadero logro humano y el sello distintivo de la modernidad, para Marx, es una especie de comprensión metafísica: la conciencia de que todo lo que existe en la tierra y en el cielo en sí no es más que materia informe que debe ser moldeada por las manos humanas y movilizada para la reproducción de la especie. Considerar que la naturaleza tiene sentido en sí misma y que merece ser respetada supone, según Marx, estar preso de una forma atrasada y precientífica de ver las cosas.

El problema de la pretensión de conquistar la naturaleza no es solo que nuestra tecnología se vea limitada por acontecimientos que aparentemente no pueden dominarse, como las catástrofes naturales, las enfermedades desconocidas o la muerte. El verdadero problema es que, al considerar que la naturaleza se presta por completo a nuestra manipulación, pasamos por alto las señales y sugerencias que nos presenta. Al actuar sobre ella para lograr nuestros objetivos, pasamos por alto su belleza y grandeza, en cuya presencia podríamos reconsiderar esa manera de vivir por la que tratamos de alcanzar nuestras metas.

Las señales de la naturaleza en las que pienso no son evidentes, como si fuese un texto con un mensaje inequívoco. Se trata más bien de sugerencias que debemos considerar, interpretar y poner a prueba en nuestra búsqueda del autodominio. Mi propuesta es que adoptemos una postura inquisitiva e interpretativa ante la naturaleza en sus múltiples facetas, una postura que podríamos llamar «socrática» en contraposición a la postura antagónica. Podemos acercarnos a la naturaleza de la misma forma en que Sócrates trataba de encontrar algo interesante en cualquier opinión, sin importar cuán intolerante o polémica fuera.

En la antigüedad, las personas solían adoptar esta actitud frente a la naturaleza y se relacionaban con ella como si fuese un almacén infinito de símbolos y señales para el viaje de la vida. Si nos fijamos en la *Odisea* de Homero, por ejemplo, encontramos que la naturaleza es tanto una fuerza viva en sí misma como una compañera de la actividad humana en este mundo: «Ya elevábase el sol que surgía del lago magnífico hacia el cielo de bronce, ofreciendo la luz a los dioses y a los hombres mortales que habitan la tierra fecunda».[2] Y, más adelante, cuando Calipso accede a liberar a Ulises para que pueda regresar a casa: «Llevóselo a un extremo de la isla poblado de altísimos árboles: chopos, álamos y altos abetos que al cielo se elevan, secos ya por el tiempo y muy duros que bien flotarían».[3] En este pasaje, Homero presenta los árboles como «secos ya por el tiempo y muy duros», adecuados para la navegación, lo que podría parecer una versión pintoresca de la visión tecnológica, pero al analizarlo más profundamente, vemos que habla desde una sensibilidad muy distinta. La altura de los árboles, que se ilustra con los abetos «que al cielo se elevan», sugiere un propósito particular que estos deben cumplir por sí mismos y no cualquier finalidad que un mortal arrogante pudiera imponerles. Homero insinúa que el abeto que se eleva deseoso de encontrarse con su compañero, el cielo, al que pertenece, no está destinado a ser cualquier cosa, sino un mástil que sostendrá una vela que, a su vez, atrapará el viento y conducirá a Ulises en su viaje de regreso. De este modo, presenta una naturaleza que, en sus múltiples formas, está estrechamente vinculada a los esfuerzos de los mortales y los dioses.

No debería sorprendernos que Sócrates se relacione con la naturaleza del mismo modo que con los interlocutores con los que dialogaba, y que recurra a la tierra y al cielo para explicar el significado de la virtud y el bien. Por ejemplo, en un conocido pasaje de la *República* de Platón, expresa la «Idea del Bien» haciendo referencia al sol. Al igual que el sol hace visible todo lo que puede verse, el bien hace cognoscible todo lo que puede pensarse.[4] La metáfora nos lleva a considerar que la idea del bien —la norma por la que podríamos vivir para gozar de la felicidad verdadera— no es una única idea elevadísima que pueda conocerse con independencia de las muchas opiniones cotidianas que podríamos tener sobre ella y de las acciones que llamamos «buenas» y «malas». Se trata de una idea que se manifiesta de algún modo en las muchas «ideas» (opiniones, concepciones, acciones) que hace posibles, aunque nunca llega a manifestarse del todo. Así, el sol alcanza su majestuosidad y esplendor al proyectar su luz sobre el mundo y permitir que este se revele en su infinita diversidad. Cuando nos referimos a la belleza del sol, no solo consideramos la esfera brillante que está en el cielo, sino todo lo que ilumina. Concebido desde la perspectiva de su relación con el bien, en su propia esencia, es mucho más que la masa a la que podría reducirse desde el punto de vista de la física moderna. El sol es una imagen de nosotros mismos, y nosotros, en la medida en que recurrimos a él para dar sentido a quienes somos, nos convertimos en una imagen del sol.

Desde una perspectiva moderna, esta forma metafórica de considerar la naturaleza como guía para saber cómo vivir puede parecer ingenua y poco realista. Tendemos a considerar a la naturaleza en sí misma como materia neutra y al significado como un producto de la mente humana. Damos por sentado que el sol es «en realidad» algo empírico que debe ser explicado por la física, y que nuestra manera de concebirlo es subjetiva y no tiene nada que ver con el sol en sí. Cualquier significado que pueda encontrarse en la naturaleza lo consideramos como una mera proyección de valores humanos subjetivos sobre un mundo moralmente indiferente.

Pero ninguna ciencia, por muy avanzada que sea, puede invalidar la experiencia de profunda admiración por la belleza o la sublimidad de la naturaleza ni la de sentirse inspirado a reflexionar sobre nuestra percepción de la naturaleza como bella o sublime. Al considerar tal experiencia como una respuesta meramente subjetiva a un mundo que en realidad es materia sin sentido, estamos pasando por alto que la naturaleza, en las múltiples manifestaciones que encontramos mucho antes de concebirla en los términos de la física moderna, nos desafía, como observadores, a interpretarla de *ciertas* maneras, no de una cualquiera que elijamos nosotros. También supone ignorar la posibilidad de aprender, o de adquirir *nuevos* valores, en nuestro esfuerzo por interpretar las cosas que provocan nuestra curiosidad y asombro.

Quizá pueda expresar mejor este punto relatando una experiencia personal, un encuentro con la naturaleza en las cataratas de Iguazú, en la frontera de Brasil y Argentina. Impresionado por los magníficos saltos de agua que caían de forma estrepitosa desde distintos ángulos en la cuenca del río inferior, y deseando encontrar una descripción que pudiera hacer justicia a lo que veía, me puse a pensar qué es lo que hacía que las cataratas fueran tan imponentes.

Mientras recorría su perímetro, me propuse dar un sentido a lo que veía. Las apacibles aguas en lo alto del acantilado de repente rugían y se precipitaban con furia hacia la enorme cuenca inferior; después se deslizaban serenamente río abajo, alejándose en la distancia, indemnes y ajenas a la caída. Coincidió que en esa época me encontraba enfrascado en la lectura de tragedias griegas. Reflexionando sobre las cataratas y el destino de Edipo, llegué a ver que la naturaleza, manifestada en esa forma prodigiosa, encerraba una enseñanza: bajo la seguridad y estabilidad de la vida cotidiana —el río apacible en el tramo superior— se esconde el desastre inminente, la caída repentina. Al recuperar las aguas la tranquilidad y deslizarse con suavidad río abajo, nos enseñan a aceptar los golpes del destino, a tomar con calma los súbitos cambios de fortuna que pueden ocurrir en cualquier momento. Entendidas de esta manera, las cataratas cuestionan nuestra autocomplacencia cuando enumeramos nuestros logros y nos aseguramos de estar en el camino adecuado para desarrollar una carrera profesional respetable. ¿Estaremos remando sobre las tranquilas aguas al borde del precipicio? Tras una caída repentina, ¿seremos capaces de recuperar el reposo de las aguas en la parte inferior del río?

Se podría argüir que, influenciado por *Edipo rey*, atribuí un significado personal a las cataratas y que estas, en realidad, constituyen un fenómeno neutro en cuanto a su valor. Sin embargo, eso supondría pasar por alto la manera en que las cataratas, con sus peculiaridades en cuanto a tamaño, sonido y movimiento, invitan a ciertas interpretaciones, excluyendo muchas formas hipotéticas de considerarlas. Hay infinidad de descripciones que serían tan inapropiadas para el fenómeno, que apenas se nos ocurriría considerarlas; por ejemplo, «simple serenidad», que obviamente no reflejaría la furia de las cataratas. De alguna manera, por su naturaleza, las cataratas anhelan ser «leídas» en los términos de la historia de Edipo, del mismo modo que la historia predispone a una forma particular de ver las cataratas. Es decir, que cualquier comprensión que uno haya alcanzado a partir de la lectura de *Edipo rey* encuentra una nueva expresión en las cataratas. Pues en ningún lugar en el texto escrito por Sófocles aparece un río que se precipite por un acantilado y luego, milagrosamente, recupere la compostura. Por tanto, puede decirse que las mismas cataratas, en la forma en que se manifiestan, enriquecen la historia de Edipo y viceversa. En última instancia, la interpretación de la naturaleza es inseparable de la manera en que nos interpretamos a nosotros mismos.

Puede resultar difícil librarse de la sensación de que este tipo de interpretaciones comprometidas y personales de la naturaleza reflejan una visión pintoresca y «meramente metafórica» del mundo y están alejadas de las descripciones «literales» u «objetivas» que proporciona la ciencia. Las cataratas «reales», podríamos inclinarnos a pensar, son el resultado de ciertos procesos geológicos y de la fuerza de la gravedad. Sin embargo, deberíamos considerar que, tras conceptos como «procesos geológicos», «gravedad» y otras formas supuestamente impersonales de dar sentido al mundo, subyacen comprensiones cuestionables de nosotros mismos que no llegamos a examinar.

El mero hecho de que siglos después de la revolución copernicana sigamos diciendo, sin pensarlo dos veces, que el sol sale y se pone, y no haber sustituido esta concepción supuestamente ingenua por otra más precisa y clara de lo que realmente ocurre, apunta a cierta futilidad e insensatez en el propósito de intentar superar la manera en que las cosas se nos presentan por primera vez, antes de haber aprendido a asumir diferentes puntos de vista o intentar ver el mundo sin considerar nuestra perspectiva «meramente humana». En la medida en que la salida y la puesta del sol aporten un significado a la estructura y el ritmo de un día bien aprovechado y tengan algo que enseñarnos sobre el transcurso de la vida en cada momento, algo semejante a una partida y un regreso, expresan una verdad poco vulnerable a la refutación por parte de cualquier ciencia «nueva».

En nuestro mundo poscopernicano, la insistencia común de que, en realidad, es la tierra la que gira alrededor del sol, y no al revés, supone un dogmatismo no menos limitado que negarse a considerar el mundo desde la perspectiva copernicana. La perspectiva verdaderamente completa es aquella desde la cual podemos considerar y comparar las diferentes interpretaciones de nosotros mismos que atestiguan perspectivas distintas.

Los fundamentos morales de las ciencias naturales

Para entender la manera en que las comprensiones cuestionables de nosotros mismos subyacen a lo que tomamos por interpretaciones «exentas de juicios de valor» del mundo, podemos considerar la explicación newtoniana de un fenómeno como la órbita que describe la luna alrededor de la tierra. Un cuerpo con una masa menor que la de la tierra, la luna, que, si se dejara solo, tendería a salir disparado por la tangente, es atraído hacia un cuerpo con una masa mayor, nuestro planeta. Por otra parte, la velocidad del presunto movimiento lineal de la luna es suficiente para evitar que caiga hacia la tierra. De tal manera, la trayectoria lineal de la luna se curva alrededor de la tierra hasta formar una órbita. Tenemos la costumbre de considerar que esta explicación del movimiento de la luna es racional y científica en comparación con, por ejemplo, la concepción aristotélica de que los cuerpos que se mueven en una trayectoria circular lo hacen por sí mismos, pues se bastan a sí mismos, no buscan nada fuera de ellos y regresan constantemente a su punto de origen. Sin embargo, un examen más profundo de cada explicación revela que ambas se basan en supuestos cuestionables, que tienen su origen en concepciones divergentes de cómo vivir. Ninguna es más objetiva o fiel a «cómo *son* las cosas» que la otra.[5]

La explicación newtoniana se basa en el ahora famoso axioma que suele explicarse en los libros de texto de física de secundaria y se conoce como la ley de la inercia: un cuerpo abandonado a sí mismo permanecerá en su lugar o se moverá en línea recta a menos que actúe sobre él una fuerza exterior. En el axioma de Newton destacan dos supuestos: la idea de un cuerpo «abandonado a sí mismo», es decir, sin relación definida con ningún otro cuerpo, y la idea de movimiento lineal como marco de referencia para todos los demás movimientos. Que los cuerpos deban concebirse de esta manera no es algo que pueda demostrarse o establecerse mediante ninguna observación. El axioma en sí determina cómo deben considerarse los cuerpos y sienta las bases para cualquier posible observación o experimento.[6] El término «axioma» deriva de la raíz griega *axio* y significa «lo que se establece» o «decreta». El axioma de Newton puede considerarse un decreto. Dicta qué cuerpos son observables y cómo se realizarán los experimentos. Solo partiendo del cuerpo «abandonado a sí mismo» tendría sentido, por ejemplo, tomar una bola de billar y una pluma, dos cosas ostensiblemente diferentes, ponerlas juntas en un mismo experimento, dejarlas caer una al lado de la otra en una cámara desprovista de aire y observar que ambas caen a la misma velocidad. Solo cuando estas cosas se conciben como no pertenecientes a ningún lugar en particular, y como afines en su total homogeneidad, tal experimento se hace conceptualmente posible.

Otro modo de verlo es la siguiente: en cuanto *juntamos* de este modo la bola de billar y la pluma, estamos cambiando de forma implícita la manera de entenderlas. Lo reconozcamos o no, ahora nos relacionamos con ellas como «cuerpos abandonados a sí mismos», a los que solo llegamos a través de un acto de abstracción, que significa apartar la mirada tanto como mirar. Ya no las vemos ni las entendemos como la pluma y la bola de billar que eran cuando una servía para escribir y la otra como elemento de un juego que se practica sobre una mesa. Apartamos la mirada en lo que respecta a su pertenencia a un contexto, con lo que perdemos de vista cualidades como el peso y la textura, que se relacionan con alguna forma de utilizarlas, y las contemplamos como algo capaz de ocupar una posición en un espacio tridimensional vacío.

Lo que solemos aceptar sin problemas como la ley de la gravedad que describe cómo es el mundo, con independencia de nosotros, se basa en una interpretación de los objetos de la que somos responsables. Podríamos llamar poética a tal interpretación, en el sentido de que es una construcción imaginativa de las cosas basada en una actitud determinada hacia la vida que nosotros, los observadores, estamos viviendo.

La «poesía» intrínseca a la visión newtoniana se hace evidente cuando consideramos la concepción de Newton en relación con otras concepciones posibles. Antes del inglés, las personas observaban el mundo natural con no menos detenimiento y atención. Sin embargo, explicaban el movimiento en términos muy distintos, basándose en axiomas y concepciones diferentes de los cuerpos. Podemos regresar al ejemplo de la doctrina del movimiento de Aristóteles, según la cual los cuerpos se mueven de acuerdo con el lugar que les corresponde. Los que se mueven en círculos, como los cuerpos celestes, se pertenecen a sí mismos. Regresan constantemente a ellos mismos en lugar de salir volando en cualquier dirección, buscando alguna otra cosa. Su movimiento atestigua cierta idea de autosuficiencia. Los cuerpos en movimiento circular no dependen de nada exterior a ellos mismos. Representan la vida del autogobierno, que se nos recuerda cada vez que miramos al cielo. Las cosas que se apartan del movimiento circular, que se mueven en línea recta, por ejemplo, no están en armonía consigo mismas, sino que tratan de llegar a otro lugar. El fuego se mueve hacia arriba para ir hacia el sol. Una piedra cae hacia abajo para reunirse con la tierra.

Pensar que cualquier estudio empírico podría refutar la teoría del movimiento de Aristóteles es pasar por alto la manera en que cualquier observación ya está basada en una perspectiva fundamental. Desde nuestra perspectiva newtoniana, podríamos sentirnos tentados a refutar la teoría de Aristóteles señalando que, en la luna, las piedras no caen. Pero esta observación no haría que Aristóteles modificara su planteamiento básico del movimiento en función del lugar. Quizá le llevaría a revisar su concepción del lugar apropiado de una piedra. O podría concluir, tras reflexionar, que las piedras de la luna son diferentes (les corresponden cursos de movimiento distintos) a las de la tierra. El ejemplo es algo forzado, en el sentido de que el propio proyecto de ir a la luna y observar cómo son las cosas allí tiene poco sentido desde la perspectiva de Aristóteles. La luna, tal y como él la entiende, no es un lugar al que se viaja, sino un símbolo que debe comprenderse mientras uno intenta conocerse a sí mismo aquí en la tierra. La cuestión es que el encuadre conceptual de Aristóteles admite una cantidad infinita de datos empíricos. Mientras uno esté comprometido con el imperativo espiritual que anima el marco, no hay límite empírico en él.

Aunque nos apresuremos a tachar de pintoresca la doctrina del movimiento de Aristóteles, debemos reconocer que no es menos fiel a «los hechos» que la de Newton. Basada en la idea de que las cosas tratan de encontrar su lugar adecuado y, en un sentido más amplio, en la de que existe un orden armonioso, puede ofrecer una explicación no menos coherente que la teoría de Newton sobre el movimiento. Incluso podríamos decir que la doctrina de Aristóteles da sentido a la manera en que los cuerpos y el movimiento se manifiestan de forma inmediata en nuestra vida cotidiana, antes de que los libros de texto nos enseñen a encasillar el mundo en abstracciones hipotéticas. Por ejemplo, el tren atraviesa sin esfuerzo las ondulantes colinas de camino a su destino. El movimiento del tren está en consonancia con su propósito: llevar a los viajeros cómodamente de una ciudad a otra. El árbol se arquea flexible cuando el viento sopla con fuerza y se mantiene firme frente a la tormenta que amenaza con derribarlo. En el caso de que, de repente, el tren se detuviera o alterase su trayectoria o el árbol fuera derribado por la tormenta, de inmediato sería evidente la desviación alarmante del propósito, o del lugar adecuado, del objeto en cuestión.

Para que las leyes newtonianas del movimiento se hicieran posibles, tuvo que producirse un cambio en la forma de entendernos a nosotros mismos. Fue necesario cuestionar la idea de que las cosas buscan ocupar el lugar que les corresponde y de que el movimiento circular representa la perfección. Es decir, además del cambio científico, fue necesario que se produjera un cambio moral.

Si examinamos de nuevo el axioma de Newton, podemos tratar de discernir este cambio. Un cuerpo abandonado a sí mismo que tiene la capacidad de ocupar cualquier lugar en el espacio tridimensional en cualquier momento, que solo se parece a otros cuerpos en su total homogeneidad y en su falta de conexión con ellos, es una interpretación del cuerpo que responde y sirve para afirmar la idea, característica de la Ilustración democrática, de que las personas ya no tienen ninguna relación definida entre sí, sino que son, por nacimiento, libres e iguales. La prioridad del movimiento lineal representa el ideal moderno de progreso: la búsqueda infinita de la naturaleza y la sociedad. El movimiento circular representa ahora la complacencia. Es necesario explicarlo como algo atrasado, desviado. Así, la trayectoria circular de la luna se concibe en términos de movimiento lineal que se aparta de su curso. El marco newtoniano, aparentemente evidente, sirve para afirmar y profundizar un punto de vista moral no menos cuestionable que el de Aristóteles. Su validez como descripción del mundo depende totalmente de la premisa moral en la que se basa. En la medida en que la premisa moral es cuestionable, también lo son todas las leyes de la gravedad que se derivan de ella.

En última instancia, las leyes del movimiento de Newton no son menos poéticas ni están menos cargadas de aspiraciones humanas que las de Aristóteles. Ambas se apoyan en visiones del desarrollo humano abiertas al cuestionamiento. Si examinamos las concepciones fundamentales sobre las que se basa cualquier teoría del universo, encontraremos una perspectiva moral de un tipo u otro. Esto quiere decir que todas las formas de ver el mundo y de intentar explicarlo están subordinadas al intento de llegar a conocernos a través de una búsqueda que abarca todo.

La conciencia del fundamento moral de la ciencia debería ser liberadora. Debería liberarnos de la perezosa aquiescencia frente a «cómo son las cosas», una concepción que, sometida a examen, responde a una percepción de nosotros mismos abierta al cuestionamiento. También debería devolver la dignidad al proyecto de encontrar un significado humano en la tierra y en el cielo. Además, puede animarnos a hacernos responsables del planeta y a cuidarlo, por razones que van más allá de nuestra propia salud y seguridad. Deberíamos proteger la naturaleza y darle la posibilidad de que se exprese como compañera en el proceso de hacernos dueños de nosotros mismos.

La gravedad y el esfuerzo humano

Según la física moderna, no existe ningún peso que ejerza una presión ni ninguna piedra que caiga. La gravedad es simplemente una fuerza calculable según la cual la masa mayor atrae a la menor. La masa no se refiere a la sensación de algo que pesa, sino a una medida numérica del peso. Sin embargo, desde una perspectiva terrestre, la gravedad se nos presenta como algo pesado e inexorable, la ley por la que todas las cosas caen. Zaratustra, el filósofo protagonista en la obra de Nietzsche, lo expresa de esta manera mientras escala su «cumbre más elevada»: «Avanzando en silencio, sobre el crujido burlón de los guijarros, aplastando las piedras que les hacían resbalar, mis pies seguían abriéndose paso hacia arriba. Hacia arriba, a despecho del espíritu que tiraba de ellos hacia abajo, hacia el abismo, el espíritu de la pesadez, mi demonio y mayor enemigo [...] me susurraba socarronamente, sílaba a sílaba: "tú, la piedra miliar de la sabiduría, tú mismo te lanzaste hacia arriba, mas toda piedra lanzada al aire ¡tiene que caer!"».[7]

El susurro socarrón de la gravedad, que se expresa sílaba a sílaba, algo que sugiere su carácter inhumano y mecánico, al principio se enfrenta a Zaratustra como una fuerza que escapa a su control. Pero este no habla tan solo de la gravedad, sino del *espíritu de la pesadez*, lo que implica una pesadez en su interior tanto como sobre él. Entendida como una fuerza espiritual, la gravedad arrastra a Zaratustra no solo hacia la tierra, sino «hacia el abismo». La piedra sobre la que actúa el espíritu de la pesadez no es la roca que podríamos arrojar con todas nuestras fuerzas solo para verla caer, sino la piedra miliar de la sabiduría, la piedra filosofal, que, según la leyenda, puede convertir en oro los metales sin valor y representa nuestro poder para devolver el brillo y el sentido a lo común y accidental.

Nietzsche sugiere que la fuerza natural de la gravedad, que en ocasiones parece una necesidad ajena a la cual estamos sujetos, es, en realidad, una interpretación de la naturaleza desde la perspectiva de nuestra desesperación: una visión de la naturaleza desde el punto de vista del resultado final, del fracaso, del desastre o de la victoria ya olvidada.

Nietzsche lo hace explícito unas líneas más abajo. Al borde del agotamiento, Zaratustra se enfrenta al espíritu de la pesadez: «Pero ¡yo soy el más fuerte! ¡Tú no conoces mi pensamiento abismal! ¡*Ese* no podrías soportarlo!».[8] El pensamiento abismal, tal como Zaratustra lo presenta más tarde, tiene que ver con la atrofia espiritual, con la resignación ante el sufrimiento, con el nihilismo. Esgrimiendo este «pensamiento abismal», Zaratustra se impone a la gravedad física, corporal, que lo empuja hacia abajo mientras escala. La gravedad, sugiere, no es más que un emblema, una manifestación física del pensamiento abismal.

Entendida de esta manera, la gravedad nunca nos confronta simplemente como una fuerza natural ante la que somos impotentes. Somos nosotros, en nuestro esfuerzo y resignación, los que la interpretamos como una fuerza que solo actúa sobre nosotros desde el exterior. Sin embargo, en cuanto reconocemos la gravedad en nuestro interior, o en la manera en que respondemos al sufrimiento, podemos reinterpretarla como una resistencia que favorece la vida.

Inspirado por la interpretación de la gravedad de Nietzsche y por su proyecto más amplio de encontrar lo espiritual en lo terrenal, he llegado a una nueva apreciación de algunos de los aspectos aparentemente menos filosóficos de mi vida, incluida una reciente prueba atlética con el oportuno nombre de «reto contra la gravedad» de dominadas con la técnica Tabata. Un entrenamiento Tabata consiste en realizar un ejercicio determinado en intervalos de veinte segundos, seguidos por descansos de diez segundos, durante un total de cuatro minutos. En este caso, iba a realizar tantas dominadas como fuera capaz en el tiempo previsto.

Desde la perspectiva del *resultado* al que se aspira, el reto se presenta como una lucha brutal *contra* la gravedad. Al final, los brazos gritan de dolor desde los hombros hasta la punta de los dedos. Los músculos dorsales se esfuerzan por hallar algo de energía para una repetición más. En este punto, parece que la gravedad es tu peor enemigo: una fuerza implacable que al final te derribará. Pero desde otro punto de vista, cuando estás en medio del reto, inmerso en el ritmo fluido de las dominadas, la gravedad se convierte en un compañero y no solo en un adversario. La gravedad es lo que te permite elevarte por encima de la barra al presionar con las manos la firme superficie metálica e impulsarte hacia arriba; es lo que te posibilita descender con rapidez para poder rebotar en la siguiente repetición. La gravedad y la fuerza de tu cuerpo trabajan al unísono, cada una permitiendo a la otra ser la fuerza que es. Sin la gravedad, no encontraría la manera de impulsarme hacia arriba. Sin mi esfuerzo hacia arriba, la gravedad no hallaría ninguna fuerza que se le opusiera para manifestarse. Incluso cuando se acerca el final y me enfrento al momento más difícil, cuando la gravedad se impone de la forma más implacable, es precisamente la fuerza con la que me opongo a ella la que hace posible esta imposición aparentemente externa. En cuanto suelto la barra y cedo a la fuerza de la gravedad, esta se desvanece también.

Crítica a la concepción estoica de la naturaleza

Lo que he llamado una concepción socrática de la naturaleza, según la cual las fuerzas aparentemente externas que nos desafían pueden convertirse en interlocutores con los que podemos dialogar mientras nos esforzamos por alcanzar el autodominio, puede contrastarse no solo con la postura de oposición a la naturaleza que impera hoy en día, sino también con una más antigua que ha resurgido recientemente. Me refiero a la concepción estoica de la naturaleza, que propone la aquiescencia en lugar de la resistencia.

Según el punto de vista estoico, debemos «vivir conforme a la naturaleza», lo que significa aceptar lo que ella nos ofrece como parte de un proceso más amplio que sigue su curso con independencia de nuestras esperanzas y aspiraciones. Al observar los fenómenos que tienen lugar con regularidad en el mundo que nos rodea, como el ir y venir de las diferentes estaciones y el desarrollo y el declive de los seres vivos, podemos llegar a entender la naturaleza como un ciclo eterno en el que, en última instancia, todo se conserva, incluidos nosotros, como configuraciones de la misma materia que compone todo.

Ante los accidentes, la enfermedad e incluso la muerte, enseñan los estoicos, podemos consolarnos reconociendo que estos acontecimientos aparentemente amenazadores son la manifestación de un orden necesario e inteligible que nunca desaparece. Así lo describe el filósofo estoico Séneca:

> Observa como todo lo que gira en el universo vuelve sobre sí mismo. Verás que nada en el cosmos se extingue, sino que todo decae y se eleva una y otra vez. El verano se marcha, pero el año traerá otro nuevo; el invierno se desvanece, pero sus propios meses lo restaurarán. La noche oculta al sol y, en un instante, la luz del día ahuyentará a la noche. Cualquier movimiento de las constelaciones que haya pasado, regresará; siempre hay una parte del cielo que se eleva, mientras otra desciende tras el horizonte.[9]

Cuando nos encontremos temiendo aspectos de la naturaleza que puedan oponerse a nuestros empeños, debemos recordarnos que todos ellos son parte del eterno proceso de decadencia y renovación. En una carta a su amiga Marcia, que acababa de perder un hijo, Séneca expone que las desgracias humanas e incluso los más grandes cataclismos que afectan a todo el mundo son necesarios para ese proceso eterno: «Y cuando llegue el momento en que el mundo, en su propósito de renovarse, se destruya a sí mismo, estas cosas se derribarán con sus propias fuerzas, los astros chocarán entre sí, y todo lo que ahora brilla en armonía arderá en un solo fuego, toda la materia en llamas [...]. Cuando todo se desmorone, nos transformaremos de nuevo en nuestros elementos originales».[10]

Algunos estoicos, como el emperador romano Marco Aurelio, interpretaron que el proceso de la naturaleza estaba vinculado a la providencia divina:

> De la misma manera que el mundo, este gran cuerpo, se completa con todos los cuerpos, así también el destino, esta gran causa, se completa con todas las causas singulares [...]. Estima el resultado y el cumplimiento de cuanto pareciere bien a la naturaleza universal [...]. Abraza, por ello, todo lo que aconteciere, aun cuando parezca un tanto molesto, con la mira de que conduce a la salud del mundo, a la prosperidad y felicidad de Zeus. No hubiera este ordenado tal acontecimiento a este hombre, si no fuese adaptado al buen orden del universo.[11]

La visión providencial de la naturaleza de Marco Aurelio y la concepción más materialista de Séneca tienen en común la idea de que, con independencia de lo que hagamos o pensemos, la naturaleza sigue su propio curso. Todos los esfuerzos por controlarla, cambiarla o afectarla son inútiles. Deberíamos, por el contrario, intentar entenderla y contentarnos con saber cómo funciona. Lo que conecta a las diversas concepciones estoicas de la naturaleza es el concepto de destino. Tal como lo expresa Marco Aurelio: «¿Te acontece algo bueno? Bien: todo ello estaba previsto desde el principio, urdiendo la trama de tu vida».[12]

El atractivo de esta concepción fatalista de las cosas es innegable como contrapunto a la futilidad que acompaña a nuestros esfuerzos por alcanzar las metas. Desde esta perspectiva, los fracasos y las pérdidas a los que están destinados esos esfuerzos forman parte de un plan mayor. No es de extrañar que el estoicismo atrajera a una serie de figuras que estaban inmersas en asuntos mundanos tumultuosos y con gran visibilidad pública. El estoicismo suponía un oasis de serenidad en medio del caos de la vida política. Para Marco Aurelio, era una especie de filosofía de autoayuda a la que podía recurrir en momentos de necesidad mientras gobernaba el Imperio romano. Enfrentado a la tarea, seguramente agotadora, de lidiar con la adulación y el engaño de quienes le rodeaban y con proyectos que se torcían por razones ajenas a su voluntad, anhelaba una filosofía que pudiera liberarle de la ambición y la competitividad características de la vida humana. Sus escritos, consistentes en mensajes motivadores para sí mismo aparentemente no destinados a la publicación, pero que ahora se han difundido bajo el título de *Meditaciones*, están repletos de críticas a la vanidad, la obsesión y la preocupación por el logro que resultan tan relevantes hoy como entonces.

Por ejemplo, Marco Aurelio era consciente de esa tendencia a estar siempre «demasiado ocupado» para responder a una carta o reunirse con un amigo. En una nota dirigida a sí mismo, se recuerda: «No repetir a menudo y sin necesidad, sea de viva voz, sea por escrito, que estoy muy ocupado». Del mismo modo, se insta a no eludir sus responsabilidades con los que le rodean «pretextando agobio de quehaceres».[13]

También era muy consciente de cómo la preocupación por la fama puede conducir fácilmente a una vanidad autodestructiva, y trataba de relativizar la importancia de las apariencias y la popularidad: «¿Te atormentará por ventura la pequeña ambición? Echa los ojos al olvido en que caen rápidamente todas las cosas y al abismo de la eternidad, por una y otra parte infinito; a la vanidad del aplauso ruidoso [...]; a los límites exiguos en que se circunscribe la fama».[14]

Sin embargo, aunque el estoicismo critica con énfasis las limitaciones de una actitud centrada en los resultados, en realidad no llega a abandonar tal perspectiva. Se limita a transferirla a la naturaleza en la forma de providencialismo explícito (la «prosperidad de Zeus») o de la «salud» y la «renovación» del mundo. No logra concebir una alternativa para la actividad humana que satisfaga nuestro anhelo de intervenir en el mundo, o que haga justicia a los compromisos y proyectos que conforman el significado de nuestra vida. Al intentar enfrentar la impermanencia de los logros, o de cualquier estado del mundo, y encontrar una perspectiva de las cosas desde la que podamos disfrutar de una felicidad duradera, renuncia por completo a la capacidad humana de actuar en el mundo, que cede a la naturaleza. Al hacerlo, pasa por alto la posibilidad de una forma de actividad que no precisa que el futuro la justifique y que, por tanto, es invulnerable al deterioro asociado al tiempo. En lugar de prestar atención a la actividad por sí misma, desde las virtudes del autodominio y la amistad que hemos explorado, y viendo la naturaleza desde la perspectiva de tales virtudes, el estoicismo concibe la naturaleza como la antítesis de la capacidad humana para actuar en el mundo. La percibe como una fuerza eterna y todopoderosa a la que no le importa nada lo que hagamos o pensemos, o que nos utiliza para sus propios fines. La contemplación teórica de tal orden es la única eternidad a la que podríamos aspirar. Por tanto, el estoicismo sigue anclado en una perspectiva orientada a la consecución de objetivos. De ser agentes pasamos a convertirnos en instrumentos de un plan superior. Se supone que deberíamos consolarnos sabiendo que cualquier destino que nos corresponda es la manera por la que Dios hace realidad el bien mayor del mundo.

Resulta revelador que los estoicos empleen la expresión «asuntos humanos» para referirse a una amplia gama de actividades, desde pronunciar un discurso público hasta planificar una batalla, desde cuidar la reputación hasta ocuparse de un hijo. Todas estas actividades se entienden implícitamente como el esfuerzo por lograr o mantener algo y, por tanto, se perciben como una forma de existencia fugaz e inestable. «Todos los asuntos humanos son efímeros y pasajeros», escribe Séneca. El tiempo «disolverá la unión y la sociedad del género humano».[15]

En esta concepción tan amplia de los asuntos humanos, Séneca pasa por alto la distinción entre aquellos orientados a crear, producir y mantener y los que, en términos de Aristóteles, tienen su fin en sí mismos. Tampoco distingue entre la asociación como alianza y la asociación como amistad. Al pasar por alto tales distinciones cruciales, es incapaz de considerar cómo se relacionan los diferentes modos de actividad con el tiempo. Ni siquiera se plantea la cuestión de si tiene sentido hablar de una vida dedicada a hacerse dueño de uno mismo o a la amistad como algo que existe o se desarrolla en el tiempo, o si tal vida podría ser temporal en un sentido totalmente distinto.

Puesto que el estoicismo no concibe la actividad humana en términos de sabiduría práctica y búsqueda de la plenitud, tampoco encuentra indicios de tal actividad en la naturaleza. Cualquiera que sea el significado que pueda atribuirse a la forma en que se expresa la naturaleza, no es algo de lo que seamos responsables en ningún sentido como intérpretes. Debemos limitarnos a discernir y aceptar «el plan de Dios» o «el orden de la naturaleza». «Observa» y «verás», escribe Marco Aurelio al introducir sus análisis de la naturaleza. Sus repetidas invocaciones a «mirar» y «ver» en sus reflexiones hablan de la actitud pasiva que el estoicismo propugna. Nuestra relación con la naturaleza se basa, en última instancia, en una actitud receptiva, y no en el diálogo. Cuando contemplamos las estrellas, se supone que vemos la vasta extensión de un cosmos cuya existencia nos precede y en el cual nuestro planeta no es más que una mota de polvo. Séneca lo expresa así: «Esta tierra, con sus ciudades, pueblos y ríos, rodeada de mar, no es más que un puntito minúsculo».[16] Las estrellas, esas fuentes de luz infinitamente distantes, deberían aplacar nuestras pasiones al recordarnos la insignificancia fundamental de la vida en la tierra.

En definitiva, el estoicismo no resuelve nuestro anhelo de una relación con la naturaleza que pueda hacer justicia tanto a ella como a nosotros mismos. Resulta difícil reverenciar las estrellas si las consideramos testigos de un vasto universo que domina y menosprecia nuestro mundo. En vez de eso, podríamos intentar entenderlas como una guía para orientarnos en un viaje nocturno o como una inspiración brillante para explorar tierras lejanas en nuestra trayectoria para alcanzar nuevas cotas de autodominio y amistad. Nietzsche, un crítico vehemente del estoicismo, nos ofrece un planteamiento que contrasta de manera notable con la visión de Séneca de los cielos. Para él, el cielo es un compañero en la tarea de superarnos constantemente, un amigo que inspira orgullo:

> ¡Oh, cielo que sobre mí te extiendes, cielo diáfano y hondo, abismo luminoso! Cuando te contemplo me estremezco de ansias divinas. [...]
>
> Todo lo aprendimos juntos; a superarnos y a sonreír sin nubes, con ojos limpios, desde remotas lejanías, hacia abajo, mientras debajo de nosotros la coacción, y la finalidad, y la culpa, se deshacen en llovizna vaporosa. [...]

> Y cuando yo escalaba montañas, ¿a quién buscaba siempre en las cimas, sino a ti? [...]
>
> ¡Lo único que anhela mi voluntad entera es volar, volar dentro de *ti*! [...]
>
> ¡Mas yo soy uno que bendice y que dice «sí», si delante de mí estás tú [...].
>
> Para eso luché largo tiempo, para tener un día libres las manos para bendecir.
>
> Y mi bendición es esta: estar por encima de cada cosa, como su propio cielo, como su techo abovedado, como su campana azul y su eterna paz.[17]

Lo que Nietzsche ilustra aquí, a través de las palabras de Zaratustra, es un modo de relacionarse con la naturaleza que en otra obra formula como la interpretación de esta «para reconocimiento de sí misma»:

> Todos los experimentos de la naturaleza sirven solo en la medida en que el artista adivine por fin sus balbuceos, se encuentre a medio camino con ella y logre expresar lo que realmente pretende con sus experimentos. [...] De ahí que la naturaleza también necesite al santo, aquel cuyo ego se ha derretido por completo y cuya vida sufriente ya no se siente, o no se siente apenas, de forma individual, sino como el sentimiento más profundo de igualdad, comunión y unidad con todos los seres vivos; el santo en el que tiene lugar el milagro de la transformación [...], ese último y supremo devenir humano hacia el cual toda la naturaleza urge e impulsa para redimirse a sí misma.[18]

Con este planteamiento, Nietzsche invierte el «vive conforme a la naturaleza» de los estoicos, sin sucumbir en lo que sería simplemente lo opuesto: «utiliza la naturaleza para cualquier propósito que se te antoje». La naturaleza necesita al artista y al santo para expresar lo que pretende con sus balbuceos y experimentos. Y, sin embargo, es la propia naturaleza la que urge e impulsa y debe encontrarse a mitad de camino con quien intente hacer realidad su promesa. A la postre, el significado de la naturaleza y el significado de nuestra propia vida son inseparables. La naturaleza alcanza su más alta dignidad solo al «devenir humano»; pero los seres humanos, por su parte, alcanzan la suya únicamente con la disolución del ego y la comunión transformadora «con todos los seres vivos».

Las ligas infantiles de béisbol y el mal tiempo

Una de las pocas veces que he temido por mi vida fue en un entrenamiento de béisbol de las ligas infantiles, cuando era entrenador de uno de los equipos itinerantes de mi ciudad. No fue un enfrentamiento con un padre disgustado lo que me hizo correr aterrorizado, aunque eso hubiera estado dentro de lo posible. Fue una tormenta eléctrica que se desató de repente en una tarde sin nubes del mes de julio.

Con los años, me he convertido en una especie de aficionado a la meteorología. No se me da mal distinguir entre una tormenta leve y una importante a partir de los datos del radar Doppler, y he aprendido a interpretar los modelos informáticos básicos que consultan los meteorólogos para realizar sus previsiones. Pero de lo que más me enorgullezco es de saber leer el cielo. Normalmente, soy capaz de discernir los signos de una tormenta eléctrica a kilómetros de distancia, literalmente, entre treinta y cincuenta kilómetros. La majestuosa capa de nubes formada por densos cirros desplegándose sobre la cima de un cumulonimbo que empieza a hincharse resulta inconfundible, sobre todo cuando corta con una línea bien definida un cielo azul de verano.

Pero ese día yo estaba concentrado dirigiendo el entrenamiento de béisbol. Los árboles que rodeaban el campo ensombrecían el horizonte y la tormenta se acercó con una rapidez inusitada. En el momento en que alcé la vista al cielo que empezaba a oscurecerse, empezaron a sonar los truenos, uno cada veinte segundos, luego cada diez, a pesar de que una parte del cielo seguía azul.

A toda prisa, empecé a recoger los bártulos y a meter a los niños en los coches. Yo debí haberme metido en el mío, pero se me ocurrió recoger el mayor número posible de pelotas para salvarlas de la lluvia. Antes de que me diera cuenta, me encontré rodeado de rayos que caían desde una nube que había justo encima. A dos de ellos les siguieron casi al instante unos truenos ensordecedores.

En ese momento, me invadió el terror y el asombro. De repente, las pelotas empapadas de agua y las bolsas mojadas parecían absolutamente insignificantes, al igual que el entrenamiento, que había planeado con esmero la noche anterior. Incluso ganar y perder parecían cuestiones del todo irrelevantes, pese a que nuestro equipo había logrado un gran récord que yo quería conservar. Mientras los rayos caían por todas partes, me vino un pensamiento: «Es totalmente innecesario que hoy haya un entrenamiento de béisbol, incluso que yo esté vivo para dirigir uno mañana». Al menos durante un breve instante, el sentido de cada una de mis metas quedó en suspenso. Estaba aterrorizado, pero al mismo tiempo me sentía poderoso. «Un poder superior», pensé. No se trataba solo de la portentosa tormenta, sino de su poder, de la plenitud de su existencia en el aquí y ahora, en aquel preciso momento.

De pronto, el instinto y algún conocimiento lejano entraron en acción: la jaula de bateo, a pocos pasos de distancia, un recinto protegido, sería el lugar más seguro durante una tormenta eléctrica. Lo había aprendido de niño en el Museo de la Ciencia, adonde mis padres solían llevarme. La electricidad recorre solo la superficie más externa de un recinto metálico y luego se adentra en la tierra sin causar ningún daño. Cuando conduce la electricidad, uno puede incluso tocar el metal del recinto por dentro sin que le pase nada, como si fuera un milagro. Mientras corría hacia la jaula, me acordé del hombre del Museo de la Ciencia que manejaba el generador de Van de Graaff, una máquina enorme que simulaba las descargas de los rayos generados por electricidad estática. El hombre de la jaula tocaba el metal desde el interior con el dedo mientras los rayos impactaban en el exterior. Recordando todo esto en una fracción de segundo, corrí a refugiarme en el recinto de alambre de la jaula de bateo y, aunque no hubiera hecho falta, cerré tras de mí la pequeña puerta.

A salvo, regresé al pensamiento que me había inspirado la tormenta: el poder superior. No tanto la tormenta, sino la vida proverbial que pasa ante nuestros ojos en un momento de terror. ¿Qué vida era esa? No era mi lista de éxitos y fracasos ni tampoco la de mis metas. La tormenta había anulado esas cosas ante el pensamiento de la muerte. No, ningún logro, sino el *ser*: la súbita conciencia de la plenitud de la vida aquí y ahora, una rara ocasión en la que el esperanzado pero inseguro «algún día seré...» es sustituido por el rotundo «¡soy!». Sesiones de entrenamiento que duran un par de horas, victorias, logros, ¿qué busco con esas cosas? ¿Qué espero de ellas? ¿Espero que me hagan más feliz, más completo? No. Lo máximo que esas cosas pueden darme es una oportunidad para esforzarme, una experiencia a través de la cual gano algo más de *mí mismo*, más de quien (y de lo que) ya soy.

Reflexionando sobre lo que comprendí en ese breve momento de terror, me viene a la mente un pasaje de Nietzsche: «Pasó ya el tiempo en que podía ir al encuentro de hechos casuales. ¿Y qué podría sucederme todavía que no fuera ya algo mío? Lo único que hace es retornar, volver a casa; mi propio Sí-Mismo, y cuanto de él estuvo largo tiempo en tierra extraña, disperso entre cosas y acontecimientos casuales».[19]

¿No me había llevado la experiencia de aquel día —un entrenamiento interrumpido, un «acontecimiento casual»— justamente de regreso a mí mismo? La tormenta me había devuelto a mi pasado, cuando observaba a aquel hombre en la jaula metálica del Museo de la Ciencia mientras apretaba asustado la mano de mi madre. En la mayoría de las circunstancias, aquel hombre de la jaula sería solo un recuerdo, algo que ocurrió entonces, no ahora. Pero en medio de la tormenta, el recuerdo volvió a cobrar vida en mi propia acción. De repente, me había convertido en el hombre de la jaula; solo que ahora el propósito era protegerme de una tormenta eléctrica de verdad. Lo único que faltaba era que cayera un rayo sobre mi refugio improvisado.

Al recordar aquel suceso, he aprendido otra lección más general sobre la naturaleza, sobre la experiencia de estar al aire libre y sobre el viaje de la vida en general, algo que me digo a mí mismo a menudo pero que, por desgracia, no llego a poner en práctica del todo. Los fenómenos que ocurren en la tierra y el cielo, justo al otro lado de la ventana, ofrecen un sinfín de oportunidades para la aventura, de historias posibles no menos significativas que las que podríamos encontrar en el trabajo o leer en el periódico, si solo estuviéramos un poco más atentos.

Aunque a veces se exagera la diferencia entre estar en el interior y en el exterior, un entorno al aire libre ofrece ciertas ventajas. En general, al menos en nuestra época, es más salvaje, más caótico, más imprevisible que un espacio cerrado y, por tanto, más propicio a la aventura. Los confines de un edificio de oficinas o de una casa están bien controlados: desde la temperatura que puede regularse pulsando un botón hasta la luz que se enciende con solo apretar un interruptor. En un espacio interior casi todo es predecible y está a nuestra disposición. Para que ocurran aventuras, por lo general, tenemos que esperar a que se estropee algo que trastoque nuestras rutinas cotidianas. Desde luego, los intentos de reparar el problema pueden servir para forjar el carácter y dar lugar a anécdotas interesantes. Pero a aquellos que no somos manitas y dependemos de los profesionales expertos cuando algo falla dentro de casa, nos vendría bien volver la vista al exterior, salir y enfrentarnos a los elementos.

En los deportes al aire libre, como el béisbol y el atletismo, es inevitable relacionarse con la naturaleza. Pero también es posible hacerlo simplemente abriendo la puerta al atardecer para contemplar una apacible puesta de sol. Esto puede inspirarnos a encontrar un significado más elevado que el de nuestros logros y metas. En la luminosa esfera rojiza que desciende tras el horizonte, en las nubes doradas que avanzan tranquilamente hacia nosotros, podemos descubrir el fulgor de una vida cuya última expresión nos corresponde a nosotros, los supervivientes, recibir y continuar. O podemos descubrir que el final del viaje del día, con sus últimos rayos arrastrados por las nubes a la deriva, nos recuerda en silencio que «¡mañana empieza un nuevo capítulo!».

Pensando en esos momentos, me recuerdo a mí mismo que las posibilidades de aventura y de una nueva vida están justo delante de mí. Que debo apreciar mi entorno inmediato y hacer algo con ello. Correr, caminar, llegar hasta la colina más alta de la ciudad y contemplar el horizonte. Y si eso no es suficiente, subir corriendo lo más rápido que pueda. Hacer flexiones hasta que los brazos me tiemblen, nadar en el mar, adentrarme hasta que el miedo me impida ir más lejos, o simplemente tumbarme en la hierba y mirar las estrellas. No hay nada que me lo impida. «Existen aún mil caminos inexplorados: mil hontanares de salud, y mil ocultas islas de vida. El hombre y la tierra del hombre continúan para mí inagotados y no descubiertos».[20] Cada día tenemos a nuestro alcance una vida esplendorosa, siempre que estemos dispuestos a salir de nuestras rutinas y dejar que el mundo se manifieste. La falta de esa predisposición es el verdadero enemigo. Casi siempre, el problema es la ambición, por pequeña que sea. La sumisión al imperativo de la jornada laboral es lo que nos lleva a levantarnos a las seis de la mañana y ni siquiera echar una ojeada al exterior para ver el amanecer.

Un compromiso de este tipo con la naturaleza no requiere mucho. Podemos dedicar diez minutos para salir al exterior a cuidar el jardín u observar las nubes mientras tomamos el café por la mañana. Podemos describirnos a nosotros mismos lo que vemos como si más tarde tuviéramos que contárselo a un amigo. Es probable que alguna cosa nos saque de nuestra monótona rutina y dé sentido de antemano a lo que sea que nos depare el día. Quizá comprendamos algo de repente que no habíamos conseguido desentrañar pensando durante horas y días. Los destellos de claridad pueden ocurrir en un instante.

Buscando conchas marinas: el camino y el destino forman una unidad

La naturaleza ha producido pocas cosas más bellas que cierto tipo de caracola llamada junonia, o voluta de Juno. Se trata de un caracol marino de la familia de las volutas, muy preciado por los coleccionistas, que se encuentra en las aguas profundas del golfo de México y el Caribe. Solo en raras ocasiones, por lo general tras violentas tormentas, llega a las costas del sur de Florida. Llevo buscando junonias y otras conchas marinas con mi hermano desde que teníamos seis y ocho años. Encontramos la primera cuando yo estaba en la escuela secundaria y hemos hallado cinco más desde entonces. Eso hace un total de seis junonias en veinticuatro años, un número del que estamos orgullosos.

Mientras examinaba nuestra colección el pasado invierno, me puse a reflexionar sobre una pregunta que me ha asaltado después de cada uno de nuestros hallazgos: ¿por qué nos parece tan bella la junonia? Una respuesta habitual, aunque superficial, es que se trata de una convención. La encontramos bella simplemente porque otras personas la consideran bella. Sabiendo que es un objeto preciado por los coleccionistas, no podemos evitar considerarla hermosa. Pero en sí misma, la junonia no es ni más ni menos bonita que otras conchas menos apreciadas. Este tipo de explicación se remonta a Adam Smith, que la utilizó en referencia a ciertos estilos de vestir. Encontramos estéticas ciertas combinaciones, sostiene, solo porque estamos acostumbrados a ellas, como los pantalones con un cinturón. La falta de cinturón nos parece desaliñada y fea solo porque estamos condicionados por el hábito y la costumbre para creerlo así.

Estas interpretaciones de la belleza en términos de convención tienen cierto atractivo. Sugieren la posibilidad de liberarnos de la esclavitud de la opinión general y permitirnos elegir lo que nos gusta a nosotros. Pero este convencionalismo y la concepción subjetiva de la belleza a la que apunta pasan por alto la posibilidad de que lo que decimos que nos gusta «de acuerdo con nuestro gusto personal» posea una belleza intrínseca, una belleza que nos reclama y anhela ser interpretada. Las explicaciones de la belleza basadas únicamente en el gusto subjetivo denotan una indolencia derrotista. Renuncian de entrada al intento de desgranar el significado de lo que nos parece hermoso, privándonos así de la comprensión profunda y el conocimiento de nosotros mismos a los que podría conducirnos la interpretación de las cosas bellas.

En realidad, la belleza aparentemente convencional puede reflejar un significado *propio* de un aspecto concreto de la naturaleza. Nietzsche ilustra esto de uno modo maravilloso hablando del oro:

> Decidme. ¿Por qué el oro llegó a ser el valor más preciado? Porque es raro e inútil, y resplandeciente, y de dulces reflejos: siempre hace don de sí mismo.
>
> Solo en cuanto reflejo de la virtud más alta llegó el oro a ser el valor supremo. Reluciente como el oro es la mirada del dadivoso: brillo de oro sella las paces de la luna con el sol.
>
> Rara es la virtud más alta, e inútil, y resplandeciente, y de brillo suave: una virtud que hace regalos es la más alta virtud.[21]

La explicación de Nietzsche nos enseña al mismo tiempo el valor del oro y el de la virtud. El valor del oro reside en la manera en que «hace don de sí mismo», del mismo modo que el sol da su luz a la luna. Tal ofrenda es una forma de compartir en la que el dador se conserva, no se agota al dar. Al prestar su luz a la luna y permitir que esta se erija en soberana del cielo nocturno, el sol puede seguir brillando después de ponerse. Nietzsche encuentra en el oro una imagen, una metáfora, del tipo de generosidad al que puede aspirar una vida: una generosidad a través de la cual tanto el benefactor como el receptor se fortalecen. En la medida en que el oro, en la manera en que brilla, logra despertar y enriquecer la comprensión de nosotros mismos, ya no podemos considerar su valor como meramente convencional. El oro posee un esplendor intrínseco que encuentra su expresión en la virtud de hacer regalos.

En el caso de la junonia, sé que su belleza tiene algo que ver con su llamativa forma y su diseño. Mide entre siete y trece centímetros y adopta una elegante figura en espiral, unas tres veces más larga que ancha. Es de un color blanco crudo muy puro y está decorada con hileras de manchas circulares de un tono terroso oscuro. Se puede empezar a comprender el significado especial de este diseño comparándolo con el de una concha de aspecto similar pero algo más común, el cono del alfabeto. Esta tiene una forma cónica, salvo por una espiral apretada en la parte superior, o «nariz» de la concha, en lo que sería la base del cono. Su nombre se debe a las manchitas de color marrón anaranjado densamente agrupadas que recuerdan a los jeroglíficos. De todas las cosas inanimadas de la naturaleza que he encontrado, el cono del alfabeto se presta de manera especialmente clara a ser interpretado. Sus manchas parecen estar pidiendo ser leídas, como si fueran las letras que componen un mensaje místico de una tierra lejana. Se podría decir que el cono del alfabeto encarna una especie de «metasignificado». Lo que nos comunica es que la naturaleza se ofrece para ser entendida. Incluso en sus aspectos menos sugerentes, la naturaleza permite que la interpretemos para encontrar posibles comprensiones, siempre y cuando la observemos con suficiente atención. Eso es algo que nos enseña el cono del alfabeto.

Podría decirse que la junonia es una versión más sutil del cono del alfabeto. Su espiral es más delicada, más alargada y se fusiona sin solución de continuidad con el cuerpo de la concha, que adquiere así una suave figura romboidal, más ancha en el centro y afilada en los extremos. La mayor simetría de la junonia (que, si se cortase a lo ancho por el centro, a diferencia del cono del alfabeto, sería casi simétrica) parece requerir una comprensión global, que se despliegue, por así decirlo, de manera uniforme en todas las direcciones. Las marcas de la junonia son más claras y definidas que las del cono del alfabeto, y piden aún más que este ser interpretadas. La naturaleza, al parecer, quiso dar un paso más para revelar el significado particular del cono del alfabeto y, como resultado, creó la junonia. Esto, en mi opinión, contribuye en gran medida al misterio de esta concha.

Al contemplar una de estas pequeñas maravillas, que ahora descansa en una vitrina en el recibidor de mi casa, no puedo resistirme a intentar decir algo sobre el significado que esas sugerentes letras circulares me animan a interpretar. Pero, para ello, debo regresar al momento en que la encontré, a unos treinta centímetros bajo el agua en el borde de una poza creada por la marea, incrustada en la arena, hacia las cinco de la mañana.

Bajo el haz de luz de mi linterna led, su delatador diseño marrón sobre blanco brillaba de manera intermitente mientras las suaves olas, amortiguadas por un banco de arena a mi espalda, se deslizaban sobre la poza y rompían suavemente en la orilla. De repente, se enturbió el agua y la tentadora imagen se desvaneció, cuando el fuerte viento del noroeste provocó un frenesí de ondulaciones, impidiendo que el potente haz de mi linterna alcanzara el fondo. El diseño marrón sobre blanco aparecía y desaparecía al compás del viento, un recordatorio del vendaval que había soplado el día anterior y que había provocado una implacable avalancha de olas blancas que arrojaron a la arena las conchas que ahora la marea baja de la madrugada había descubierto.

Mientras esperaba a que amainara la última ráfaga de viento y reapareciera la imagen de la caracola, los latidos de mi corazón se aceleraron como si me dispusiera a agarrar la barra de dominadas para intentar batir un récord mundial. El dolor sordo en las piernas y en la zona lumbar de la espalda, como consecuencia de caminar con el agua hasta los tobillos durante más de un kilómetro y medio y de agacharme muchas veces para examinar diferentes conchas, desapareció de repente. Este era el momento de la verdad. La única duda era el estado de la concha, si estaría entera e intacta o dañada tras años de rodar en el oleaje. Inspirando profundamente y exhalando con fuerza, metí la mano y la desenterré sin esfuerzo.

A diferencia de otras conchas preciadas, la junonia suele salir del mar ya limpia, sin algas ni percebes que restregar. La única limpieza que necesitaba era una rápida sacudida en la superficie del agua para eliminar la arena. Ya no era necesaria la linterna. La luna llena que resplandecía en el cielo totalmente despejado fue suficiente para revelar la superficie lisa y sin imperfecciones de la concha. Pero no pude evitar examinarla una vez más bajo la linterna, solo para estar seguro. Satisfecho, me metí el premio en el bolsillo y levanté la mirada hacia la playa para despejarme y recomponerme antes de seguir buscando. (Después de encontrar una junonia, «retírate con lo ganado» no significa nada. Como todas las cosas bellas, la junonia inspira tanto como satisface. Uno se ve impelido a seguir buscando otra más, que siempre aparece con su propio brillo e historia). Solo en ese momento, al mirar a lo lejos en la playa, me fijé en las largas sombras de los cocoteros y los pinos australianos que se proyectaban amenazantes hacia el mar donde me encontraba. Sus ramas se balanceaban y siseaban con el viento. Si no hubiera sido por el suave resplandor de las luces nocturnas en los edificios bajos de apartamentos justo detrás de los árboles, el paisaje habría resultado inquietante.

Mi hermano y yo seguimos paseando, recogiendo alguna que otra concha de tulipán rayado o de caracol toro que encontramos a nuestro paso, hasta que la tenue luz del amanecer inminente empezó a asomar por el horizonte. Pronto, nos llegó el tentador aroma de café y huevos revueltos procedente de un hotel que se encontraba justo encima de la playa. El vapor de la bañera de hidromasaje, sin vigilancia del personal del hotel, nos invitó a hacer una pausa para reavivar nuestros dedos helados y contemplar la salida del sol. La sublime aventura de las horas previas al amanecer dio paso a la escena reconfortante y completamente doméstica de los primeros madrugadores paseando por la orilla y el sonido de las relucientes hojas de las palmeras agitándose con la brisa.

Al contemplar hoy la concha de mi colección, que descansa tranquila entre las otras, autosuficiente y estable en su apariencia, me doy cuenta de que el significado que inspira su evocador diseño reside en la combinación de fuerzas que convocó cuando la vi por primera vez. Titilando en la poza de marea, la concha congregó a las suaves olas, las ráfagas de viento, la tormenta del día anterior y a mí mismo interactuando con esas fuerzas junto a mi hermano. En su misterioso esplendor, la concha que reposa con total serenidad en la palma de mi mano es en realidad la encarnación de una búsqueda, el testimonio de una aventura y de un modo de vida que hizo posible que surgiera esa aventura.

Lo mismo podría decirse de los trofeos, las clasificaciones y los logros de cualquier tipo. Su significado reside en el camino para alcanzarlos. Siguen conservando su brillo e inspirándonos en la medida en que nos recuerdan esas luchas a través de las cuales llega a expresarse nuestra vida como un todo. De lo contrario, solo acumulan polvo o se convierten en algo viejo y aburrido o en un tema para presumir de nuestras hazañas que la gente pronto se cansará de apreciar.

Ojalá pudiéramos tener esto presente mientras nos esforzamos por alcanzar nuestras metas: *el viaje constituye aquello que buscamos*. Ansiosos por acumular victorias y elogios, es fácil impacientarse y dejar de disfrutar de lo que hacemos. En esos momentos, me detengo a recordar la búsqueda de la esquiva junonia en la que cada día, cada hora, cada momento de agacharme, encierra la misma vida. Incluso el decepcionante encuentro con una almeja de Venus con rayos de sol, cuyas manchas, para quien la ve con los ojos ya cansados a través del agua turbia, pueden confundirse con las de la junonia, adquiere un significado. Ese momento de frustración es inseparable de la alegría de encontrar el objeto verdadero. El camino y el destino forman una unidad.

Felicidad y fortuna

La filosofía, o al menos el origen de la filosofía, está en todas partes. La encontramos en los libros solo porque ya se ha manifestado en nuestras ocupaciones y preocupaciones cotidianas. Incluso cuando en la página escrita aparece alguna concepción de la vida «por primera vez», su significado nunca está solo ahí, frente a nosotros en ese momento, o solo en nuestros pensamientos mientras intentamos interpretar lo que acabamos de encontrar. También se expresa en aspectos del mundo que nos saltan a la vista en los momentos en que menos lo esperamos.

La misma idea que intento presentar en este libro, la de la felicidad y su relación con un viaje, algo sobre lo que había reflexionado durante mucho tiempo a partir de los libros que he leído a lo largo de los años, se me ocurrió, como si fuera la primera vez, después de una intensa sesión de entrenamiento, corriendo una noche en pleno verano. Me había esforzado al máximo (o eso creía), pero el calor y la pereza inexplicable de mis piernas al atardecer habían provocado que mi rendimiento fuera inferior al habitual, de manera que acabé corriendo más lentamente que al comienzo. Tumbado boca arriba, con la respiración agitada, pero con el resto de cuerpo inmóvil por el agotamiento y la sensación de náuseas que iba cediendo, sentí que de alguna manera la felicidad estaba cerca. Me asaltó de repente mientras volvía a casa corriendo despacio por el camino habitual, sin esperar nada, sin pensar en nada, con esa extraña mezcla de orgullo por haberme esforzado al máximo y la decepción de no haber logrado los tiempos que me había propuesto. Frente a mí, a un lado de la calle, apareció el tocón de un gran árbol talado hacía poco, que había sido serrado limpiamente en la base. Desde su superficie, donde podían verse sus múltiples anillos, surgían unos brotes de color verde brillante con unas hojitas apuntando hacia el sol. Estaba claro que la base y las raíces del antiguo árbol conservaban su fuerza y su capacidad de alimentar la vida, como si el árbol, por voluntad *propia*, hubiera decidido ceder su puesto a sus retoños y dar paso a una nueva etapa.

El árbol debió haber sido cortado por manos humanas arrogantes o probablemente por alguien contratado por la ciudad que se limitó a hacer su trabajo, talándolo sin pensarlo dos veces, para despejar el camino de un nuevo carril bici. Y, sin embargo, seguía conservando la vida, la vieja y la nueva. Se había sobrepuesto al desastre y ahora se erigía como inspiración para todo su entorno. Si la calma ante las expectativas frustradas y el hecho de no tener ya nada que esperar o lograr no hubieran aflojado mi marcha, habría pasado de largo ante aquella escena con las prisas habituales. Pero en ese momento me detuve en seco, lleno de admiración y con un espíritu renovado.

De repente me vi transportado a una tarde en Atenas, en Grecia, en la que me aventuré a entrenar al aire libre por casualidad, tras descubrir decepcionado que habían cerrado mi gimnasio habitual por vacaciones durante dos semanas. Frustrado por mis planes truncados y con ganas de hacer ejercicio, tomé la decisión espontánea de empezar a correr y no parar hasta llegar a la cima de una empinada colina a las afueras de la ciudad. En esa época, lo máximo que había corrido era poco más de veinte minutos en una cinta. Media hora más tarde, tras varias carreras a toda velocidad para esquivar a algunos perros callejeros que se abalanzaron hacia mí ladrando (quizá con la intención de jugar, pero no podía estar seguro), llegué a la cima. Los tejados blancos de Atenas se extendían a mis pies y más allá, el resplandeciente mar Egeo. Agarré dos piedras grandes que encontré por allí, del tamaño de un coco cada una, y me puse a hacer una serie de *curls* de bíceps, levantándolas hasta la altura del hombro y llevándolas lentamente hacia abajo mientras mantenía los músculos en tensión. La alegría que experimenté en cada repetición podría compararse con el grito de entusiasmo y el gesto de triunfo con el puño en alto cuando un jugador de baloncesto encesta un tiro de tres puntos desde media cancha o un tenista gana un punto de cincuenta intercambios, y lo único que desea después es seguir jugando. Años más tarde, me invadió esa misma alegría frente al tocón del árbol. No tenía nada que celebrar, pero sentí ganas de gritar como en la cima de una montaña.

Y entonces, de repente, comprendí la lección del malogrado entrenamiento, de la vuelta a casa trotando y del gigantesco tronco del árbol: en la dicha involuntaria, en la felicidad que surge de las dificultades y la frustración, no planeada ni esperada, la felicidad y casualidad van de la mano. Los antiguos griegos, al expresar la felicidad con la palabra *eudaimonia*, haciendo referencia al «buen *daimon*», conocían una verdad que nosotros hemos olvidado desde entonces: la felicidad es fortuna y la fortuna, la compañera de viaje.

5

La lucha con el tiempo

El contraste fundamental entre el enfoque orientado a alcanzar las metas y el de la actividad por sí misma tiene que ver con sus diferentes maneras de entender el tiempo. Ya hemos abordado este contraste al analizar que la vida centrada en los objetivos se caracteriza por la mirada ansiosa hacia el futuro, hacia aquello que hay que lograr o conseguir, en detrimento de la apreciación del viaje de la vida, del aquí y ahora, como una oportunidad para expresar las virtudes del autodominio, la amistad y el compromiso con la naturaleza.

Resulta tentador describir tal contraste como si uno de estos enfoques consistiera en centrarse en el futuro de una manera limitada, sin estar nunca del todo presente, y el otro, en «vivir el momento» gozosamente. Aunque esta descripción es correcta en cierto sentido, no alcanza la esencia de la diferencia. Pues, como hemos visto, estar presente en un viaje significa descubrirse a uno mismo a través de la confrontación con lo imprevisto. El «presente» de un viaje es, por tanto, un presente *activo*, que podría definirse como un choque entre el futuro y el pasado, en el que a la vez estos se conforman mutuamente.

El futuro es el horizonte abierto desde donde puede surgir lo espontáneo. Responde al hecho de que la propia vida no es un círculo cerrado de significado, sino una comprensión hacia la que siempre estamos en camino. El pasado es el cierre provisional que siempre ha orientado nuestro viaje y que lo impulsa hacia lo abierto y lo desconocido. Sin el pasado, sin la «Ítaca» desde la que cada uno de nosotros zarpa y a la que nos esforzamos por regresar, nuestra vida carecería de dirección, sería un conjunto inconexo de acontecimientos al que no afectaría ninguna interrupción inesperada, precisamente por encontrarse ya fragmentada, lo que haría imposible que fuera la vida de nadie. Sin el futuro, el pasado sería una vida congelada, carente de amor, anhelo o vitalidad. De esta manera, en el presente de un viaje, el futuro y el pasado siempre están actuando juntos.

Pero solo están juntos gracias a nuestra atención y determinación. Podemos percibir frente a nosotros la posibilidad de un horizonte abierto —con el «momento siguiente» como una prueba y una oportunidad para un autodescubrimiento sin límites— solo en la medida en que nos mantengamos fieles a los compromisos que aglutinan el conjunto de nuestra vida y constituyen la persona que somos. Si Ulises no hubiera estado impulsado en cada momento de su viaje por una firme devoción hacia su esposa, su hijo y su patria, gracias a su pasado, no se habría enfrentado a un horizonte abierto en el que podrían surgir nuevos e insondables desafíos. Y sin la oportunidad de enfrentarse a tales desafíos, no habría llegado a ser una persona tan comprometida. Pues una cosa es partir con la intención de volver a casa con la gente que uno ama y otra muy distinta resistirse al canto de las sirenas y eludir a Escila y Caribdis para poder regresar.

Así pues, el auténtico «vivir el momento» que constituye una vida con sentido y que nos libera de la ansiosa mirada hacia el futuro, hacia lo que puede o no llegar a suceder, nunca es simplemente una mirada centrada en lo inmediato en contraste con lo que puede llegar más tarde. Tampoco es la recepción pasiva de nuestro entorno, como se podría pretender en un estado meditativo destinado a olvidar de manera momentánea el futuro y el pasado. La «presencia» en un viaje es más bien la escenificación de una partida y de un regreso simultáneos, en la que el principio se comprende de una nueva forma al final.

El tiempo orientado a las metas que siempre se agota

La circularidad especial del tiempo que define un viaje se puede comprender mejor si se compara con la temporalidad del enfoque orientado a las metas. El futuro de centrarse en las metas equivale a un estado de las cosas que se prevé, pero aún no se ha hecho realidad: una reforma que alcanzar, una impresión que causar, una experiencia que vivir, un estado del mundo que preservar. En todos los casos, en el esfuerzo orientado a una meta el futuro es un presente que aún no ha llegado. Al mirar ansiosamente hacia ese futuro para que ocurra, esta perspectiva se cierra al verdadero futuro, como horizonte abierto desde el que podría irrumpir lo imprevisto y poner a prueba la propia vida. La única incertidumbre que admite el enfoque orientado a las metas, aunque quisiera abolirla controlando los medios para lograr el fin, es si el plan previsto llegará a realizarse.

El pasado del enfoque centrado en las metas equivale a un logro, una adquisición, un éxito o un fracaso del ayer, un momento que, mientras se acercaba, podría haber sido de esta manera o de aquella, pero que ya se decidió, para bien o para mal, y ahora se aleja en la distancia. «Olvida el pasado y mira hacia delante» es el mantra del enfoque orientado a las metas, que nos recuerda que en unos días o unas semanas el pasado dejará de ser una distracción. En todos los casos, en el enfoque orientado a los objetivos, el pasado es un presente que ha llegado y se ha ido. Al cavilar durante un tiempo sobre el pasado que se desvanece y después volver a orientarse hacia el futuro que está por llegar, esta perspectiva pasa por alto el verdadero pasado, esa clausura y esa dirección en la vida que le otorga su sentido y su propósito.

Por tanto, el horizonte del tiempo en el enfoque centrado en los objetivos, aunque se oriente hacia el futuro y hacia el pasado, es siempre el *presente*. Cada momento es un ahora que se aproxima, un ahora que está aquí o un ahora que se aleja. El tiempo se convierte en un tren infinito de «ahoras», en el que cada momento es un vagón que pasa a toda velocidad y se aleja en la distancia. Una vida así se caracteriza por la infeliz paradoja de ser efímera y a la vez estática. Por un lado, todo aquello que esperamos y anhelamos, por lo que nos esforzamos, se desvanece con la misma rapidez con que llega, dejándonos sin nada a lo que aferrarnos. Por otro, todo lo que llega a manifestarse adquiere la uniformidad vacía de algo que ya habíamos previsto. Una vida de este tipo está desprovista tanto de coherencia como de aventura.

A medida que nos vemos atrapados en el enfoque orientado a la consecución de objetivos y nos acostumbramos al círculo vicioso de esperanza y vacío, el tiempo empieza a parecernos una fuerza ajena a la que estamos sujetos. Así, hablamos del «paso del tiempo» como si el tiempo se moviera por su cuenta y nos llevara con él. «El tiempo no espera a nadie», dice el que se esfuerza febrilmente por acabar algún proyecto, pero luego se ve interrumpido por la hora de la cena o por alguna otra tarea. «Es que no hay suficientes horas en un día…». Por supuesto, es la propia actitud del esfuerzo orientado a alcanzar un objetivo, que querría dar un salto al proyecto acabado, pero se ve interrumpido, la que permite que el tiempo transcurra de esta manera.

Para aquel que ha perdido de vista el viaje de la vida y, por tanto, no cuenta con una alternativa al esfuerzo orientado a las metas, la responsabilidad personal respecto al paso del tiempo se vuelve confusa. El tiempo se ve como algo asignado, un recurso escaso que hay que gestionar y calcular por miedo a que se agote.

La adopción del reloj como supuesta medida objetiva del tiempo es una consecuencia natural del esfuerzo orientado a las metas y está completamente ligada al esquema de medios y fines. Solo tiene sentido medir el tiempo o, mejor dicho, concebir el tiempo como algo que puede medirse, desde la perspectiva de una actividad que tiene su objetivo fuera de sí misma. Si uno se mantiene centrado en la propia actividad, como una oportunidad para la aventura y el autodescubrimiento, la cuestión de cuánto tiempo ha pasado ni siquiera se plantea.

Dondequiera que encontremos la angustiosa pesadumbre por el tiempo que se acaba, estaremos ante una vida que se ha perdido persiguiendo un objetivo y ha olvidado el significado intrínseco del camino. Incluso el fenómeno de envejecer, que nos inclinamos a considerar como un proceso inevitable del que nos gustaría escapar, está completamente determinado por una perspectiva orientada a los objetivos, que tiene su punto de mira en las metas que ya no podremos alcanzar. Yo noto que me hago mayor porque ahora tengo que dedicar más tiempo a calentar y estirar antes de hacer ejercicio. Con el tiempo seré «demasiado mayor» para competir en un deporte, para tener hijos o para alcanzar algún hito que considero importante para una vida plena.

Siempre que nos concebimos como alguien que está envejeciendo, restringimos el significado del yo a la capacidad de realizar una tarea concreta o una serie de ellas, algo que sirve como medida para determinar nuestra edad. Dejamos de ver al yo que se manifiesta cuando defendemos nuestra posición, cuando somos amigos, cuando somos dueños de nosotros mismos en la interpretación de la naturaleza. Para estas actividades, nunca somos demasiado viejos. Solo cuando el enfoque centrado en los objetivos nos impide vislumbrar otras posibilidades de vivir, llegamos a convencernos de que el envejecimiento es un estado inevitable de las cosas.

Revisitar el pasado o rejuvenecer al madurar

Mientras permanezcamos atentos al viaje de la vida, acogiendo cada encuentro como una oportunidad para afirmar un compromiso que abarque la totalidad de lo que somos, el tiempo nunca será una mera sucesión de momentos ni la vida el simple recorrido desde la juventud hasta la vejez. Pues sea lo que sea que traiga el futuro, solo puede ofrecernos la oportunidad de comprender de nuevo la vida que ya estamos viviendo.

Reflexionemos una vez más sobre el viaje de Ulises. ¿Es más viejo cuando regresa a Ítaca que cuando parte hacia Troya? Por supuesto, dice nuestro sentido común, que enseguida señala su barba más canosa y su rostro más surcado de arrugas. Sin embargo, al ponernos en su lugar e imaginarnos viajando con él, nuestro juicio aparentemente obvio pierde su evidencia. Desde la perspectiva del que busca volver a Ítaca como devoto esposo, padre y gobernante, puede decirse que, paradójicamente, *rejuvenece* a medida que su viaje avanza. Pues en cada etapa del viaje, el momento que supuestamente define su relativa juventud en comparación con el presente (su pasado o punto de partida) cobra importancia por sí mismo. A medida que Ulises se enfrenta a mares turbulentos y tierras extrañas, todo lo que ha logrado y que, por tanto, puede decirse que pertenece a su pasado no es más que un momento que una vez estuvo aquí, pero que, desde entonces, ha sido desplazado por un presente que llegó a toda velocidad desde el futuro. Su pasado es más bien una fuerza que le impulsa en su viaje, una imagen de sí mismo a la luz de la cual encuentra la determinación para alejarse de Escila y Caribdis, resistir la llamada de las sirenas y escapar de los posesivos abrazos de Calipso. Y mientras Ulises desafía los embates del futuro, su pasado renace permanentemente y cada renacimiento se integra en lo que viene después.

El pasado así entendido tiene la paradójica condición de encontrarse tanto detrás como delante de Ulises. Se encuentra detrás como un momento al que el héroe se aferra con absoluta certeza y que le empuja hacia delante. Se encuentra delante como un momento aún por determinar en la confrontación con lo que el futuro le depare a continuación. En última instancia, el hogar al que Ulises siempre ha sido fiel se convierte en un hogar por el que ha soportado pruebas y tentaciones inimaginables, un hogar que es el mismo que abandonó, pero a la vez infinitamente más, pues resuena con toda la lucha para llegar hasta él.

Se podría interpretar este viaje como envejecer, en el sentido de volverse más maduro, más sabio, más dueño de sí mismo, o bien como rejuvenecer, en el de llegar por fin al significado implícito del pasado, un significado que aguardaba a poder emerger en el futuro. Desde cualquier ángulo que se mire, se ve que la temporalidad del viaje desafía la concepción unidireccional del tiempo que responde a la perspectiva orientada a las metas y que encuentra su expresión en los currículums y las líneas de tiempo. El tiempo no fluye en una sola dirección, sino que se mueve en círculos retrocediendo sobre sí mismo, aunque siempre hacia un punto que no se había visitado antes.

La no existencia del pasado y del futuro «sin mí»

Aquí merece la pena comparar la temporalidad de un viaje no solo con la concepción lineal del tiempo asociada al enfoque orientado a las metas, sino también con la concepción circular propuesta por los estoicos. Recordemos que los estoicos, bien conscientes de la fragilidad de los asuntos humanos y la fugacidad de los logros, propusieron que nos refugiáramos en la contemplación de la naturaleza, entendida en términos del ir y venir de las estaciones, y que considerásemos, en un sentido cósmico más amplio, la perpetua combinación y disolución de los átomos que componen todas las cosas. Desde tal perspectiva, enseñan los estoicos, el tiempo siempre da vueltas hacia el mismo punto. Por este motivo, podemos apreciar una cierta eternidad en este mundo. Aunque nuestra vida particular como seres que viven y se esfuerzan es fugaz, podemos adoptar otro punto de vista sobre nosotros mismos al considerar que formamos parte del gran ciclo eterno.

Ahora podemos contraponer la propuesta estoica con la concepción del tiempo más afirmativa de la vida que pertenece al viaje. La eternidad que buscamos no se encuentra en los ciclos infinitos de una naturaleza impersonal, sino en la forma en que una vida que se conoce a sí misma a través de sus compromisos es un constante salir de viaje y regresar a uno mismo con una nueva mirada. La eternidad así entendida no es ni un círculo que vuelve repetidamente sobre sí mismo ni una línea que se extiende de manera indefinida, sino una espiral ascendente que representa el perpetuo conocernos a nosotros mismos de nuevas maneras en cada aventura.

La vida que vivo ahora, entendida como un viaje, incluye cada «antes» como algo que está por delante en el camino (y por encima), con independencia del marco temporal que se considere. Incluso puedo considerar el «antes» como algo muy anterior a mi nacimiento, por ejemplo, la época de la Grecia homérica o de la antigua Atenas. Solo en un sentido superficial, esos momentos quedan detrás de mí. En la medida en que la vida de Ulises o de Sócrates sigue siendo una pregunta, una posible fuente de inspiración a la hora de afrontar los retos de mi propia época, sus vidas se encuentran sin duda por delante de mí tanto como por detrás. Incluso podría decir que sus vidas están tan por delante que ni siquiera las he alcanzado en mis mejores interpretaciones.

La misma conclusión se desprende si ampliamos aún más el marco temporal hasta un pasado «prehistórico» anterior a que los seres humanos caminaran sobre la faz de la tierra, un pasado de tremendas erupciones volcánicas que dieron lugar a los mares y los continentes tal y como los conocemos, o hasta la era de los dinosaurios o cualquier época del pasado lejano. Estos momentos también se encuentran tanto delante como detrás de nosotros. Pues al conceptualizar esos pasados para tratar de comprenderlos, no podemos evitar interpretarlos situándonos allí, imaginando cómo los habríamos enfrentado nosotros, preguntándonos si entonces la vida pudo incluso haber sido mejor o más fácil en algunos aspectos. De este modo, nuestro encuentro con el pasado está ligado de forma inextricable a la relación con el presente e incluso a un posible camino hacia el futuro.

Aunque no nos situemos de manera consciente en ese escenario, como en una representación fantasiosa semejante a la película *Parque Jurásico*, de manera implícita nos situamos allí empleando nuestros propios términos y distinciones para caracterizar «objetivamente» las condiciones de «entonces». Por esta razón, siempre hay algo de miopía en las teorías de la evolución sobre un tiempo anterior a la vida humana, no importa si se remontan a la era neolítica o al *big bang*. Tales teorías siempre dependen de haber objetivado a la humanidad como una especie respecto a las otras o de haberla situado dentro del orden de las cosas físicas que pueden observarse en lo que respecta a su generación y crecimiento. Lo que tales teorías pasan por alto es la fuerza vital que parte de un objetivo y que define lo observado con términos como «*big bang*» y «especie humana», que conllevan ciertos significados y tienen sentido solo en relación con la vida de compromiso y dedicación del investigador, una vida que adopta la forma del cierre y la apertura simultáneos de un viaje. En última instancia, todos los tiempos anteriores responden a la unidad del pasado y del futuro que define el ahora con el que estamos comprometidos.

Lo mismo podría decirse de todos los tiempos futuros. Así como no existe ningún pasado que no invite a mi poder interpretativo y no lleve mi sello, tampoco existe ningún futuro semejante. Cuando vislumbro algún estado de las cosas en un futuro lejano, mucho después de que yo me haya ido, por así decirlo, me sitúo allí como intérprete, no menos presente de lo que estoy aquí y ahora. Pues la forma en que describo ese mundo sin mí, y lo hago inteligible en el discurso con los demás, lleva el sello de mis propias ideas, concepciones y comprensiones implícitas de cómo vivir. Por tanto, el futuro me pertenece y yo a él, incluso cuando lo imagino sin mi conciencia.

Imaginemos el terrible estado de las cosas conjurado por los estoicos para demostrar supuestamente la futilidad de la vida humana en la tierra: el momento del cataclismo en el que los «astros chocarán entre sí», como dice Séneca, o lo que podríamos describir como la implosión del sol que envolverá la tierra en llamas. Tal acontecimiento aparece como el fin del mundo solo en la medida en que el mundo se conciba como un producto de materia estructurada que existe durante un tiempo antes de desintegrarse. En semejante interrupción, la mirada desapegada y orientada a las metas del artesano, que contempla su obra acabada y quiere que perdure, únicamente ve el final o un punto de terminación. Pero tal acontecimiento admite una interpretación muy diferente para quien entiende cada momento como la posible dispersión potencial de una vida completa que debe redimirse constantemente ante el desastre. Desde esta perspectiva, el llamado fin del mundo no es en absoluto un fin, sino un estado de desorden que invita a una reunificación aún por determinar, del mismo modo que la vida de Edipo, cuando se desmorona, mantiene abierta la posibilidad de la redención. Por tanto, la vida con la que nos comprometemos en el presente, la postura que adoptamos sobre lo que significa ser, atrae hacia nosotros lo que pueda estar por venir.

Toda sucesión responde a la temporalidad de un viaje

Para que no caigamos enseguida en la tentación de considerar la circularidad paradójica del tiempo como una percepción subjetiva en conflicto con el tiempo «real» u «objetivo», podríamos examinar la manera en que tienen lugar los ejemplos aparentemente más obvios de sucesión que se producen en cuestión de segundos y que constituyen la base de nuestra experiencia empírica del mundo. Vemos un relámpago e, instantes después, oímos el estallido de un trueno. Creemos y decimos que uno sigue al otro y, basándonos en eso, llegamos a la conclusión de que el primero es la causa y el segundo, el efecto. Sin embargo, la sucesión, junto con la distinción de causa y efecto, no representa la imagen completa de lo que realmente sucede y experimentamos. La sucesión solo puede verse como tal porque el primer momento, en cuanto llega, anuncia la llegada del segundo, que, a su vez, cumple la promesa del primero. En cuanto vemos el relámpago como tal, oímos el trueno junto con él, aunque el trueno aún no sea audible o ni siquiera haya sido imaginado de manera consciente junto al relámpago. Y en cuanto oímos el trueno, lo reconocemos como lo que pertenece al relámpago, como la continuación y el desarrollo del mismo fenómeno. Una parte de la experiencia del relámpago, como acontecimiento inconfundible que irrumpe en escena a su manera impactante y formidable, es la expectativa del trueno que le seguirá. Pero esto significa que el trueno no se limita a seguir, sino que siempre acompaña al relámpago en la revelación de lo que es. Y el trueno cobra sentido propio solo en asociación con el relámpago como cómplice de este. Así, el segundo momento no es simplemente posterior al primero sino que constituye su horizonte desde el principio. Y el primer momento no precede simplemente al segundo, sino que es su compañero inseparable que se retiene y se transfigura por lo que anuncia. Los «dos» momentos nunca son simplemente dos —primero uno y luego el otro—, sino un único momento que consiste en una diferencia que los refuerza mutuamente.

Sin esta manera de constituirse uno al otro, el antes y el después no tendrían sentido y seríamos incapaces de realizar la abstracción de considerar un acontecimiento como la causa y el otro como el efecto. Pues, al ver un relámpago sin ninguna percepción simultánea de un trueno que le complemente ni de algún otro fenómeno aún no determinado que comparta con el relámpago cierta grandeza y relevancia, nos sentiríamos abrumados ante la infinita variedad de otras cosas que podría decirse que suceden después de que el destello de luz haya llegado y se haya ido. No tendríamos ningún fundamento para fijarnos en el trueno dentro de esta infinita variedad y conectarlo con lo que percibimos antes. Solo porque el relámpago abre su propio horizonte en cierta medida definido de lo que está por venir, pero también porque encierra el misterio de que «quizá ocurra otra cosa esta vez», podemos descubrir o confirmar el trueno como aquello que de hecho le sigue. Y solo porque el trueno retiene y reinterpreta al relámpago, podemos reconocer de manera retrospectiva al relámpago como aquello que ocurrió antes.

Llegamos a la misma conclusión si adoptamos la posición de la persona que ahora oye un trueno y debe relacionarlo con el relámpago que acaba de ver. Si dependiéramos solo de la memoria pura para recordar lo que acababa de ocurrir antes del trueno que ahora oímos, de modo que pudiéramos conectar posteriormente los dos sucesos, estaríamos totalmente perdidos en cuanto a lo que nuestra memoria debería retener. Y si de algún modo nuestra memoria tropezara con el relámpago y reprodujera la experiencia en un intento de conectarla con el trueno que ahora oímos, correríamos el riesgo, dependiendo de lo vívida que fuera nuestra capacidad de recordar, de confundir nuestra recreación mental con una repetición del suceso real, perdiendo así todo fundamento para saber si se produjo antes o después del trueno. Lo que falta en la memoria desnuda para que pueda recuperar el contenido de un momento ya pasado y luego relacionarlo con lo que acabamos de percibir es un sentido del pasado como aquello *que fue pero que ya no es*. Pero este sentido histórico para la singularidad de un momento ya pasado e insustituible solo es posible cuando el pasado se recuerda como *aquello que anunció un futuro* que ahora, al venir a nuestro encuentro, ha dejado una huella indeleble en el pasado, de tal modo que este nunca podrá regresar tal cual.

Así, en nuestra experiencia cotidiana de las sucesiones más aparentemente obvias, siempre hay una relación recíproca de momentos que hace posible la sucesión. No podríamos avanzar en ninguna dirección en nuestra comprensión científica más básica del mundo si la comprensión de la sucesión necesaria para concebir la causalidad, no estuviera respaldada por una experiencia más básica del tiempo caracterizada por la apertura y el cierre de un viaje.

La manera en que el yo activo, en su apertura y cierre, se extiende y retrocede a través de todos los tiempos tiene implicaciones significativas para la forma en que concebimos la vida y la muerte. Lo que ha empezado a surgir es que la muerte no puede ser simplemente el final o la negación de la vida. Cuando percibimos la muerte como el final, significa que hemos concebido la vida como la presencia en el mundo de una conciencia que un día estará ausente. En tal concepción pasamos por alto que el mundo —en la manera en que nos desafía a interpretarlo y anhela ser expresado— constituye la base misma de la conciencia, y que la conciencia siempre está involucrándose en el mundo a través de la atención y la capacidad de respuesta.

Pensar en la propia conciencia como algo que llega al mundo al nacer, permanece durante un tiempo y luego se va supone que nosotros mismos nos colocamos en el tren de momentos que parece constituir el tiempo, perdidos en la persecución de una meta detrás de otra. Pero si la propia vida es, en esencia, una interacción entre nosotros y el mundo que adopta la forma de una apertura y un cierre simultáneos, no puede haber un momento en que simplemente dejemos de ser. La muerte no puede ser un punto final por la sencilla razón de que una vida orientada al viaje no tiene un fin fuera de sí misma. Pero aquí vale la pena explorar de nuevo la relación de la conciencia con el yo, del yo con el mundo y de la actividad con el tiempo. Ahora lo abordaremos desde la perspectiva del «final» y del significado de la muerte.

Reconsiderar el significado de la muerte

A menudo se acepta sin cuestionar que la muerte es el final de la vida, el momento en que nuestra existencia terrestre llega a su fin. A partir de esta suposición surge la pregunta de qué puede haber después de la muerte, de si el yo, o el alma, se extinguirá o seguirá existiendo en otro lugar y, en tal caso, qué destino puede esperarle. Ante la inquietante incertidumbre de tales posibilidades, la muerte nos da miedo. Nos sentimos apegados a nuestra vida e intentamos encontrar formas de protegernos del «final» posponiéndolo en la medida de lo posible. Una muerte que nos llegue más tarde o en la vejez, cuando suponemos que habremos vivido más plenamente, nos parece más deseable que una muerte prematura, que se presente antes de que nuestra vida haya madurado. Mientras tanto, dejamos sin examinar el significado del final. No nos damos cuenta de que al hablar de un final que podría llegar antes o después, antes de que nuestra vida haya tomado forma o después, hemos preconcebido la vida desde un enfoque totalmente centrado en las metas como la duración de un estado concreto, a saber, la presencia de una conciencia en el mundo, que suponemos es una condición necesaria para adquirir experiencias con las que poco a poco se llena nuestra vida. Tal concepción de la vida, y de la muerte como su fin, no contempla la actividad que tiene sentido en sí misma.

Desde la perspectiva de la actividad por sí misma, la vida se encuentra ya de algún modo en el fin, en el sentido de su punto de culminación, de aquello a lo que aspira, pero también en el sentido de su límite, su conclusión, el final de lo que puede esperarse y conocerse. ¿No es este doble sentido de «fin» también el significado de la muerte?

Cuando hablamos de la muerte que nos llegará algún día, ¿qué otra cosa podría significar que una confrontación con lo imprevisible definitivo, a través de la cual la totalidad de lo que somos se ve amenazada? Por «muerte» no podemos entender nada más —ni nada menos— que el horizonte abierto y el misterio insondable que rodea la vida que ya estamos viviendo.

Así entendida, la muerte no es lo opuesto a la vida ni su negación. No es algo que venga a la vida desde el exterior como cuando a veces la representamos como la parca que se acerca fatídicamente con una guadaña. Esas imágenes macabras de la muerte sirven en realidad para convertirla en algo conocido, para asemejarla a una presencia amenazadora que podemos encontrar en el mundo. Al colocarla dentro del mundo, pasamos por alto que la muerte pertenece al mundo de manera intrínseca, al significado del mundo y al nuestro como seres que llegamos a comprender nuestra existencia través de la interpretación del mundo.

Del mismo modo, convertimos la muerte en algo conocido al describirla como «la extinción de la conciencia», una concepción de la muerte que toma como referencia las cosas que podemos ver, tocar y experimentar de manera directa, como las brasas del fuego que se apagan o el aliento o una bocanada de humo que permanece un instante en el aire antes de desvanecerse. Al evocar estos fenómenos que aparecen en nuestra conciencia, imaginamos que la propia conciencia puede sufrir un destino similar. Además, concebimos este destino como la «experiencia» de la nada y, para imaginar esta nada, sustraemos, por así decirlo, cualquier cosa que pueda presentarse ante nuestra mirada, hasta llegar a una oscuridad vacía, una «nada» que es la mera ausencia de las cosas que conocemos y no plantea ningún misterio en absoluto.

Esta concepción no considera la manera en que la muerte afecta el significado de todo lo que conozco, que no es simplemente una presencia o ausencia de un mundo que de algún modo permanece, sino la transformación de todo lo que puedo ver, tocar y considerar en lo que respecta a su sentido y significado, una interrupción a través de la cual mi propia identidad, así como la del mundo, queda en un estado de suspensión. La muerte, en este sentido —en realidad el único sentido que puede estar a la altura de nuestras interpretaciones de que la muerte es «inevitable», «irreversible», «total» y «misteriosa»—, solo puede entenderse desde la perspectiva comprometida de un viaje con un final abierto, desde la perspectiva de una vida que no «es» sino que deviene y, al devenir, no aspira a ningún fin externo a sí misma.

Aunque cuando pensamos en la muerte e intentamos conceptualizarla a veces reconocemos que abarca la totalidad de lo que somos y que, en cierto sentido, implica una alteración del *significado* de las cosas (y no solo de su constitución física), volvemos a caer en una comprensión de su «significado» basándonos en las cosas que se puede decir que surgen y desaparecen en el tiempo, como las entidades físicas que nos confrontan en su persistencia temporal y su fragilidad última. De manera análoga, entendemos la interrupción como la ruptura de algo presente, como el estallido de un vaso que cae al suelo. De este modo, acabamos hablando de la muerte de forma totalmente confusa.

No es difícil encontrar ejemplos de tal confusión. En un libro dedicado al significado de la muerte, un autor explica el siguiente experimento mental destinado a entender la relación entre la muerte y el sentido de la vida:

> En cierta ocasión impartí un seminario sobre la muerte a un grupo de estudiantes universitarios. El primer día les pedí que guardaran sus libros y tomaran un papel y un lápiz. Luego les dije que escribieran cuatro o cinco cosas de las más importantes de su vida, y que doblasen el papel. Les prometí que nadie vería lo que habían escrito. Cuando terminaron, les pedí que me pasaran los papeles doblados. Les aseguré que no me interesaba lo que habían escrito. Lo importante era que cada uno supiera lo que ponía en su papel y que lo retuviera en la mente.
>
> Cuando me pasaron todos los papeles, hice con ellos un montoncito. Les propuse que se concentrasen en sus papeles y en lo que habían escrito. Luego agarré los papeles y los rompí poco a poco hasta convertirlos en pedacitos pequeños. Aquello, les dije, era lo que cada uno de ellos —cada uno de nosotros— debía afrontar. Aquello era lo que teníamos que intentar entender de la mejor manera posible.[1]

Lo que destaca en esta representación de la muerte no es tanto su nihilismo —la muerte como destrucción del significado en vez de algo significativo en sí mismo—, sino su absoluta banalidad. Esas cosas importantes que se dice que la muerte anula se comparan con simples objetos —los papeles— que se rompen sin más; en un momento están aquí y en el siguiente ya no están. De esta manera, el misterio y la totalidad de la muerte se reducen a una posibilidad perfectamente conocida de lo que puede ocurrirle a cualquier cosa que pueda verse y tocarse. Por su parte, «las cosas que importan» se entienden en relación con un objetivo o un estado de la existencia: algo que se debe adquirir, preservar o mantener a lo largo del tiempo, pero que siempre es vulnerable a la destrucción. Aquí se ignora por completo la relación del significado con la actividad, la interpretación y el diálogo, y la temporalidad especial que podría corresponder a dicha actividad.

Una prueba de este olvido es el desinterés del profesor por lo que habían escrito sus alumnos. Solo les pidió que retuvieran «en la mente» lo que habían escrito, una petición que refleja el prejuicio habitual de que el significado puede representarse como un estado mental. Pero ¿y si en lugar de las cosas que el profesor sin duda suponía que sus alumnos podrían anotar —«mi familia», «mis amigos», «mi perro», cosas que son ciertamente significativas cuando se consideran desde la perspectiva de la *actividad*, pero que a menudo se malinterpretan como entidades que aparecen y desaparecen—, ellos hubieran escrito una estrofa de su poema favorito, una pregunta o simplemente la palabra «filosofar» o, mejor aún, la afirmación de Sócrates de que la «vida no examinada no merece la pena ser vivida»? La relación de tales cosas con el tiempo es algo que seguiremos examinando en el resto del capítulo, cuando analicemos la temporalidad de los asuntos relacionados con la interpretación y el autoconocimiento. Pero, por lo que ya hemos considerado, debería quedar claro que la manera en que tales cosas se relacionan con el tiempo es muy diferente a la de las metas, los productos acabados y los estados del mundo que pueden persistir o desaparecer. El hecho de que equiparemos tan fácilmente el significado con el enfoque orientado a las metas revela lo inmersos que estamos en una visión del mundo que oscurece el reconocimiento del viaje continuo de la vida y la manera en que es temporal.

La concepción de la muerte como un acontecimiento que nos alcanzará en algún momento, no ahora, sino más tarde (ojalá que mucho más tarde), no hace justicia ni al misterio de la muerte ni, como exploraremos ahora, a lo ilimitado de la vida. Pues cuando examinamos las maneras habituales de concebir el final que está por llegar —la desaparición del cuerpo, la extinción de la conciencia—, descubrimos que esa muerte no puede contener ni abarcar la fuerza activa e interpretativa de la vida que se manifiesta en cada momento en la postura que adopta y en la comprensión que proyecta, que es *algo más* que la presencia corporal de un individuo *en* el mundo o de la existencia de una conciencia subjetiva que ahora está aquí para percibir e informar de las cosas, pero que algún día puede estar ausente. Para examinar este «algo más» que no solo sobrevive a la desaparición del cuerpo sino que también puede, al enfrentarse a tal final, llegar a afirmarse de nuevo, empecemos por explorar la insuficiencia de la conciencia como vía de acceso al yo.

La conciencia como fruto del viaje de la vida

Si la muerte se concibe ante todo como la extinción de la conciencia, entonces deberíamos definir la vida a través de la conciencia. Pero cuanto más examinamos esta, más descubrimos que no es más que una posibilidad de la vida, a menudo una posibilidad superficial.

En primer lugar, podríamos observar que cuanto más vivimos de verdad, en el sentido de participar con pasión y dedicación en actividades que expresen lo que somos, menos conscientes somos de nosotros mismos como seres separados de lo que hacemos. Cuando descubrimos que nuestra conciencia está ocupada en algo, con frecuencia su contenido resulta trivial en comparación con la comprensión de nosotros mismos que está implícita en lo que *estamos haciendo* sin reflexionar de manera explícita en ello. Pongamos el caso de un jugador de béisbol que se desplaza discretamente hacia el centro del campo justo antes de que se produzca el lanzamiento de la pelota. Con su atención consciente puede estar pensando en la letra de alguna canción de moda o en lo que ha almorzado. Sin embargo, su movimiento sutil, al que no llega su atención consciente, habla de un conocimiento práctico que se expresa en su forma de jugar, un conocimiento de un aspecto del mundo (el juego del béisbol) que es, al mismo tiempo, una forma de autoconocimiento, una comprensión de sí mismo como jugador, pero también de su identidad como alguien comprometido con una forma de vida, un viaje en el que la pelota de béisbol tiene un lugar.

O consideremos al gran tenista Rafa Nadal, quien, incluso después de una aplastante derrota en la final de un gran torneo, se para a firmar autógrafos a los aficionados al salir de la cancha de tenis. Es fácil imaginar que mientras garabatea su firma en las pelotas amarillas que le tienden ansiosos sus fieles seguidores, su mente está en otra parte, reflexionando tal vez sobre la decepcionante derrota o quizá anhelando un momento para descansar en silencio en el vestuario antes de que le acosen los medios de comunicación. Pero sus acciones en esa situación, que pueden eludir por completo su atención consciente, hablan de una virtud y una sabiduría que son innegablemente suyas. Y al ser suyas, pueden expresarse también para que todos los que estén allí con él las entiendan, interpreten y apliquen en su propia vida.

Aunque solemos considerar que la atención explícita y centrada en algo —ya sea en el juego del béisbol o en nuestra forma de actuar, sea virtuosa o no— es la forma más elevada y reflexiva de comprender algo, e incluso la quintaesencia de la razón, deberíamos considerar que podría ser justo al revés. Comprendemos las cosas sobre todo cuando nos relacionamos y nos comprometemos con ellas, mucho más que reflexionando sobre ellas. Y rara vez nuestra reflexión sobre las cosas en las que estamos inmersos —cuando les prestamos una atención consciente— logra hacer justicia a su significado.

Por supuesto, podemos hacernos conscientes de aspectos de nuestra forma de vivir que son esenciales en cuanto a lo que somos y que suelen quedar fuera del alcance de nuestra atención explícita. Reducir la conciencia a una canción que se nos ha metido en la cabeza no contempla la manera en que la conciencia explícita y la autorreflexión pueden ayudarnos en ciertos momentos a hacernos más dueños de nosotros mismos. Pensar las cosas detenidamente, de forma explícita y deliberada, puede llevarnos a una comprensión profunda, motivadora o liberadora de lo que estamos haciendo y de quiénes somos. Podemos vernos impelidos a esa autorreflexión consciente cuando alguien nos pregunta por qué actuamos de cierta manera, cuando podríamos haberlo hecho de otra, o cuando nos elogian o critican por una acción sobre la que no nos habíamos parado a pensar. Pero al plasmar nuestra acción en palabras, la ofrecemos para que sea interpretada y desarrollada por quien sea que esté allí con nosotros. Al explicar nuestras acciones, no estamos revelando por primera vez los contenidos de nuestra mente para que todos los vean. Lo que ofrecemos es una visión concreta de una vida ya manifestada, abierta a la interpretación desde muchas perspectivas. Por tanto, la conciencia, por muy esclarecedora que sea, es el fruto de la interpretación activa del significado de la vida que siempre estamos llevando a cabo.

Al centrarse en el modo en que la acción, la narración y la interpretación definen la vida, Nietzsche establece una sorprendente comparación: la *conciencia* de nuestro significado no es mayor que la que tienen los guerreros pintados en un lienzo de la batalla que están librando.[2] Obviamente, los guerreros pintados no tienen conciencia de sí mismos ni de lo que están haciendo. Sin embargo, su acción, tal y como se representa en el cuadro, encarna un significado que debe ser interpretado por quien tenga interés en mirar. No es la conciencia sino la actividad y la narración, sugiere Nietzsche, lo que define a una persona.

De manera más precisa, la conciencia es una forma de actividad en sí misma, un compromiso con aquello de lo que uno es consciente, la idea que le cautiva y le mueve a pensar, el dilema que le enfrenta y le lleva a deliberar. Pero esto significa que la conciencia nunca es realmente «propia» en el sentido de «mía y no de otro». La conciencia es siempre conciencia compartida en la medida en que los llamados «otros» se definen a su vez en relación con las mismas ideas y dilemas que a mí me motivan. En cuanto somos conscientes de nosotros mismos y de cualquier aspecto de nuestro mundo, somos conscientes de que somos intérpretes de un significado que no se limita a una representación subjetiva que es simplemente «nuestra».

Algunos sostienen que la experiencia compartida alcanza su límite en ciertas formas de conciencia, como el dolor, que son completamente subjetivas. Nadie más que yo puede sentir el dolor de mi dedo del pie cuando me doy un golpe. Pero esta misma forma de hablar del dolor —situándolo en mi dedo o en mi mente— pasa por alto la importancia de la actividad compartida para determinar qué es exactamente lo que siento y cómo podría responder a ello. La idea de que el dolor o cualquier sentimiento son subjetivos supone que solo son sensaciones crudas que se experimentan de forma pasiva y que no requieren ser expresadas, interpretadas y atendidas. No puede explicar que no sentimos realmente el dolor como tal hasta que lo entendemos de manera implícita con respecto a alguna actividad para la que es relevante. Por ejemplo, el dolor que uno siente durante una intensa carrera de una milla —la sensación de que te queman los pulmones, el agotamiento extremo en las piernas— podría ser una señal que impulse a seguir adelante y a luchar a pesar de las molestias, o una indicación para aflojar un poco el ritmo y reservar la energía para el *sprint* final. En este contexto, el dolor se percibe como una forma de resistencia que es previsible y que debe superarse. En su cualidad, no solo en su intensidad, difiere del dolor repentino e inesperado que se asocia a una lesión. Aunque el dolor de una lesión puede, en muchos casos, ser menos intenso que la sana fatiga del esfuerzo, el primero suele frenar más que estimular. El dolor de una lesión impulsa a detenerse para recuperarse y evitar daños. Así pues, el dolor está determinado por la situación en la que se produce.

Pero esto significa que el dolor no es algo particular y subjetivo, algo que solo yo, el que experimenta el dolor, pueda sentir. Pues la situación de dolor implica una comprensión compartida. Es posible malinterpretar la situación y, en consecuencia, el propio dolor. Esto les ocurre a menudo a los principiantes en un deporte, que confunden la sensación saludable de esforzarse al máximo con algún tipo de dolor perjudicial, lo que los lleva a retirarse cuando deberían seguir adelante, o bien ignoran el dolor debido a una lesión considerando que «no es para tanto» y siguen empujando cuando deberían parar. Gracias a la interpretación que hace el entrenador de la sensación en su contexto, el deportista puede empezar a reconocer el dolor por lo que es. El contexto en el que se produce el dolor se convierte en una actividad compartida.

El hecho de que la conciencia esté enraizada en una actividad compartida y no sea un fenómeno autónomo, tiene profundas implicaciones en la manera de concebir la vida y la muerte. Si la vida fuera tan solo un periodo de tiempo en el que un individuo, o un punto de conciencia, tiene ciertas experiencias (placeres, dolores, victorias y derrotas), podría tener sentido concebir la muerte como el momento en que la vida llega a su fin. Es posible imaginar la interrupción o desconexión de un mero estado de la existencia como la presencia de una conciencia que asimila cosas y adquiere «experiencia». Pero si la vida está definida por el afán de coherencia, la muerte no puede ser ese punto final. Pues una historia, ya sea escrita sobre papel o representada en una manera de ser, posee una integridad y una fuerza propias, que no dependen necesariamente de si su protagonista está encarnado en la tierra ni de si es consciente del significado de la historia.

Si entendemos la muerte como la desaparición del cuerpo o la extinción de la conciencia, debemos considerar que una vida finaliza con la muerte en la misma medida que una historia llega a su fin cuando se destruye el papel en el que está escrita. Ambas siguen actuando como fuentes de inspiración y entendimiento para quienquiera que se involucre en la historia, ya sea de manera directa, como podríamos decir de los supervivientes, o implícita, en el caso de los devotos intérpretes que quizá nunca conocieron a la persona real, pero que se sienten conmovidos por su ejemplo.

Incluso cuando no quede nadie vivo que pueda recordar un nombre concreto conectado con una historia, algo que es casi inevitable cuando han pasado varias generaciones, la historia en sí —la postura que alguien representa respecto a lo que significa existir—, en principio, puede siempre retornar en las acciones de aquellos que a su manera y en su tiempo adopten una postura similar. Aunque Platón no hubiera escrito la historia de Sócrates y no tuviéramos conocimiento directo de las circunstancias precisas de la virtud que manifestó al dedicarse a la filosofía, su vida, es decir, la actividad que definió su vida, seguiría expresándose en esa combinación de ligereza y compromiso del protagonista de *La vida es bella*, así como en la de todas las personas que, sin tener un conocimiento explícito de un hombre llamado Sócrates, manifiestan algo socrático en su forma de vivir. Vivir una vida orientada a la virtud y a la integridad supone participar en un proyecto que trasciende los límites de la conciencia y las vicisitudes de la existencia encarnada.

Como demuestran Sócrates y el héroe de *La vida es bella*, la muerte, en el sentido de desaparición del cuerpo, puede ser incluso una parte importante de la vida concebida como una narración. Cuando la muerte constituye una expresión de aquello por lo que uno lucha, de un sentimiento exuberante de la vida imbuido de autodominio, representa un momento de culminación más que de ruptura. La palabra griega para morir, *teleutein*, conserva el sentido de culminación, ya que significa «llegar al propio *telos*» o «propósito». Para entender quién es Sócrates e intentar vivir según su ejemplo, no podemos olvidar la forma en que se enfrentó a la muerte por amor a la filosofía. Su juicio y ejecución son esenciales para su historia.

No todas las muertes resuenan de manera tan personal. Es posible que incluso la muerte de Sócrates fuese embellecida por Platón. Pero muchos ejemplos de muertes que son más mundanas o fortuitas que heroicas nos recuerdan que la esencia de una persona trasciende su presencia física en la tierra. En cuanto alguien «deja este mundo», como solemos decir, y ya no se manifiesta en el cuerpo al que llamábamos su «persona», nos damos cuenta de que lo que extrañamos de su presencia no es solo su cercanía física, sino sus gestos característicos, que han dejado de expresarse ante nosotros: esa manera encantadora de guiñar el ojo o sonreír, su forma de andar, la cadencia de su voz cálida. Pero esos gestos encarnan significados que es necesario interpretar. Solo llegamos a apreciarlos en la medida en que los comprendemos, lo que a menudo hacemos cerrando los ojos. Aunque se manifiestan a través del cuerpo, los gestos de una persona van más allá de lo que el cuerpo por sí solo puede transmitir.

Mucho antes de elogiar a las personas después de su muerte por sus expresiones y gestos característicos, ya lo hacemos de algún modo mientras están vivas. Cuando nos referimos a los gestos de una persona y los interpretamos, quizá al describírselos a alguien mientras explicamos una historia o simplemente cuando los apreciamos y les atribuimos un sentido para nosotros, estamos relatando una forma de vida que excede su manifestación en un momento y un lugar concretos.

Cuál es el error en la obsesión por prolongar la vida

La forma en que el yo activo trasciende lo que manifestamos en un momento dado debería liberarnos de nuestros esfuerzos obsesivos por prolongar la vida en el sentido físico o biológico. El significado o el sentido que proyectamos mientras estamos vivos no depende de que nuestra vida sea larga o corta. Una persona puede vivir una vida infinitamente larga, pero totalmente fragmentada, de tal modo que cada momento de la vida constituya una mera novedad o accidente que queda desplazado por el siguiente. Una vida de este tipo siempre necesita más tiempo para reponer las cosas que van desapareciendo. En cambio, es posible vivir una vida corta, pero que integre lo que va llegando en cada instante, asiéndolo como un momento en el cual la totalidad de su existencia resuene de nuevas maneras. Una vida de este tipo se encuentra siempre a la vez en el final y en el principio y, por tanto, no necesita más tiempo.

No hay nada que se oponga a que una vida larga sea coherente. Pero centrarse en la duración de la vida puede ir en detrimento de la coherencia. Pues siempre habrá situaciones que nos obliguen a elegir entre el simple hecho de vivir y una vida que podamos defender, entre quedarnos agazapados en un rincón seguro y afirmar quiénes somos.

La razón por la que nos entregamos tan fácilmente a la subsistencia a expensas de la coherencia narrativa puede remontarse a la influencia de Hobbes y a su glorificación de la supervivencia como un instinto tanto natural como moral. Algunos pensadores contemporáneos, como Steven Pinker, han adoptado sin darse cuenta la perspectiva de Hobbes cuando sostienen que, en un mundo plagado de conflictos morales, el único valor «objetivo» en el que todos podemos estar de acuerdo es la supervivencia. Ejemplos como Sócrates nos vuelven a recordar que los argumentos morales tan aparentemente obvios distan mucho de ser evidentes. Cuando un joven orador reta a Sócrates a abandonar la filosofía y dedicarse a la retórica para protegerse de los posibles acusadores en los tribunales, Sócrates responde: «Pues, ciertamente, el vivir mucho o poco tiempo no debe preocupar al que, en verdad, es hombre [...], remitiendo a la divinidad el cuidado de esto y [...] debe seguidamente examinar de qué modo llevará la vida más conveniente durante el tiempo que viva».[3] Sócrates continúa explicando que no venderá su alma a la ciudad para complacerla como hacen los oradores.

En contraposición con Hobbes y sus seguidores modernos, Nietzsche retoma la antigua crítica a la lucha por vivir una larga vida. Invirtiendo nuestras interpretaciones contemporáneas, Nietzsche afirma que algunos mueren demasiado pronto y «muchos mueren demasiado tarde».[4] Elabora esta afirmación contraintuitiva mediante las palabras del protagonista de su obra más significativa, *Así habló Zaratustra.* (Al igual que Platón, Nietzsche transmite gran parte de su pensamiento a través de las aventuras y enseñanzas de un héroe filosófico idealizado). Zaratustra enseña que, en vez de aspirar a una larga vida, hay que morir en el momento oportuno: «Quien tiene una meta, y un heredero, quiere la muerte en el momento justo para la meta y el heredero. Y, por respeto a la meta y al heredero, yo no colgaré ya coronas marchitas en el santuario de la vida».[5]

A primera vista, el hecho de que Zaratustra hable de morir para una meta parece sugerir precisamente el enfoque orientado a las metas que hemos cuestionado. Sin embargo, deja muy claro que el significado de una meta no reside en la meta en sí, sino en el viaje al que da pie. «Lo más grande del hombre es que es un puente y no una meta»,[6] dice. Cuando Zaratustra habla del «momento justo», se refiere a algo más que al tiempo necesario para alcanzar un resultado previsto, ya sea algo de alcance limitado o grandioso, bueno o malo. La imaginería que invoca para esclarecer «la meta y el heredero» nos saca del marco del esfuerzo orientado a las metas, refutando la idea de que la muerte sea un simple medio para acelerar la llegada de algún resultado previsto, y apuntando en cambio a una actividad mantenida gracias a los amigos: «En verdad, una meta tenía Zaratustra, y ya lanzó su pelota. Ahora, amigos, vosotros sois los herederos, a vosotros os lanzo la pelota de oro. Amigos míos, veros lanzar la pelota de oro es lo que más me complace. Por ello quiero seguir todavía algún tiempo más en la tierra. ¡Perdonádmelo!».[7]

La pelota de oro significa la vocación que anima la vida de Zaratustra. Pero esta llega a ser lo que es solo al ser lanzada. Es la actividad de lanzar, no el blanco, lo que constituye el significado de una meta. Zaratustra deja sin especificar el destino de la pelota de oro. El propósito del lanzamiento no es alcanzar un destino final, sino iniciar un juego entre amigos que puedan seguir lanzándose la pelota entre ellos.

Como aficionado al deporte, me resulta difícil leer este fragmento sin imaginar una serie de hábiles pases en los minutos finales de un partido de baloncesto. Aunque se puede pensar que el objetivo del pase es encestar la pelota, la enseñanza de Zaratustra dirige nuestra atención al pase en sí, sugiriendo que hay algo inherente en la habilidad, la armonía y la vitalidad del juego que trasciende cualquier resultado.

El juego de lanzar la pelota también puede recordar a Sócrates, cuya «meta» consistía en la actividad mantenida del diálogo, y quien estaba dispuesto a renunciar a su existencia en la tierra para que la vocación que definía su vida pudiera continuar con más fuerza aún entre sus amigos. El mensaje de Nietzsche es: reverenciar «la meta y el heredero» significa vivir una vida al servicio de aquellos proyectos y compromisos que estamos dispuestos a defender. Se trata de disfrutar llevándolos a cabo y de inspirar a los demás para que los perpetúen. En la medida en que nos involucremos plenamente en ellos, moriremos en el momento adecuado para esos proyectos, hayamos o no pensado de manera explícita en la muerte o en cuándo nos llegará. Para alguien que de verdad se preocupe por un «heredero», la cuestión de cuándo morir no es algo que piense y planifique con anticipación para obtener algún beneficio. La cuestión del cuándo se decide en la propia actividad de cuidar al heredero, asegurándose de que viva y se desarrolle. Por ejemplo, el héroe de *La vida es bella* no pensaba de antemano: «Estoy dispuesto a morir para proteger a mi mujer y a mi hijo». Fue el acto de proteger a su hijo, que para él era simplemente una forma de ser él mismo, lo que le llevó a la muerte. Sin embargo, esta muerte no fue el final de su vida. Como descubrimos en las últimas palabras que se pronuncian en la película, el narrador, que había aparecido brevemente al comienzo, se revela ahora como el hijo del héroe, ya adulto: «Esta es mi historia. Ese es el sacrificio que hizo mi padre. Ese era el regalo que tenía para mí».

La imagen de Nietzsche lanzando la pelota de oro une el compromiso tenaz con el juego despreocupado, el juego como una actividad que no apunta a nada fuera de sí misma, como cuando los niños juegan al escondite. El mismo nombre de este juego revela que lo fundamental es esconderse y que el hecho de encontrar no es más que una ocasión para volver a jugar. Nietzsche nos insta a tomarnos en serio el juego, a liberarnos de la pesadez autoimpuesta de las listas de tareas, las fechas límite e incluso las imágenes de un mundo futuro mejor, y a que nos centremos en la plenitud y las posibilidades de la vida en cada instante. Desde su perspectiva, la expresión usada con frecuencia para referirse a un acontecimiento deportivo o a una competición entre amigos de que «no es más que un juego», en contraposición con los asuntos serios —la carrera profesional, la reforma política o una auditoría fiscal— no puede estar más lejos de la verdad. Pues el espíritu que caracteriza al juego —el compromiso, la absorción, la alegría y el no perseguir nada fuera de sí mismo— define la actitud con la que deberíamos abordar todos los proyectos denominados serios. Es el ideal que deberíamos intentar recuperar cuando nos enfrentemos a la decepción y a la pérdida.

La vida que no busca nada más excepto a sí misma existe en un plano diferente de aquel que se agota con el tiempo. Cuando vivimos completamente inmersos, alegres y en armonía con nosotros mismos en lo que hacemos, ya estamos preparándonos para «morir en el momento justo». Pues, cuando la muerte llegue, no podrá hacer otra cosa que afirmar quiénes somos.

El oro de la pelota evoca el sol, al que Zaratustra se refiere en la conclusión de su discurso sobre la «muerte voluntaria»: «¡Sigan brillando en vuestra agonía vuestro espíritu y vuestra virtud, como el arrebol del poniente en torno a la tierra! [...] Así quiero morir yo también, para que améis más la tierra por amor a mí».[8] Amamos más la tierra al atardecer, cuando las sombras se alargan y el horizonte se ilumina con colores. Nietzsche sostiene que el resplandor de un espíritu al morir puede irradiar de una manera que solemos olvidar cuando ese espíritu se encuentra en el mediodía, por así decirlo, mientras la persona está viva, entre nosotros, y damos por sentada su presencia luminosa. Da a entender que la muerte puede ser un momento de inspiración y continuidad, para los propios amigos y para todos aquellos que prometen y esperan. Su planteamiento no es que debamos aspirar a una muerte heroica, sino que no debemos permitir que la perspectiva de la desaparición corporal distorsione el espíritu lúdico que anima la vida que vivimos.

Incluso mientras aguardaba a su ejecución sentado en la prisión, Sócrates siguió conversando con sus amigos, gastando bromas con ironía y dedicándose a la filosofía, como habría hecho cualquier otro día. Cuando su amigo Critón entra en la celda trayendo la supuestamente terrible noticia de que «ha llegado el barco de Delos», lo que significa que el festival dedicado a Apolo ha terminado y que Sócrates será ejecutado al atardecer, este le responde en su estilo habitual con una refutación que resulta misteriosa, divertida y conmovedora a la vez. Explica a Critón que acaba de despertar de un sueño en el que una bella mujer vestida de blanco se le acercó y le dijo: «Sócrates, al tercer día llegarás a la fértil de Ptía».[9] La fértil Ptía es la patria de Aquiles, y llegar a Ptía implica pasar a la otra vida. Ateniéndose a las palabras de la misteriosa mujer, Sócrates desdeña las noticias que le trae Critón, procedentes de los mensajeros que han visto llegar el barco. Incluso en un momento de aparente impotencia ante el inminente destino fatal, Sócrates es capaz de recurrir a su ingenio para insinuar sutilmente que él sigue a una autoridad que está por encima de los mensajeros humanos. Mientras que el mensaje de Critón representa las convenciones de la ciudad, la mujer vestida de blanco, podemos interpretar, representa la filosofía.

Como la actividad de lanzar la pelota de oro, la vida no se detiene con la desaparición del cuerpo o la extinción de la conciencia. La actividad de lanzar persiste entre los amigos. Los amigos a los que se refiere Zaratustra son «los que esperan y prometen», no solo los que puedan estar presentes cuando muera o aquellos a los que conoce personalmente, sino también los amigos del futuro que, a su manera, se embarquen en su proyecto, sabiendo o ignorando que este pertenece a un hombre llamado Zaratustra.

Nuestra relación con Sócrates, o con cualquier figura del pasado que nos inspire, ilustra el punto de vista de Nietzsche. Cuando reconocemos en Sócrates un modelo de cómo vivir e intentamos hacer realidad la vida examinada como él hizo, somos receptores de su «lanzamiento» y pasamos su pelota de oro a través de nuestras acciones.

Crítica al yo como «sujeto» y al mundo como «objeto»: implicaciones para la vida y la muerte

Podríamos inclinarnos a pensar que el Sócrates que vive a través de nosotros es un Sócrates meramente metafórico, distorsionado por nuestra visión personal, incapaz ya de hablar por sí mismo y de cuestionar cualquier interpretación que podamos atribuirle. Al acudir a él en busca de guía, podríamos preguntarnos si estamos haciendo realmente lo que él haría o si lo estamos utilizando para validar alguna forma de actuar que él habría rechazado de haberse encontrado verdaderamente «aquí» para dialogar cara a cara. Sin embargo, este escepticismo parte del supuesto erróneo de un Sócrates estático, cuya identidad quedó fijada y esculpida en el año 399 a. C. (cuando fue ejecutado), delimitando a un individuo completamente formado y autodefinido, cuyas opiniones y tendencias subjetivas solo podemos adivinar de manera retrospectiva. Pero tal distinción entre el Sócrates «real» y nuestra interpretación de él es un sesgo de una comprensión moderna del yo que el propio filósofo habría rechazado.

Él no se consideraba a sí mismo como un individuo aislado con sus pensamientos y sentimientos privados, sino como un aventurero filosófico activo cuya identidad se expresaba y definía a través del diálogo con los demás. Vivió su vida con un enfoque perdurable hacia unas ideas que pudieran ser accesibles para cualquier persona que estuviera dispuesta a reflexionar sobre ellas. Durante todo el tiempo que vivió en la antigua Atenas, reveló quién era interrogando a los demás y siguiendo la lógica interna de las ideas que desarrollaba con sus interlocutores.

La concepción activa y dialógica del yo que Sócrates manifiesta en sus palabras y actos se ve fácilmente oscurecida por la actual tendencia a la distinción entre el sujeto y el objeto, según la cual el yo es ante todo una esfera privada de la conciencia cuyo acceso al «mundo exterior» se limita a las representaciones subjetivas (percepciones, ideas), que podrían no estar alineadas con las cosas tal y como son en realidad. Para establecer una conexión significativa con el mundo, es necesario alinear las representaciones subjetivas con la realidad. De este modo, se consigue alcanzar la «objetividad» o percibir el objeto correctamente. Realizamos esta distinción entre el sujeto y el objeto de manera implícita cuando interpretamos el hecho de que las cosas pueden no ser lo que parecen como un posible «engaño subjetivo» o alucinación, en vez de como lo que «realmente ocurre en el mundo». Esta concepción del yo como sujeto distinto del objeto subyace tras las ideas que constituyen la trama de películas como *Matrix*, *El show de Truman* u *Origen*, que juegan con la posibilidad de que nuestra conciencia de lo que tomamos por real pueda estar totalmente equivocada o de que podamos estar soñando cuando creemos estar despiertos. La consecuencia de tal concepción es que puede que no seamos capaces de relacionarnos con la realidad hasta haber pasado por un largo proceso autorreflexivo de superación de la ilusión.

Esta manera de entender el yo solo podría ser posible si nos abstraemos de una relación comprometida y activa con las cosas en la manera de tratarlas, cuidarlas, responder a sus estímulos y extraer lecciones sobre cómo vivir. Para un aventurero que aborda la vida como un viaje de autodescubrimiento, no existe un «mundo aparente» al margen del mundo real. Pues la apariencia de las cosas se presenta para su discernimiento e interpretación en la búsqueda del autoconocimiento y, por tanto, es inherente a las cosas en sí mismas. Un árbol que se inclina con el viento es un ejemplo de resistencia y dominio. Una bandada de pájaros que vuela a gran altura en el cielo es un signo de libertad. Desde esta perspectiva, la cuestión de si el árbol o la bandada de pájaros son reales o ilusorios carece de sentido y es irrelevante. Ni siquiera se plantea. Igualmente irrelevante es la cuestión de si uno está despierto o dormido. Pues una compresión profunda o una fuente de inspiración es la misma si se descubre en un sueño o en la vida «real». Como dice Nietzsche: «Las vivencias que tenemos mientras soñamos, suponiendo que las tengamos a menudo, acaban por formar parte de la economía global de nuestra alma lo mismo que cualquier otra vivencia "realmente" experimentada: merced a esto somos más ricos o más pobres, sentimos una necesidad más o menos, y, por fin, en pleno día, e incluso en los instantes más joviales de nuestro espíritu despierto, somos llevados un poco en andaderas por los hábitos contraídos en nuestros sueños».[10]

Incluso los fenómenos que desde una perspectiva del sujeto y el objeto nos inclinamos a considerar ilusiones, desde la perspectiva de la búsqueda del autoconocimiento son entidades que tienen una existencia intrínseca. Imaginemos que vamos conduciendo un coche en una tarde calurosa y frente a nosotros, en medio de la carretera, vemos algo que parece un charco. Sin embargo, al acercarnos, enseguida nos damos cuenta de que la vista nos ha engañado y se trata solo del espejismo de un charco que, según nos enseña la ciencia, ha provocado el calor que desprende el pavimento. Educados como estamos para ver las cosas como objetos que pueden estar enmascarados por nuestra predisposición subjetiva defectuosa (la percepción desde lejos o desde un mal ángulo, un problema en la visión, afecciones como el daltonismo, una alucinación, etc.), no consideramos el significado y el sentido de la apariencia de las cosas que percibimos por primera vez, incluso después de haber confirmado la supuesta inexistencia de estas. No reflexionamos adecuadamente sobre el hecho de que el agua puede parecer como una posibilidad en la carretera solo porque entraña cierto significado, que en este contexto podría describirse en relación con una carretera que podría estar mojada y, por tanto, suponer un riesgo para la conducción, sobre todo si frenáramos bruscamente. Para el conductor que ve agua y se da cuenta después de que no es agua, la experiencia fundamental no es la de una ilusión que se disipa, sino la de adaptarse a la carretera: primero avanzar con precaución y después continuar el viaje. La ilusión, por así decirlo, tiene que ver tanto con la comprensión total de la situación, expresada en la forma de conducir el coche, como con el estado «real» de las cosas.

O, desde una perspectiva más poética, la experiencia no tiene nada que ver con la ilusión en absoluto, sino que es, literalmente, la del agua que se retira y se evapora ante nuestros ojos, una expresión de las esperanzas truncadas del que «camina por el desierto», metafóricamente hablando. La idea de que el mundo presenta una gran variedad de cosas que podemos llegar a conocer «de forma objetiva», liberados de nuestro sesgo subjetivo, pasa por alto la relación previa y la conexión inextricable, del yo y el mundo que caracteriza la vida como un viaje.

Sin embargo, incluso René Descartes, el principal teórico de la cosmovisión moderna del sujeto y el objeto, con su célebre planteamiento de que todo lo que vemos y tocamos podría ser el fantasma de nuestra propia mente implantado por un malvado demonio y que no se corresponde con nada real, dejó entrever algo «socrático» en su concepción del sujeto. Para Descartes, la actividad de pensar, cuyo paradigma, a su juicio, es la contemplación de las relaciones geométricas, apunta a un concepto del yo definido en lo que podríamos llamar una cierta comunidad compartida con los demás, por tanto, más allá de lo meramente subjetivo. Al considerar las mismas relaciones geométricas (por ejemplo, la longitud que debe tener el lado de un cuadrado para que su área sea el doble de la de otro cuadrado dado) y llegar a la misma conclusión a través del razonamiento (que ese lado que buscamos equivale a la diagonal del cuadrado dado), nos relacionamos con una verdad que es común a todos y no exclusiva de la esfera subjetiva idiosincrásica de cada uno de nosotros (según el planteamiento de Descartes). Cuando pensamos el mismo pensamiento, coincidimos con los demás en una comunidad definida, en el momento de relacionarnos con la comprensión geométrica, por una idea que todos poseemos, una idea que va más allá del punto de vista subjetivo que podamos tener y que nos conecta con algo que posee su propia estructura e integridad y que, a diferencia de las cosas del mundo corporal o del dominio psíquico, es invulnerable a la decadencia en el tiempo.

El propio Sócrates recurría a menudo a ejemplos geométricos para ilustrar lo que es común al alma de cada uno de nosotros y nos conecta con un orden de las cosas más allá de lo visible y tangible. Sin embargo, lo que diferencia su punto de vista del de Descartes es su concepción mucho más expansiva de lo que es común a todos nosotros. Pues, según Sócrates, la contemplación de las concepciones y relaciones *morales*, lo que en la actualidad llamaríamos «valores», tampoco puede reducirse a lo meramente subjetivo ni a lo convencional. Afirmar, por ejemplo, que «lo justo es dar a cada uno lo que se debe» puede ser tan cierto, nos señala, como afirmar que «dos y dos son cuatro». Aunque podamos discrepar sobre el significado preciso de la justicia y nos parezca, por tanto, que nuestras «opiniones subjetivas» están en conflicto, el desacuerdo, nos enseña Sócrates, se debe a que captamos aspectos diferentes de la misma cosa. Es decir, nuestros desacuerdos parten siempre de una base común: por ejemplo, que la justicia es una virtud, que debe distinguirse de la injusticia, que implica la distribución adecuada de las cosas, etc. En medio de una discusión acalorada sobre concepciones divergentes, pasamos por alto el acuerdo abrumador que hace posible toda divergencia. Las opiniones discutibles sobre el bien y el mal que nos inclinamos a considerar meramente subjetivas, como la de que «el poder determina lo que es correcto» o que la justicia es «pagar lo que se debe», son en realidad cuestiones de interpretación que deben desarrollarse y aclararse mediante el diálogo. Y al entablar un diálogo, ya sea con los amigos o dentro de nosotros mismos, participamos en una actividad que trasciende las fronteras de nuestra conciencia y los límites de la existencia encarnada.

La otra cara de la expansión de Sócrates de lo que podríamos llamar una comunidad de entendimiento hacia el ámbito moral es su cuestionamiento crítico de las verdades que encierran las matemáticas. Hoy en día solemos considerar que las matemáticas se ocupan de las relaciones formales entre entidades abstractas (números, líneas, figuras) y que las verdades a las que llegan son siempre y en todas partes las mismas. Sin embargo, para Sócrates, las matemáticas son mucho más concretas y abiertas a la interpretación de lo que podríamos pensar. A sus interlocutores les demostró que, cuando se someten a examen, las verdades supuestamente inamovibles y evidentes de las matemáticas están tan abiertas a debate como las cuestiones éticas.

Sócrates acostumbraba a defender que incluso las ecuaciones aritméticas más básicas, como «uno más uno es igual a dos», implican asuntos complejos que, investigados en profundidad, pueden llevarnos a elaborar una concepción del bien.[11] Por ejemplo, el «dos», que en teoría percibimos de forma clara y definida en la afirmación «uno más uno es igual a dos», ¿es realmente el resultado de tomar dos unidades separadas y sumarlas? ¿Puede el «dos» realmente reducirse a uno aquí y otro allí, y que eso equivalga a dos? ¿Es el dos una cantidad de unidades? ¿O posee una integridad propia característica como una unidad en sí misma, un término que no puede reducirse a «uno más uno»? Pues el «dos» puede considerarse como «el primer número par» y como «el primer número primo», pero la cualidad de ser par y de ser primo no pueden atribuirse a ninguna de las unidades que lo componen. Comprendemos que el número «dos» es par y primo solo al entenderlo dentro de una serie de números que pueden agruparse de infinitas maneras creativas. Así, el «dos» en sí mismo, interpretado como un todo irreductible a la suma de sus unidades, puede verse como parte del todo mayor de los números de una serie. Pero esta serie tiene el carácter misterioso de ser un todo abierto, cuyo alcance es proporcional a la creatividad interpretativa del matemático.

La afirmación «uno más uno es igual a dos» es mucho más cuestionable de lo que aparenta a primera vista. Puede parecernos perfectamente clara solo porque ya hemos decidido, excluyendo otras posibilidades, lo que significará «dos», a saber, una unidad aquí y otra allá puestas juntas para formar una cantidad. Si adoptamos una perspectiva más amplia de lo que significa «dos», considerando su condición de número par y primo junto con otros números de una serie, llegamos, en última instancia, al problema de «la unidad y la multiplicidad» como tal, que solo puede abordarse adecuadamente dentro del contexto más amplio del modo de vida que contiene a las matemáticas como disciplina de estudio. Solo cuando comprendemos la idea de un conjunto articulado de relaciones que está delimitado (por una cierta comprensión vivida de lo que es el bien) y es, al mismo tiempo, infinito (en cuanto a las maneras en que podría desarrollarse), se hace claro el significado de «una serie delimitada de diversas maneras, pero infinita en su alcance». Las matemáticas y la moral coinciden en que ambas requieren ser interpretadas a través del diálogo para ser entendidas. De esta manera, trascienden la conciencia subjetiva y se ofrecen a ser pensadas en cualquier momento y lugar.

Mientras intentamos alcanzar la claridad respecto estos temas a través del diálogo, desarrollamos al mismo tiempo una comprensión del yo. Pues el yo es inseparable de las virtudes que intenta cultivar. Sócrates plantea que, en cada momento de la vida, nuestra identidad no está definida por los límites fijos de una conciencia subjetiva, sino por la apertura y el cierre de una pregunta, por la predisposición a participar en actividades compartidas y la fortaleza para adoptar una postura determinada.

Por esta razón, Sócrates no escribió libros. Creía que el hecho de plasmar los pensamientos por escrito suponía atribuirles una finalidad y autoridad que les restaba valor como invitaciones a la discusión.[12] El propósito de expresar un pensamiento o una opinión, según Sócrates, no era presentar algún aspecto de la propia identidad para que quedase registrado y almacenado como un dato sobre las opiniones de una única persona. Tampoco era afirmar una verdad que otros pudieran recoger y guardar en su almacén de conocimientos. Se trataba más bien de abrirse uno mismo a la pregunta, al debate y a la posibilidad de un nuevo terreno compartido.

Vivir, sostiene Sócrates, no consiste solo en afirmar una identidad, sino en enfrentarse al propio ser como una pregunta. O, dicho de otro modo, afirmar una identidad no es simplemente construir una imagen de uno mismo a partir de diversos puntos de vista, opiniones, comportamientos y tropos, sino desarrollar un carácter que pueda desafiarse.

Platón encontró en los diálogos la solución frente a las limitaciones de la palabra escrita y a la forma necesariamente estática del yo a la que esta da lugar. Al presentar las ideas en las palabras de otros y expresarlas a través de diálogos, se protegió frente a la facilidad con la que podría atribuírsele cualquier punto de vista particular. Siempre que decimos «Platón dijo esto o pensó aquello», lo que realmente queremos decir es que «a partir de los diálogos que presenta entre Sócrates y sus interlocutores, podemos deducir que debió identificarse con esto o aquello». Solo podemos llegar a estas deducciones implicándonos en el diálogo, reflexionando sobre las cuestiones que plantea Sócrates y llegando a comprender por nosotros mismos, de la mejor manera posible, el significado de la justicia, la virtud y la vida buena. Platón nos permite acceder a él solo en la medida en que miremos dentro de nosotros mismos y lo integremos a nuestro modo. A través de la forma dialógica de sus escritos, se asegura de que no lo tomemos como un individuo particular con ideas que pueden gustarnos o desagradarnos, sino como una forma de ser que tiene el poder de afectarnos.

Platón transmite así la idea socrática de que estamos perpetuamente en el proceso de descubrir quiénes somos en la interacción con los demás, ya sean los amigos con los que hablamos cara a cara, los pensadores de la antigüedad con los que conversamos a través de los libros o las voces anónimas que debaten en silencio en nuestro interior mientras evaluamos posibles formas de actuar en los momentos clave. Dado que la vida se define en cada momento por el cuestionamiento, el movimiento y la posibilidad de transformación, no tiene mucho sentido establecer una distinción tajante entre la vida que se manifiesta de manera directa en la tierra y la vida después de la muerte que hacen posible los que se involucran en interpretarla. Incluso podría decirse que solo se llega al completo desarrollo de uno mismo a través de las interpretaciones de los otros. Pues lo que uno desea expresar y aclarar para sí mismo (en palabras y hechos) puede encontrar una elaboración nueva e imprevista en las palabras y hechos de las generaciones futuras.

En toda interpretación, ya sea de una vida, una novela o un acontecimiento, existe el riesgo de imponer un significado inadecuado a lo que interpretamos. Sin embargo, debemos considerar si este riesgo es mayor cuando un amigo o admirador comprometido interpreta la vida de otra persona y trata de darle continuidad a través de sus propias acciones o cuando la propia persona hace la interpretación «por sí misma». Pues quien interpreta su propia vida, incluso en un momento de reposo reflexivo, sigue siendo una conciencia limitada que habla desde la perspectiva de un momento y una situación particulares.

En la medida en que la historia de Sócrates nos saca de nuestra conformidad con las opiniones convencionales, modera nuestra respuesta indignada ante las opiniones contrarias y nos despierta la compasión inquisitiva, ejerce una poderosa influencia en nosotros. Y cuando reaccionamos iniciando un diálogo en nuestro interior y con otros, le insuflamos nueva vida. A través de este intercambio de influencias, se revelan las similitudes y las diferencias entre nuestra vida y la de Sócrates. La forma en que Sócrates mantiene su carácter único, incluso bajo nuestra interpretación, se abre a una mayor claridad a medida que vivimos tomándolo como ejemplo y comparamos sus acciones con las nuestras. Lo mismo ocurre con cualquier persona que deje una huella en nosotros. En principio, es posible llegar a una conciencia más profunda de la vida de esa persona y lograr una mayor proximidad con ella mucho después de que ya no se encuentre físicamente en la tierra.

La eternidad del yo activo en la virtud que hace regalos

Inmediatamente después de su enseñanza sobre la «muerte voluntaria», Zaratustra ofrece otro discurso sobre lo que él llama «la virtud que hace regalos». Los dos discursos están claramente conectados por el tema del sacrificio. Morir voluntariamente por «la meta y el heredero» puede concebirse como un acto de sacrificio, el regalo supremo. Pero el sacrificio, tal y como lo presenta Nietzsche, no es la negación de uno mismo por el bien del otro. Se trata más bien de una forma de compartir en la que el yo y el otro son absorbidos en el mismo «juego de lanzar y atrapar la pelota» (recordemos la pelota de oro), como cuando Sócrates ofrece la filosofía a sus discípulos y está dispuesto a ser ejecutado por defenderla. Es decir, no es posible separar aquello por lo que, o para lo que, se hace el sacrificio de quien lo hace. A través del sacrificio, el yo se constituye como una fuerza que va más allá de sí misma y que, por tanto, no puede identificarse con un yo que esté presente en tal o cual momento. Cuando muero una muerte voluntaria, sencillamente me dejo absorber por la actividad que siempre me ha definido, sin ninguna distracción, sin ningún miedo. El regalo o sacrificio en cuestión no es algo que pierdo o dono, sino aquello que ofrezco para que lo enriquezcan quienes lo reciben.

En su discurso sobre la virtud que hace regalos, Zaratustra retoma ahora aquello que caracteriza a una *muerte* voluntaria —un lanzamiento voluntario de la propia pelota de oro incluso hasta llegar a la muerte física, de modo que esta pueda seguir lanzándose «entre los amigos»— en relación con *cada momento de la vida* y no tan solo el que llamamos de manera superficial «el último». La virtud que hace regalos es una manera de expresar que nunca estamos tan solo presentes ni somos idénticos a nosotros mismos, sino que siempre, en todo momento, estamos simultáneamente «con» nosotros mismos y «fuera» de nosotros, en la forma en que nos presentamos y nos ofrecemos a los demás, sin preocuparnos por cómo seremos percibidos.

Nietzsche no introduce la virtud que hace regalos en un discurso de Zaratustra, sino en el modo de regalar entre él y sus discípulos. Cuando Zaratustra abandona la ciudad que ama, sus discípulos le regalan un bastón con un puño de oro en forma de serpiente enroscada alrededor del sol. En lugar de limitarse a darles las gracias y seguir su camino, les ofrece a su vez un regalo que resulta ser más de lo que recibe: un tributo a la propia virtud que hace regalos. Al recibir el bastón, apoyarse en él y contemplar su resplandor dorado, responde con una reflexión sobre la pelota de oro que empezamos a examinar en el capítulo 4: «Decidme. ¿Por qué el oro llegó a ser el valor más preciado? Porque es raro e inútil, y resplandeciente, y de dulces reflejos: siempre hace don de sí mismo. Solo en cuanto reflejo de la virtud más alta llegó el oro a ser el valor supremo. Reluciente como el oro es la mirada del dadivoso: brillo de oro sella las paces de la luna con el sol. [...] una virtud que hace regalos es la más alta virtud».[13]

Al comparar la virtud que hace regalos con el oro, Zaratustra introduce la manera en que el yo, concebido como dador de regalos, trasciende su propia presencia en cualquier momento y lugar. Como el oro, la virtud de regalar es poco común. Se ve constreñida y limitada por nuestro afán de logro y reconocimiento. En nuestra obsesión por terminar las tareas, acumular triunfos, progresar en el ámbito laboral o hacer del mundo un lugar mejor, nos volvemos tacaños con los demás, y llegamos a verlos como distracciones o como rivales. Solemos decir que estamos tan centrados en nosotros mismos que no tenemos tiempo para la generosidad. Estamos tan preocupados por nuestras cosas, que nos olvidamos de los demás. Solo les ofrecemos algo que nos permita obtener un favor a cambio. Sin embargo, la explicación de que el problema se debe a estar centrados en nosotros mismos es imprecisa. Pues el yo que hace regalos está, a su manera, centrado en sí mismo, arraigado en sí, en armonía consigo mismo. No se trata de elegir entre el beneficio propio y la caridad, sino de comprender el propio significado del yo. El yo que hace regalos alcanza su pleno desarrollo y, por tanto, su manera de estar centrado, a través del acto de dar, del mismo modo que Sócrates alcanza su pleno desarrollo a través de las preguntas que hace a sus amigos y las respuestas que inspira. Lo contrario de la generosidad no es estar centrado en uno mismo ni beneficiarse a sí mismo, sino perderse en uno mismo, como una forma de objetivación del yo en la que este se ve absorbido por una meta concreta y desviado del viaje de la vida en el que las metas aparecen desde el principio. De esta manera, al no honrar la virtud que hace regalos, no solo somos tacaños con los demás, sino también con nosotros mismos. Nos vaciamos al servicio de una meta que hay que alcanzar en vez de enriquecernos en el camino. Al hacerlo, abandonamos el espíritu de juego, nuestra capacidad de disfrutar del proceso de intentar algo y abrir un horizonte de posibilidades imprevisibles.

Por muy arraigado que esté este vicio, nunca llega a consumirlo todo. Del mismo modo que el oro puede encontrarse enterrado bajo capas de tierra y roca, la virtud de hacer regalos se halla latente bajo nuestro esfuerzo orientado a las metas. En el fondo, aunque sigamos obsesionados con terminar las tareas, sabemos que lo esencial y duradero en nuestra naturaleza es la capacidad de dar. Todos los casos de tacañería son desviaciones de la virtud de hacer regalos, que permanece latente «dentro del alma». Como dice Zaratustra en otro pasaje: «De oro es el corazón de la tierra».[14]

Otra forma de expresar la singularidad de hacer regalos tiene que ver con su inutilidad. La mayor parte del tiempo, nuestra vida se orienta hacia lo que resulta útil para algún fin. Cuando se ofrece un regalo genuino, se trasciende la perspectiva orientada a objetivos, desde la cual todo acto de dar tiene un propósito, y se regala algo que es en sí mismo valioso, como el oro. Si el oro resulta útil para alguna cosa, si se puede intercambiar por algo, ya ha perdido su brillo y su naturaleza única. El mejor regalo no es algo que sirva para alcanzar este o aquel objetivo, sino un modelo de cómo debemos ser en todo lo que emprendamos.

Este tipo de regalos es, además, «resplandeciente y de dulces reflejos». Como el oro, que brilla allí donde se encuentre, iluminando otras cosas, el regalo que es una expresión del autodominio o de la amistad emite una radiación tal que descubre en los demás su verdadera identidad.

Inútil, resplandeciente y dulce, la virtud de hacer regalos es la entrega de *uno mismo*, no de algo externo, como dinero, una posesión material o un conocimiento técnico, que, como algo que puede ser inmediatamente tomado e intercambiado por cualquier otra cosa, solo podemos «poseerlo» de manera condicional y temporal. A diferencia del obsequio que resulta útil e intercambiable, que reduce de algún modo los recursos de quien lo da y, por tanto, debe sopesarse con cuidado para que las propias provisiones no se agoten, la entrega de uno mismo se hace sin reservas. En esta manera de dar, uno no necesita guardar nada para sí, del mismo modo que el oro, al brillar, no necesita guardar nada de su resplandor.

Zaratustra suele describir la naturaleza radiante y estática del yo que hace regalos comparándola con la luz del sol: «Brillo de oro sella las paces de la luna con el sol». Podría interpretarse que la luna y el sol son rivales, que el sol gobierna de día y la luna lo hace de noche. Pero Zaratustra nos recuerda que ambos coexisten en paz, uno como dador de luz y la otra como receptora. El sol se entrega a la luna, haciéndola visible. Pero solo a través de esta entrega puede seguir brillando después de ponerse. La luna, como receptora de la luz solar, resulta también dadora: permite que la luz del sol brille durante toda la noche. De este modo, el sol no pierde su luz, sino que la aumenta, entregándosela a la luna. No pierde nada de su resplandor, que volverá a brillar a la mañana siguiente. Mientras tanto, en su colaboración con la luna, el sol sigue siendo él mismo, aunque no se manifieste de una forma directa. Lo mismo ocurre, insinúa Zaratustra, con la vida que ya ha abandonado la tierra: sigue siendo ella misma a través de quienes atrapan su pelota de oro y continúan lanzándola entre ellos.

Zaratustra enseña a sus amigos a vivir de tal manera que se ofrezcan ellos mismos como regalo: «Esta es vuestra sed: llegar vosotros mismos a ser víctimas y regalos».[15] En cada paso de la vida, sed un ejemplo en ser vosotros mismos. Entregad, no solo una parte de vosotros, no solo esta o aquella habilidad o recurso material, sino esa manera de ser que anima vuestra vida.

A veces criticamos a quienes viven pretendiendo ser un regalo de Dios para la humanidad. Pero Nietzsche establece una clara distinción entre los que hacen regalos de verdad y los impostores. Estos últimos simplemente quieren copias de ellos mismos en todas partes, seguidores que los veneren. O quieren ser reconocidos y recordados como personas únicas que beneficiaron a la humanidad de tal o cual manera. En estos casos, el dador ofrece una versión estática y falsa de sí mismo, un personaje autocomplaciente que considera que su identidad se define por algún logro o estado del mundo al que ha contribuido. Las personas que ofrecen verdaderos regalos, enseña Zaratustra, no quieren ser adoradas ni recordadas. Pues entienden su existencia simultáneamente como una pregunta y como una respuesta. Cuando los amigos de Zaratustra se autoproclaman sus discípulos, este, con gran pesar, los reprende: «¿Decís que creéis en Zaratustra? Sin embargo, ¡qué importa Zaratustra! ¿Vosotros sois mis creyentes? No obstante, ¡qué importan los creyentes todos! Me hallasteis cuando aún no os habíais buscado a vosotros mismos. [...] Ahora os ordeno que me perdáis a mí y os encontréis vosotros; y solamente cuando hayáis renegado todos de mí, solamente entonces volveré entre vosotros».[16]

Zaratustra no quiere creyentes que tomen sus enseñanzas como dogmas, las hagan circular y cuenten a otros que conocieron a un hombre maravilloso llamado Zaratustra que dijo muchas cosas sabias. Lo que quiere son verdaderos amigos, amigos que hagan suyo su proyecto a su manera, en relación con sus propios compromisos y su futuro. Solo a través de esos amigos puede persistir la fuerza de la vida de Zaratustra cuando él ya no esté en la tierra. Mientras Zaratustra vivió, lo hizo para su propio futuro, descubriéndose a sí mismo de nuevo en cada uno de sus periplos. En la medida en que sus amigos se limiten a venerarlo como fundador y a imitar de manera externa sus palabras y sus actos, Zaratustra se hundirá en el olvido: «Vosotros me veneráis, mas ¿qué ocurrirá si vuestra veneración se derrumba? ¡Cuidad de que no os aplaste mi estatua!».[17] A Zaratustra no le importan las imágenes esculpidas de sí mismo ni los registros de sus enseñanzas. Solo quiere persistir como la fuerza anónima que ha definido su vida en la tierra.

La metáfora de Zaratustra del sol y la luna implica una cierta continuidad entre el día y la noche, la vida y la muerte. Para elaborar esta continuidad, debemos considerar si el reflejo del sol en la luna es una condición especial que pertenece solo a la noche, cuando el sol ya se ha retirado, o si se refiere a algo esencial que el sol posee cuando y dondequiera que brille. En resumen, debemos preguntarnos si el sol, al mediodía o a cualquier hora del día, se manifiesta completamente o si permanece, en algún sentido, oculto.

Como pista, podemos considerar el comienzo de *Así habló Zaratustra*, cuando este sale de su cueva en las montañas y dedica una alabanza al sol: «¡Oh, Tú, Gran Astro! Si te faltasen aquellos a quienes iluminas, ¿qué sería de tu felicidad? Durante diez años, día tras día, has comparecido ante la boca de mi cueva: de seguro que ya te habrías cansado, tanto de tu luz como de tu girar eterno, a no ser por mí, por mi águila y mi serpiente. Pero nosotros te aguardábamos todas las mañanas, recibíamos de ti lo que te sobraba, y te bendecíamos con agradecimiento».[18] La alabanza de Zaratustra al sol anticipa su elogio a la virtud que hace regalos. Aunque todavía no haya hablado de ella, el joven Zaratustra (que aquí tiene cuarenta años) percibe la virtud que hace regalos al contemplar el alba. Pero aquí tenemos una imagen del sol al amanecer, cuando aparece directamente en el cielo y no solo reflejado en la luna. Y, sin embargo, la «felicidad» del sol, su alegría desbordante manifestada en su resplandor, necesita de aquellos sobre los que brilla: Zaratustra, el águila y la serpiente. Ni siquiera en el amanecer, sugiere Zaratustra, el sol se manifiesta del todo. Solo alcanza su plenitud través de aquellos que aceptan lo que le sobra y lo bendicen. Tal bendición adopta la forma no solo de gratitud, sino también de resolución. Descenderá hasta donde se encuentran los hombres para compartir su sabiduría: «Pues bien: ya estoy hastiado de mi sabiduría, como lo están las abejas que han acumulado un exceso de miel. Yo necesito manos que se tiendan hacia mí».[19] Zaratustra acepta el ofrecimiento del sol y lo toma como inspiración para su llamada a enseñar. A través del ejercicio de esta vocación, el resplandor generoso del sol trae nueva vida al mundo.

Mucho más adelante en *Así habló Zaratustra*, después de que el filósofo protagonista ha presentado su descripción de la virtud que hace regalos, ofrece otra imagen del sol, ahora al atardecer, como símbolo de la generosidad: «Esto he aprendido del sol, cuando él, el inmensamente rico, se hunde en su ocaso. Entonces derrama en el mar el oro de su tesoro inagotable, y hasta el más miserable pescador rema así con remos *de oro*».[20] Solo al verter el oro sobre todo lo que existe a su alrededor, el sol alcanza su plenitud en aquello que brilla. Pero esto significa que incluso durante el día el sol trasciende su mera presencia. La esfera dorada que desaparece poco a poco bajo el horizonte no es el propio sol, sino una manifestación de su resplandor no menos brillante y dorada que todo lo que ilumina. El propio sol, el resplandor puro, no puede verse a simple vista. Dicho de otro modo, da igual como se haga presente el sol, siempre apunta a algo más allá de sí mismo.

La paradoja de una presencia luminosa que es siempre más de lo que parece ser es la clave para comprender el significado del yo que está «presente en la tierra». Y solo comprendiendo este yo podremos comprender el yo «después de la muerte». Por tanto, debemos interpretar con detenimiento la paradoja del sol. Es cierto que, durante el día, podemos ver el sol con una claridad luminosa, aunque solo sea por unos segundos, cuando alzamos la vista a la esfera dorada que emite un resplandor apabullante en el cielo. La paradoja, sin embargo, es que cuanto más intensamente brilla el sol, más pierde su definición, más se aleja de la manifestación directa y se convierte en una emanación de luz cegadora. Su brillo solo puede percibirse en lo que hace visible, en la relación, por ejemplo, de la tierra, el mar y el cielo. Siempre que vemos el sol como una esfera dorada, aparece en el cielo, sobre la tierra, formando parte de una variedad conectada de cosas, de un mundo hecho posible gracias a la luz. El sol, concebido como resplandor, posibilita su propia aparición como un elemento entre otros y, por tanto, es más que cualquier cosa que se manifieste ante nosotros. O bien, si partimos de lo que se manifiesta, debemos admitir que la belleza y la definición de todas las cosas que brillan apuntan a una fuente que hace posible toda definición, una fuente que, por sí misma, no puede adoptar la forma de ninguna cosa ni disposición particular. A partir de lo que podemos ver, debemos inferir la existencia de un reino luminoso en donde se encuentran esas cosas.

Ese reino luminoso, el resplandor en sí, no puede reconstruirse a partir de un examen sucesivo de las diferentes cosas que se manifiestan: las olas que centellean aquí, el arco iris que cruza el horizonte allá. Para poder ver a la vez todas estas cosas y compararlas, deben estar iluminadas. Aunque cada cosa puede considerarse, en cierto sentido, una manifestación particular del resplandor, tal relación no puede enmarcarse en el esquema de clasificación convencional de especies y géneros. No se trata de una relación conceptual, en la que la «unidad» que unifica a una «multiplicidad» es la misma en cada elemento. Por ejemplo, en la relación que existe entre el concepto de «árbol» con cada árbol particular, el contenido de la unidad, «tener tronco y ramas», es idéntico en todos los casos. Cada árbol se ajusta al concepto de «tener tronco y ramas» y, por tanto, es un árbol. En cambio, en la relación del resplandor con el elemento que se ve, la manifestación del resplandor es *en cada caso distinta*. Lo único, por así decirlo, que comparten el mar y el cielo es que brillan. Pero, al brillar, no están conectados como ejemplos de un concepto superior más general, el «resplandor», sino como partes que se necesitan mutuamente para ser lo que son, como partes de un todo articulado.

Así como el sol es la luz que ilumina todo lo que puede verse y no puede reducirse a nada de lo que hace visible, lo mismo ocurre con el yo —el yo activo que hace regalos— en relación con sus diversas percepciones y pensamientos.

Todo lo que percibo de mí mismo y del mundo es posible gracias a una fuerza activa —un cierre y una apertura simultáneos del significado que se expresa a través de mis compromisos— que, por su propia naturaleza de sobreabundancia y constante devenir, no me es posible verla de manera directa ni entenderla por completo conceptualmente. La cara que veo en el espejo, por ejemplo, mientas reflexiono sobre mis posibilidades antes de una competición o un acontecimiento importante, los pensamientos de éxito y fracaso que pasan por mi mente, las sensaciones que noto en la garganta o en el estómago, no son realmente yo ni son míos. O, mejor dicho, solo son míos porque me he convertido en un objeto que hay que observar, analizar y comparar con estados anteriores de mí mismo o con otros contra quienes podría competir. Más mía que cualquier cosa que perciba es la posibilidad misma de percibir, que depende de la postura que adopte sobre el significado de mi vida en conjunto. Solo porque ya me comprendo a mí mismo en lo que hago y porque lo que hago nunca es únicamente «este aquí y ahora», sino una red compleja de relaciones y compromisos, puedo encontrarme a «mí mismo» como alguien ocupado en algo concreto y concebir ese algo como una oportunidad de éxito o fracaso y una ocasión para hacer balance de mis capacidades.

Mi vida en acción —ese ir más allá de sí misma que a la vez implica encontrarse a sí misma— es la condición de todo lo que puedo percibir, incluidas las cosas observables que surgen y desaparecen «en el tiempo». Pensar que mi vida es algo que surge y desaparece es confundir la condición y la fuente de la percepción con el fenómeno que hace posible la percepción.

La trayectoria circular de la actividad por sí misma

Al principio de *Así habló Zaratustra* se describe un episodio breve pero significativo que anticipa y resume su enseñanza sobre el tiempo. Es mediodía, el momento en que el sol está en su punto más alto. De pronto, Zaratustra oye el chillido agudo de un águila y alza la mirada para contemplar un espectáculo extraño y milagroso: «Un águila trazaba amplios círculos en el aire, y de ella colgaba una serpiente, no como si fuera un botín, sino como una amiga, pues iba arrollada a su cuello. "¡Esos son mis animales! —dijo Zaratustra, y se regocijó en su corazón—. El animal más orgulloso bajo el sol [...]. ¡Que mis animales me sirvan de guía!"».[21] A partir de entonces, los animales lo acompañan durante todo su viaje. En el amplio vuelo circular del águila con su amiga, la serpiente, enroscada a su alrededor, Nietzsche presenta la trayectoria de la vida dueña de sí misma. A lo largo de sus extensos viajes, una vida guiada por el orgullo y la sabiduría regresa sucesivamente al punto de partida, cada vez desde una posición superior, como un águila que vuela en círculos ascendentes, elevándose hacia el sol al mediodía.

La imagen de la ascensión circular pretende expresar la autosuficiencia de la actividad por sí misma. El águila y la serpiente no aspiran a ningún destino fuera de su vuelo; así que vuelan en círculos ascendentes disfrutando de cada vuelta, sin esperar nada más que el propio vuelo.

El águila y la serpiente representan la integridad a la que aspira Zaratustra y que más tarde expresará a través su solitario deambular:

> Durante su ascensión por la montaña, Zaratustra rememoraba los muchos viajes solitarios que desde joven había hecho, y las múltiples montañas, crestas y cumbres que había escalado.
>
> «Soy un viajero, un escalador de montañas —dijo a su corazón—. No me gustan las llanuras, y no puedo estarme quieto mucho tiempo.
>
> Y cualquiera que sea mi destino y los aconteceres que me esperan, siempre habrá en ellos un viajar, un escalar montañas; pues, en resumidas cuentas, no vivimos sino de nosotros mismos.

> Pasó ya el tiempo en que podía ir al encuentro de hechos casuales. ¿Y qué *podría* sucederme todavía que no fuera ya algo mío?
>
> Lo único que hace es retornar, volver a casa; mi propio Sí-Mismo, y cuanto de él estuvo largo tiempo en tierra extraña, disperso entre cosas y acontecimientos casuales».[22]

Al examinar la frase «no vivimos sino de nosotros mismos» es importante no dejarse arrastrar por la sensación de aislamiento que parece sugerir. El yo es el viajero, la persona definida por el viaje, que nunca es en primer lugar un individuo aislado, sino siempre un ser que atraviesa «tierras extrañas» y está «disperso entre cosas y acontecimientos casuales». Entendido así, el yo alcanza su realización en esas tierras y aventuras que están conectadas y conforman un único destino. «Sino de nosotros mismos» significa que no es nada casual. En cada nuevo encuentro —repentino, inesperado, terrible, fortuito— Zaratustra vuelve a sí mismo, igual que el águila y la serpiente regresan en sus círculos a su punto de partida.

Por supuesto, se trata tanto de un ideal como de una realidad. Hay algo a la vez natural y extraordinario en el vuelo sin esfuerzo del águila y la serpiente. Nietzsche juega con nuestra idea de que estos animales suelen ser enemigos. Las águilas se abalanzan desde lo alto para cazar a las serpientes que reptan en la tierra. Las serpientes se cuelan sigilosamente en los nidos de las águilas y devoran sus huevos. Si alguna vez contempláramos un águila y una serpiente juntas en el cielo, esperaríamos encontrar a la serpiente retorciéndose desesperadamente en las garras del águila. Cuando el orgullo y la sabiduría se separan, sugiere Nietzsche, degeneran en arrogancia irreflexiva y racionalidad destructora de la vida. Nuestra arrogancia, como las afiladas garras de un águila, amenaza con atravesar y desgarrar nuestra sabiduría, como cuando nos creemos omnipotentes por poseer alguna capacidad o talento y vemos el mundo entero desde un pequeño rincón que confundimos con *la* perspectiva, o cuando consideramos el universo como un mero recurso para nuestro poder creativo, sin tener en cuenta la importancia de las cosas ya manifestadas, que podrían guiar nuestro impulso creativo.

Nuestra racionalidad, como los anillos constrictores de una serpiente, también puede sofocar nuestro orgullo, como cuando escrutamos temerosamente nuestras habilidades y fortalezas comparándolas con las de otros, y definimos nuestro valor en términos de logros relativos. Aquello que deberíamos disfrutar por sí mismo, por lo que nos aporta en nuestra vida, se convierte en un medio para un fin.

Sumidos en la insatisfacción a la que nos lleva finalmente la persecución de objetivos, podemos caer en la tentación de otra forma de racionalidad sin orgullo: intentar escapar de la comparación y la competitividad examinándonos de un modo científico y distante, como si fuéramos amebas bajo un microscopio, y nuestros movimientos no fuesen más que respuestas al entorno en el que nos encontramos. Esta racionalidad es reconfortante porque parece liberarnos de ese enfrentamiento en el que si uno gana, el otro pierde, que hace que la vida resulte tan mezquina, y nos ofrece una perspectiva objetiva de las cosas desde la que todo orgullo carece de sentido. La idea de Thomas Hobbes de que el universo no es más que materia en movimiento, un ciclo recurrente de combinaciones y disoluciones sin ningún sentido, es un ejemplo de este tipo de racionalidad. Hobbes promulgó su teoría con el propósito explícito de sofocar nuestro orgullo.

Estas son las formas en que el orgullo y la sabiduría pueden separarse, corromperse y oponerse. Sin embargo, en última instancia, son indisociables. Las diversas maneras en que se oponen son enfrentamientos, no conflictos irreconciliables. Ni siquiera la arrogancia más dominante puede escapar por completo a la sensación de que la vida es algo más que logros, por importantes que estos sean. El propio deseo de ser reconocido por el poder que alguien ejerce deja entrever, como hemos visto, un anhelo de amistad. Y ni siquiera el análisis más frío y objetivador del mundo puede extinguir del todo la belleza y la sublimidad de la naturaleza que surge en la vida cotidiana, que despierta nuestro asombro y nos inspira a ser dueños de nosotros mismos.

Que el orgullo y la sabiduría permanezcan unidos y se fortalezcan mutuamente, o que se separen y degeneren, depende de la forma en que respondamos al sufrimiento. Ante la decepción o la desgracia, ¿renunciamos a nuestras vocaciones y compromisos, concibiendo el mundo como un campo de batalla lamentable lleno de sucesos fortuitos que deben aceptarse con resignación? ¿Nos convertimos en aves de rapiña arrogantes que miran resentidas al mundo desde las alturas y pretenden dominar sobre todo lo que corretea por debajo? ¿O aceptamos el reto de ser nosotros mismos de nuevo, de regresar a quienes somos tras experimentar la oposición y de alcanzar nuevas cotas en el dominio de nosotros mismos?

El paso del tiempo y el significado más profundo de la muerte

La fuente última del sufrimiento, enseña Nietzsche, es el paso del tiempo, y no solo por el hecho de que nos conduzca a nosotros y a nuestros seres queridos a la vejez y a la muerte, concebida esta como el fallecimiento del cuerpo o la extinción de la conciencia. El paso del tiempo que imagina Nietzsche es más profundo, más general. Tiene que ver con nuestra confrontación con el pasado, con una dimensión de nosotros mismos que sigue «aquí», pero en el sentido paradójico y doloroso de lo que una vez fue y ya no es más. El paso del tiempo, según Nietzsche, apunta al hecho de que nuestros actos, por un lado, no pueden deshacerse y, por otro, no pueden volver a vivirse. Tiene que ver con los errores que siempre nos persiguen y con los momentos brillantes que se desvanecen. Solo enfrentando este paso del tiempo podemos acercarnos al significado más profundo de la muerte.

Recordemos un momento de nuestra vida en el cual estábamos rebosantes de alegría o en el que tuvimos que encarar una dificultad aparentemente insuperable y lo logramos. Se trataba de algo nuevo y vibrante, un momento crucial en medio de los caminos y compromisos que definían quiénes éramos y aspirábamos a ser. Ahora forma parte de nuestro pasado. No ha caído en el olvido, aún podemos recordarlo y describirlo para nosotros mismos y nuestros amigos. Podemos recordarlo con una sonrisa nostálgica, pero no podemos revivirlo, al menos tal como fue. Eso es lo que Nietzsche entiende por el paso del tiempo: el hecho de que los acontecimientos y los momentos «se convierten en pasado». No es que se extingan o dejen de ser ese momento crucial. Muy al contrario, permanecen siempre con nosotros, pero nunca volverán a ser lo que *fueron*.

El paso del tiempo determina la propia estructura de un viaje, la manera en que un nuevo episodio no solo sigue al anterior, sino que interviene también remodelándolo. Imaginemos a un artista pintando un mural infinito, tratando de crear una imagen bella y equilibrada, pero sin la posibilidad de borrar ninguna pincelada. Cada pincelada tiene consecuencias para la siguiente, que, a su vez, modificará la anterior. Imaginemos este proceso sin principio ni fin, sin otro propósito que seguir avanzando y ser fiel a la totalidad de la imagen. Cada error tiene consecuencias que podrían ser graves y disuadir al artista de seguir adelante. Cada éxito, emocionante e inspirador en el momento en que ocurre, va perdiendo poco a poco su encanto y retrocediendo a un segundo plano a medida que el centro de la escena se va llenando de nuevos trazos, nuevas preocupaciones y nuevos intereses. La vida misma presenta una cualidad semejante a este problema fundamental: el eterno devenir y la eterna desaparición.

Qué absurda parece la actual obsesión por alargar la vida cuando vemos el problema de la muerte desde esta perspectiva. El problema no es, como enseñan los estoicos, que cualquier prolongación de la vida que logremos alcanzar sea insignificante en comparación con el tiempo infinito. El verdadero problema es que los entusiastas de alargar la vida pasan por alto el significado mismo del tiempo y de la muerte. Lo que tememos de la muerte no es solo la extinción del cuerpo o de la conciencia, que podría aplazarse en cierto modo, sino la sensación de que el propósito y el significado de las cosas se desvanece y necesita ser redimido. Pero esa pérdida es algo a lo que nos enfrentamos en todo momento, ya que el presente siempre está convirtiéndose en pasado. Entendida como paso del tiempo, la muerte no es algo que podamos erradicar de nuestra condición humana mediante los avances de la medicina y la biotecnología. Cuanto más nos ocupamos de prolongar el tiempo cuantificable de vida en el que podemos persistir de cualquier manera, más nos distraemos de la tarea fundamental de aceptar el paso del tiempo al que nos enfrentamos en cada momento.

Esto es lo que Zaratustra plantea como su mayor proyecto: «Todos mis pensamientos y deseos se encaminan a pensar y a reunir en unidad lo que es fragmento, y enigma, y espantoso azar. ¡Cómo podría yo soportar mi misma humanidad si el hombre no fuera también poeta, desentrañador de enigmas y redentor del azar! Redimir a los que fueron, y transformar todo "fue" en un "así lo quise yo"; eso exclusivamente sería redención para mí».[23]

No podemos escapar del paso del tiempo. No podemos revivir las cosas como eran antes. Y, sin embargo, como sugieren el águila y la serpiente en su ascensión circular, podemos redimir el pasado. Podemos volver a él desde una perspectiva nueva y más elevada. Podemos redimir el pasado porque es nuestro. Son nuestras propias acciones, nuestro poder creativo y nuestra orientación hacia el futuro lo que hace que los momentos queden atrás. Solo porque nuestra vida no se desplaza de manera indiferente de un momento a otro, sino que sigue una trayectoria, nos enfrentamos a la dificultad última del paso del tiempo. La extraña paradoja de la vida es que, al enfrentarnos a los retos y desarrollar nuestro potencial, también perdemos algo de nosotros. Como somos responsables de esa pérdida, podemos redimirla.

Redimir el pasado

Recordar, registrar y explicar el pasado es un primer paso para redimirlo, algo que con demasiada frecuencia descuidamos debido a nuestra preocupación constante por el futuro. La mayor parte del tiempo nos encontramos pensando en el siguiente paso en lugar de recordar a las personas y los acontecimientos del pasado. Merece la pena preguntarse: de los pensamientos que han acaparado mi atención y las conversaciones que he mantenido hoy, ¿cuántos se han centrado en cómo afrontar algún acontecimiento futuro y cuántos en tratar de dar sentido a lo que ocurrió hace algún tiempo? Cuando recordamos el pasado, a menudo lo hacemos con una nostalgia efímera y superficial. Pensamos en el pasado desde el punto de vista de la ausencia o la pérdida, una abuela o un padre que ya no está con nosotros, cuyo cálido abrazo nunca volveremos a sentir. Sin embargo, rara vez intentamos recordar esos acontecimientos u ocasiones a los que no prestamos suficiente atención, para recrearlos considerando cómo pueden haber influido en el carácter o en la esencia de la vida sobre la que reflexionamos. El papel predominante que damos al futuro orientado a las metas apunta a que necesitamos encontrar tiempo para reflexionar sobre el pasado en vez de seguir afanándonos. Sin embargo, por mucho que nos esforcemos de manera consciente por recordar, lo único que podemos hacer es prepararnos para la tarea fundamental: utilizar el pasado como enseñanza e inspiración para lo que pueda venir.

A veces pienso que, con la edad, he perdido el despreocupado entusiasmo de antes. Ahora soy más prudente con mis «síes» y mis «noes», tanto en la práctica de la filosofía como en mi entrenamiento físico, en la manera en que selecciono las palabras cuando escribo y en cómo planifico las series y ejecuto las repeticiones cuando entreno. Aunque esta cautela es propia de la madurez, también amenaza con ahogar el espíritu de aventura que dice «lánzate y ya te ocuparás después de los detalles». Recuerdo con nostalgia que, al comienzo de mis estudios de posgrado, escribía a chorro, sin preocuparme por lo que pensarían los lectores. También me acuerdo de mi actitud en los entrenamientos en la época universitaria, que encarna un memorable levantamiento de peso, una cargada de potencia o *power clean*, realizado en una única repetición, y que aún considero uno de mis mayores triunfos, aunque no hubiera nadie más que mi compañero de entrenamiento para presenciarlo. Ocurrió al final de un largo día de trabajo durante el verano. Mi amigo, que había llegado antes que yo al gimnasio, acababa de intentar una cargada de potencia con 100 kg y había fallado por poco. Al ver su frustración por no poder con un peso que había levantado muchas veces antes, me acerqué envalentonado hasta la barra y le dije con pretendida confianza: «¡Te voy a enseñar cómo se hace!». Sin dudarlo, agarré la barra con las dos manos, la alcé con un impulso explosivo y la elevé hasta los hombros. La sostuve durante un segundo para marcar el levantamiento completo y luego la dejé caer al suelo con autoridad. La exhibición, en la que no me paré a pensar ni un instante antes de llevarla a cabo y que hubiera podido salir mal fácilmente, tuvo el efecto deseado. Mi amigo se recuperó de su inexplicable tropiezo y, animándonos uno al otro, realizamos uno de los entrenamientos más inolvidables del verano.

Pero eso ocurrió entonces, no ahora. Por mucho que me gustaría revivir ese momento, no volverá a suceder. No se trata de que exista alguna traba natural o física que impida que intente repetir el levantamiento. Podría volver al mismo gimnasio con mi amigo y levantar el mismo peso sin calentamiento previo. Pero la experiencia no sería la misma. Incluso aunque consiguiera levantar los 100 kg y reproducir el logro de alguna manera general y abstracta, carecería del significado que tuvo entonces. Estaría desprovisto de la emoción y el sentimiento de expectación del momento original.

Además, mi prudencia actual intervendría desde el principio y acabaría imponiéndose. Y la prudencia, por supuesto, no supone solo una pérdida. La razón por la que no puedo volver a esa época es que no puedo desaprender lo que ahora sé desde una perspectiva más experta: que el calentamiento es aconsejable, incluso esencial, para un buen entrenamiento.

Al mismo tiempo, reconozco que mi madurez ha tenido un precio, al menos en ocasiones, cuando la prudencia de ser adulto (sea lo que sea lo que signifique «adulto») ha coartado el impulso juvenil a responder a lo imprevisto y romper las reglas autoimpuestas. Estoy pensando en la disciplina obsesiva de cumplir un plan de entrenamiento que dicta un determinado número de repeticiones o kilómetros por ejercicio, incluso en los momentos en que siento un segundo aliento o un arrebato repentino de inspiración que me impulsarían a seguir. En vez de aprovechar ese impulso como una posibilidad para superarme, reservo las repeticiones o el kilómetro de más para la próxima vez, pues eso es lo que dice mi plan. A diferencia del niño que se dejaba llevar por las circunstancias, a veces quizá mucho, ahora suelo caer en el extremo opuesto de mirar demasiado hacia el futuro. Corro el riesgo de convertirme en esa persona que consulta ansiosamente las previsiones meteorológicas y lleva un paraguas aunque haga sol, olvidando que de niño salía corriendo a jugar bajo la lluvia.

Cuando estoy demasiado inmerso en la planificación y el análisis, como si fuera capaz de controlar el resultado de mis entrenamientos o el significado de mis palabras, estructurándolo todo con esmero de antemano, añoro ese espíritu de «actúa primero y piensa después» que va perdiendo fuerza. Y me doy cuenta de que sería posible rescatarlo, no recuperarlo tal como era antes, sino traerlo al presente encauzado por las nuevas intuiciones y proyectos, como un contrapunto para los momentos de obsesión, desánimo o timidez.

Un día, no hace mucho, había terminado una agotadora sesión de dominadas. Orgulloso de haber cumplido con el plan del día y haber realizado todas las repeticiones, estaba preparándome para salir, cuando de repente me recordé diciendo: «¡Te voy a enseñar cómo se hace!». Me acordé de aquella cargada de potencia de 2008, no con nostalgia sino como una clara indicación para mi siguiente acción. Esta vez, con los músculos ardiendo de cansancio, sintiendo que me quedaba alguna reserva pero sin saber muy bien cuánta, me levanté dispuesto a hacer una serie más. Agarré la barra y me impulsé hacia arriba con un nuevo arranque de energía que experimenté de golpe.

Incluso en momentos de poca importancia como estos, podemos comprender que las personas, los acontecimientos y las experiencias no pasan volando irremediablemente como el paisaje al otro lado de la ventanilla de un tren que avanza a toda velocidad. Aunque a veces parezca que el pasado se nos escapa, está en nuestras manos poder redimirlo. Cuando miramos hacia atrás con tristeza o con rabia, podemos preguntarnos qué es lo que hemos perdido que alimenta nuestra nostalgia. ¿Qué lecciones y percepciones encierra el pasado que hoy corremos el riesgo de olvidar? ¿Cómo podríamos usarlo para entender el presente de una nueva forma? ¿Qué hemos ganado desde entonces que pueda llevarnos a no querer repetir el pasado aunque fuera posible? Cuando nos comprometemos a redimir el pasado, nos damos cuenta de que el tiempo no se mueve en una sola dirección, del pasado al futuro, sino que gira regresando a sí mismo en cada acto de redención, del mismo modo que el águila y la serpiente siguen dando vueltas en su vuelo ascendente.

El origen del paso del tiempo en la apertura y el cierre de cada momento

La concepción del tiempo como algo que solo pasa, sugiere Nietzsche, surge de nuestra debilidad ante el sufrimiento. Nos vemos abrumados por la carga de tener que rescatar un momento pasado de esplendor que ahora ha quedado cubierto por las nubes de la dificultad. Podría ser el esfuerzo por recuperar una pasión que dejamos languidecer tras ser frustrada por circunstancias fuera de nuestro control o el desafío de hacer lo correcto por un ser querido al que fallamos y que desde entonces ha seguido un camino de autodestrucción. Al sentirnos incapaces de afrontar el reto, vemos el pasado como algo que simplemente sucedió y sobre el que no tenemos influencia. Así, desarrollamos una comprensión histórica según la cual la brecha entre el pasado y el presente es insalvable, el pasado queda para siempre atrás, concluido, con un significado ya decidido, mientras que el futuro ofrece la perspectiva del olvido a la vez que avanzamos hacia metas nuevas y distantes.

Pero también podemos alejarnos del pasado y engañarnos a nosotros mismos equiparándolo con el presente. En nuestra frustración, podemos considerar el paso del tiempo como una ilusión, como una visión subjetiva del mundo que no sabe nada del pasado o del futuro, que tan solo experimenta el cambio de forma permanente. Proyectamos sobre la naturaleza el ciclo estoico de la vida que no podemos controlar, donde los elementos se combinan y se dispersan en una sucesión de momentos indiferenciados, un «ahora» seguido de otro «ahora», extendiéndose hasta el infinito: «todo lo que la naturaleza une, lo disuelve, y todo lo que disuelve, lo vuelve a unir», escribe Séneca.[24] Según esta concepción del tiempo, no hay nada nuevo ni viejo. Todo acontecimiento se repite, ya que un nacimiento no es más que la recombinación de los mismos elementos que acaban dispersándose y volviéndose a juntar. Como el tiempo es infinito, todas las combinaciones ya se han realizado. Todo lo que puede suceder ya ha sucedido infinitas veces.

En nuestra desesperación, llegamos a considerar esta visión del tiempo como racional y objetiva, sin reconocerla como una manera de reprimir el pasado que duele. Y, sin embargo, esa represión se manifiesta con sutileza en nuestras concepciones supuestamente racionales. Por ejemplo, Séneca lo expresa así: «Llegará de nuevo el día que nos devolverá a la luz. Muchos rechazarían ese día, si no fuera porque nos devuelve sin nuestros recuerdos».[25] La mayor fuente de dolor, insinúa, no es que nuestros cuerpos sean mortales, sino que tenemos que lidiar con recuerdos que nos acosan, que debemos enfrentarnos a un pasado. Utilizamos la concepción cíclica del tiempo para consolarnos ante el paso del tiempo, para convencernos de la idea de que todo se disuelve y se vuelve a unir, de que todos somos idénticos y estamos compuestos de la misma materia, a todos nos arrastra el mismo orden eterno de la existencia. Esta es la última forma de conocimiento sin orgullo, el ojo frío y observador de la ciencia sin espíritu, la tramposa serpiente sin su orgullosa amiga el águila.

Ese conocimiento, como dice Nietzsche, es mortal. Ofrece consuelo ante el paso del tiempo privando a la vida de riesgo, aventura y fuerza creativa. Una vida semejante no tiene nada que temer, pero tampoco nada que esperar. Esa manera de concebir el tiempo puede ocultar, aunque nunca destruir del todo, la temporalidad original del águila remontando el vuelo con la serpiente: el choque del pasado y el futuro característico de un viaje en el que cada nuevo episodio redime el pasado y cada nueva vuelta en el vuelo circular regresa a un punto diferente más elevado. La vida activa a la que aspira Zaratustra no es un ciclo de esfuerzo repetitivo y limitado que sigue un guion ya determinado. Es una fuerza vital desbordante que siempre quiere más de sí misma, que sigue ascendiendo infinitamente en círculos, regresando a ella y, al mismo tiempo, elevándose sobre sí misma.

Nietzsche lo deja claro al final de *Así habló Zaratustra*, en su último resumen sobre el placer exuberante de vivir al que aspira el filósofo protagonista: «¡Qué no quiere el placer! Es más sediento, más cordial, más hambriento, más espantoso, más secreto que todo dolor: se quiere *a sí mismo* y muerde el cebo *de sí mismo*, la voluntad de anillo lucha en él. Quiere amor, quiere odio, nada en la abundancia, regala y prodiga, mendiga que uno solo lo tome, da las gracias al que lo toma, hasta querría ser odiado. Es tan rico el placer que tiene sed de dolor, de infierno, de odio, de vergüenza, de lo lisiado, de mundo; pues este mundo… ¡ay, vosotros ya lo conocéis! […] ¡de vuestro dolor, oh, fracasados, de lo fracasado tiene sed todo placer eterno! Pues todo placer se quiere a sí mismo, ¡por eso quiere también dolor! […] el placer quiere la eternidad de todas las cosas».[26]

El placer eterno, enseña Nietzsche, no es un placer interminable, experimentado en cada momento, sino la actividad que se desea *a sí misma*, que es intrínsecamente satisfactoria y no necesita nada externo. Pero tal actividad, al quererse a sí misma, también quiere el dolor y el fracaso. Pues es la posibilidad de redimir el pasado confrontando el sufrimiento lo que inspira la vida y hace que merezca la pena vivirla.

6

Qué significa ser libre

La idea de la actividad que tiene sentido por sí misma implica una comprensión de lo que significa ser libre que desafía lo que solemos entender por libertad. Cuando examinamos el problema de la libertad, tendemos a enfocarlo desde la perspectiva del clásico debate entre el libre albedrío y el determinismo. Tanto filósofos como teólogos y, en la actualidad, sociólogos, psicólogos y biólogos tienen algo que decir, al parecer, sobre hasta qué punto tenemos la capacidad de elegir nuestras acciones y, por tanto, ser libres, cuando influencias como las normas sociales, las circunstancias en las que fuimos criados, la voluntad divina o las fuerzas ciegas de la evolución pueden predeterminar nuestras acciones. Desde este enfoque, la libertad se interpreta como la capacidad de liberarse de todas las influencias externas y elegir por uno mismo, ejerciendo la voluntad personal. La libertad significa afirmar el yo contra o a pesar de sus circunstancias, como declara Frank Costello, el personaje que interpreta Jack Nicholson al comienzo de la película *Infiltrados*: «No quiero verme condicionado por mi entorno. Quiero que mi entorno se vea condicionado por mí».

Hay algo innegablemente convincente en ese deseo, en la medida en que concebimos nuestro entorno como un contexto impersonal que amenaza nuestra independencia. Pero desde la perspectiva de las virtudes que hemos examinado, tal concepción es profundamente errónea. La propia distinción entre libre albedrío y determinismo solo tiene sentido cuando se parte del supuesto de que el yo es, en esencia, un sujeto que posee una capacidad de elección propia e independiente, enfrentado a un mundo exterior de objetos o a una sociedad que ejerce la presión de la conformidad. Solo entonces el poder relativo de la voluntad y de la influencia externa puede convertirse en un tema de debate interminable. Pero si desde el principio estamos definidos por nuestra relación con las circunstancias, si estamos influenciados por el mundo y a la vez tenemos la responsabilidad de expresarlo, debemos repensar el significado mismo de la libertad. Cuanto más profundamente nos comprometamos con las cosas, en la manera de ocuparnos de ellas o de responder a sus impulsos, menos nos encontraremos enfrentados al mundo. La fuente de nuestras deliberaciones y acciones resulta ser el propio mundo.

En presencia de una maravilla natural que nos impacta por su belleza o su poder y que inspira una comprensión misteriosa que hay que descifrar, o ante un amigo que de repente requiere nuestra ayuda, nuestro sentido del yo y de la capacidad de actuar en el mundo no puede separarse de lo que tenemos enfrente. La circunstancia *en sí*, por derecho propio, nos lleva a detenernos y suscita nuestra atención y poder interpretativo. Solo desde la perspectiva abstracta y superficial de un espectador sin interés en la situación podemos considerar que tenemos la opción de actuar de esta manera o de otra. Por supuesto, seguimos siendo «libres» en el sentido formal de apartarnos de lo que nos llama, pero solo porque hay algo más que nos reclama y que se presenta como una fuente rival de atención. Mucho más significativa que la libertad formal de elegir una opción u otra es la libertad de responder a un mundo del que somos responsables. Según este punto de vista, somos paradójicamente más libres cuando nos encontramos sujetos a una necesidad que surge de la misma vida en cuya expresión hemos participado.

El ideal del libre albedrío como síntoma del cinismo mundano

Solo cuando las cosas con las que estamos comprometidos y las personas con las que actuamos en colaboración dejan de inspirarnos

—ya sea porque nos han fallado de alguna manera o porque se han vuelto menos significativas a medida que perdemos la conexión con las historias que les dan sentido—, pueden convertirse en características de un mero «entorno» o «contexto social» y puede ocurrírsenos la idea de imponernos a ellas, remodelarlas o simplemente apartarnos de su influencia.

La postura voluntarista se hace posible entonces en contraposición a un estilo de existencia abatido y resignado en el que nos cerramos a las circunstancias, despersonalizándolas u «objetivándolas», en lugar de esforzarnos por redimirlas. Como una manera de lidiar con este abatimiento y resignación, es posible interpretar nuestra situación como la de un sujeto —un ámbito de conciencia y un centro de elección— que se enfrenta a un «mundo» o «entorno social» externo y que puede dejarse influir de forma pasiva por él o resistirse. Según este punto de vista, todo significado de importancia personal se origina en la conciencia subjetiva de cada individuo. El mundo o la sociedad no es más que un conjunto de objetos y convenciones a los que las personas, a lo largo del tiempo, han atribuido diversas valoraciones subjetivas. Nada *en sí mismo* reclama un trato o una atención especial. Como sujetos individuales, somos libres de aceptar o rechazar la influencia del mundo externo o socialmente construido en función de nuestras preferencias y de nuestra fuerza de voluntad.

Al interpretar nuestra identidad y situación a partir de la distinción entre el sujeto y el objeto, suprimimos y olvidamos la conexión inicial con las cosas que nos llevó a la frustración. Una vez aparece esto como una especie de mecanismo de afrontamiento, tal interpretación del yo como el sujeto separado del objeto puede refundirse en todo tipo de ingeniosas formas que se presentan como críticas y científicas. Un ejemplo que no ha dejado de ejercer su influencia desde el siglo XVII es la duda cartesiana, según la cual la existencia misma del mundo exterior se mantiene en suspenso hasta que la propia razón, guiada por un método seguro, pueda validar que no se trata de un mero mundo onírico o de un producto de la imaginación implantado por un malvado demonio.

Aunque insistir en una duda tan radical pueda parecer, en un sentido, extravagante e inquietante, en realidad proporciona cierta comodidad existencial ante la frustración con el mundo. Da rienda suelta a una especie de escapismo teórico que puede contentarse con el pensamiento de que nada *es* realmente hasta que la conciencia subjetiva valide su existencia objetiva. Tales especulaciones también presentan el estimulante desafío de superar la falsedad de lo que parece ser real y asumir la responsabilidad de uno mismo como ser independiente de las fuerzas externas. La emoción y el sentido de propósito asociados a la superación de una ilusión explican, en mi opinión, el gran atractivo de las narraciones contemporáneas basadas en versiones de la duda cartesiana, como las exitosas películas *Matrix*, *El show de Truman* y *Origen*. En ellas se presenta el heroísmo como una huida del mundo de las apariencias, que resulta ser una ilusión creada por fuerzas manipuladoras análogas al malvado demonio de Descartes.

Sin embargo, como la interpretación del mundo desde la perspectiva de sujeto-objeto es, en el fondo, una huida de la realidad de la frustración y la decepción, que solo pueden surgir dentro de un modo de vida comprometido que no sabe nada de la diferencia entre el yo y el mundo, un examen profundo de lo que se etiqueta como «subjetivo» y «objetivo», o como «aparente» y «real», revela un parentesco mucho mayor del que se percibe a primera vista. Por ejemplo, esos mundos supuestamente fabricados o de ensueño representados en las películas que juegan con la duda cartesiana también implican, a pesar de sus extrañas incoherencias, interacciones y compromisos que se asemejan a la vida en el mundo «real» que más tarde se descubre. En última instancia, las películas no pueden evitar presentarnos cierta continuidad entre los dos mundos en la que los conocimientos adquiridos en uno se trasladan al otro. La reflexión sobre esta continuidad nos lleva a reconocer que la propia distinción entre lo falso y lo real, lo subjetivo y lo objetivo, se ve cuestionada por una vida orientada al autoconocimiento. Pues no podemos desdeñar los sucesos de un sueño por ser «irreales» si, cuando los consideramos, nos ofrecen un aprendizaje importante sobre cómo vivir cuando estamos despiertos. Por eso, cuando nos atrapa una fantasía u obra de ficción persuasiva, no nos preguntamos si los hechos ocurrieron de verdad. Cuando nos planteamos la cuestión de qué distingue la verdad de la ficción, o bien la consideramos rápidamente una especulación sin sentido, o bien nos permitimos contemplarla de manera desapegada y superficial en la medida en que hemos abandonado la búsqueda de un significado más profundo en lo que consideramos.

El mismo parentesco entre el yo y el mundo, el sujeto y el objeto, puede detectarse en el caso de quienes no dudan de la existencia de su entorno, pero se mantienen al margen de él y tratan de manipularlo de acuerdo con sus planes. Incluso en ese distanciamiento cínico, encontramos un modo de actividad comprometida que no puede entenderse solo como fuerza de voluntad e imposición. El personaje que interpreta Jack Nicholson en *Infiltrados*, el paradigmático impostor (inspirado en Whitey Bulger, el famoso gánster de Boston), mantiene el «dominio» sobre su «entorno» apoyándose en ciertas lealtades y compromisos que tienen, al menos en parte, algún parecido con la amistad y la solidaridad. Incluso cuando empieza a desconfiar de casi todos los miembros de su banda, sigue fiándose de su obediente mano derecha, un fiel matón que se mantiene a su lado hasta el final. Y lo que es más revelador, su obsesión por descubrir a los topos en su organización es fruto de una obsesión por el respeto, lo que demuestra que para él su entorno no es tanto el producto de su voluntad, sino una realidad autónoma de la que busca reconocimiento. No puede destruir esta realidad sin privarse del honor por el que se juega la vida. Necesita el respeto y la admiración a su autoridad y poder. De modo que, incluso en esos estilos de vida que pretenden imponer la voluntad sobre el entorno, encontramos vestigios de un modo de una actividad que es receptiva y capaz de responder.

La actividad que emana de las cosas

Para apreciar plenamente la relación recíproca entre nosotros y las cosas a las que respondemos, también podríamos considerar la actividad desde la perspectiva del objeto. Aunque tenemos la costumbre de expresar la actividad como un yo que ejerce algún tipo de acción sobre el objeto, como cuando decimos «juego al béisbol», también podríamos decir que el objeto actúa sobre nosotros («el béisbol *me* juega»). Aunque esta forma de hablar puede sonar extraña desde la cosmovisión del sujeto y el objeto, pues parece investir al objeto con una falsa vida propia, es algo que podemos hallar en ciertas expresiones en muchos idiomas. Un ejemplo es la expresión «me gusta», que en inglés no tiene un equivalente directo y se traduce como «I like it». La inversión del sujeto y el objeto en castellano respecto al inglés reconoce a aquello que se encuentra agradable no como un mero objeto, sino como una fuerza viva por derecho propio. A diferencia de la construcción inglesa, que sitúa al sujeto, «I», como el origen de la acción, «me gusta» describe la experiencia de ser llamado por el mundo.

Incluso cuando el elemento del mundo en cuestión es un objeto en principio inerte, como, por ejemplo, un bate de béisbol, que en apariencia solo ejerce su fuerza en la medida en que actuamos *sobre él*, puede verse como algo que posee una fuerza propia. Como sabe cualquier bateador, el bate exige ser tratado con respeto. Hay que moverlo de una forma determinada y muy precisa para que golpee de lleno una pelota de béisbol y sea, por tanto, un bate de béisbol y no un palo largo con una extraña forma cónica que ocupa cierto espacio. El bate no responde a la actitud voluntariosa de un bateador frustrado que lo mueve con rabia y sin prestar atención a sus cualidades. En un sentido más general, incluso cuando descansa en algún lugar esperando a ser utilizado, para quien lo usa rememora todas las ocasiones e historias en las que ha participado. En la medida en que el bate evoca en el jugador esas ocasiones e historias y le infunde, cuando se acerca al plato, la calma de alguien capaz de relativizar la presión del momento a la luz de su pasado, podría decirse que el propio bate, en colaboración con quien lo emplea, inicia la actividad, es decir, moviliza al bateador.

Dada la relación recíproca entre el yo y el mundo, que en realidad se trata de un único despliegue de actividad, sería un error volver a considerar la actividad como una posibilidad meramente humana. La actividad denota la manera en que las cosas se ofrecen a ser interpretadas, por muy estáticas que parezcan. La actividad no es algo que traigamos al mundo, sino una fuerza que define al mundo en la medida en que lo reconocemos como tal.

Nunca se trata de elegir esto o aquello de forma abstracta

Pero ¿qué hay de esos momentos en los cuales nuestra libertad sí parece implicar una elección, cuando nos hallamos ante un cruce de caminos en la vida y la decisión de ir en una dirección o en otra parece llevarnos a posibilidades radicalmente distintas de la existencia? ¿Qué ocurre cuando nuestros compromisos entran en conflicto y parece que no contemos con más recurso que nuestra voluntad aislada para decidir entre una u otra opción? Jean-Paul Sartre, uno de los principales defensores de la idea de que la libertad consiste en construirse a sí mismo a través de las elecciones, presenta la siguiente historia para respaldar su punto de vista.

En tiempos de la Segunda Guerra Mundial, un alumno suyo acudió a él con el dilema de si debía alistarse a las Fuerza Francesas Libres en Inglaterra o quedarse en Francia para cuidar a su madre enferma. Motivado por su lealtad hacia la Resistencia y por la oportunidad de vengar a su hermano, asesinado durante la ofensiva alemana de 1940, se inclinaba por partir a Inglaterra. Al mismo tiempo, sentía el deber de permanecer junto a su madre, que estaba desconsolada por la pérdida de su hijo mayor y enzarzada en peleas con el marido que, para su pesar, apoyaba el colaboracionismo. El alumno temía que su ausencia y, si llegase a caer en combate, su muerte, llevarían a la madre a la desesperación.

Sartre presenta el dilema del alumno como un conflicto entre dos «tipos de acción muy diferentes: una concreta, inmediata, pero que se dirigía a un solo individuo; y otra que se dirigía a un grupo infinitamente más vasto, a una colectividad nacional». Subraya que el dilema se plantea también entre «dos tipos de moral»: por un lado, «una moral de simpatía, de devoción personal», y por otro, «una moral más amplia, pero de eficacia más discutible».[1]

Llega a la conclusión de que la circunstancia de verse enfrentado a este tipo de demandas aparentemente irreconciliables demuestra que debemos elegir por nosotros mismos. ¿A qué otra cosa podemos recurrir, se pregunta, si no es a nuestra propia voluntad individual? Examina diversas normas de juicio moral supuestamente existentes *a priori* y que podríamos tomar como guía a la hora de elegir ante semejante conflicto, como la palabra de Dios, los dictados de la naturaleza humana o los principios de la moral kantiana. A todas ellas las descarta por inciertas, ya que lo mismo podrían apuntar en una dirección como en la otra. Solo nos queda, piensa Sartre, una opción: tomar una elección basada en cómo podría afectar al desarrollo de nuestra vida. Su consejo al alumno es que debe resolver comprometerse con una de las dos opciones y asumir toda la responsabilidad de la elección.

Sin duda, hay algo convincente en el planteamiento de Sartre, al menos en su crítica a las fuentes «externas» de decisión a las que solemos recurrir y en su exhortación a decidir por uno mismo. Al mismo tiempo, hay algo disonante en la concepción de libertad que propone. Según su punto de vista, todos estamos solos en las decisiones que tomamos, sin poder contar con ningún consejo u orientación. No duda en calificar esa libertad de «absurda», incluso de «nauseabunda».

Podríamos plantear el problema de la siguiente manera: si todo sentido se origina en la voluntad autónoma, tal sentido puede ser retirado por esa misma voluntad y, por tanto, es arbitrario. Lo que parece ser una concepción de la libertad que nos otorga poder, si se contrasta con las diversas formas de presiones externas, resulta carente de sentido en sí misma y hasta impotente. ¿Qué poder puede haber en una decisión ciega y sin fundamento?

Por muy insatisfactoria que resulte la propuesta de Sartre sobre la libertad, no podemos rechazarla por el mero hecho de que nos inquiete. Debemos considerar de qué manera no refleja adecuadamente los dilemas existenciales a los que nos enfrentamos en realidad. Aunque Sartre pretende reivindicar la voluntad presentando un dilema complejo de la vida real, que no puede resolverse sin más recurriendo a unas normas supuestamente claras de moral abstracta, cae en las mismas abstracciones que quiere cuestionar. Según su planteamiento, o bien existe alguna norma objetiva fuera del individuo (la palabra de Dios, la moral kantiana, la naturaleza humana) a la que este pueda recurrir como guía, o bien no nos queda más que la voluntad puramente subjetiva. Sartre se decide por esta última. Al hacerlo, sin embargo, no cuestiona la distinción entre el sujeto y el objeto. Pasa por alto la posibilidad de que una vida comprometida y vivida en concierto con los demás pueda proporcionar su propia norma de acción, que no sea ni subjetiva ni objetiva.

Si examinamos la verdadera elección a la que se enfrenta el alumno, podemos discernir que cada opción posee cierta afinidad con la otra, que Sartre ignora, lo que debilita el significado existencial de la elección. Incluso en la descripción que hace Sartre del dilema, el compromiso del alumno con las Fuerzas Francesas Libres no puede separarse de manera clara de la devoción por la madre. Sabemos, por lo que explica Sartre, que la madre está también comprometida con la libertad de Francia y que una fuente importante de sus problemas domésticos son las simpatías colaboracionistas del marido. También sabemos que su dolor está ligado a la muerte del hijo mayor, asesinado por resistir a los alemanes. Dados estos antecedentes, no sería inverosímil considerar la decisión del estudiante de alistarse en las Fuerzas Francesas Libres como un acto de lealtad a la patria y a la vez como un acto de devoción a su madre. Al unirse a la Resistencia, estaría cumpliendo una misión con la que ella también se identifica y por la que dio la vida el hijo mayor, su hermano. Aunque, yendo a Inglaterra no estaría físicamente cerca de la madre, la apoyaría de una manera diferente, redimiendo el propósito del otro hijo y comprometiéndose en una misión que los une a los tres.

Por supuesto, la decisión tendría un coste. Al luchar por Francia, el estudiante correría el riesgo de morir y sumir a la madre en una desesperación más profunda. También la abandonaría a su suerte frente al marido. Esto podría moverle a quedarse. Pero la verdadera cuestión para evaluar en qué medida se enfrenta a dos opciones muy diferentes —de tal modo que la elección que haga pueda concebirse como un ejercicio de voluntad— no es si alguna de ellas pueda suponer cierto coste, sino si al elegir una, se excluye totalmente a la otra. Del mismo modo que el alumno no abandonaría por completo a su madre si decidiera luchar por Francia, tampoco rompería toda lealtad hacia su país si se quedara con la madre.

Podemos imaginar sin dificultad que las maneras en que podría apoyar a la madre —recordándole la importancia de la causa por la que su hijo murió mientras luchaba o cuestionando las opiniones políticas de su marido— manifestarían su devoción hacia la libertad de Francia. Podría añadirse que, al decidir quedarse con la madre, el alumno aún podría hacer todo lo que estuviera en su mano para apoyar el movimiento de la Resistencia desde el frente interno.

Al prestar atención a estas conexiones entre las posibilidades en la vida real, descubrimos que hay algo erróneo en la manera en que Sartre describe el dilema del alumno como entre «dos tipos de acción muy diferentes» y «dos tipos de moral».[2] La diferencia que atribuye a los caminos resulta ser una caracterización abstracta del dilema del alumno desde una perspectiva general. Presenta las diferentes trayectorias posibles como si fueran independientes y pudieran examinarse una junto a la otra y determinarse de antemano que son irreconciliables. De este modo, Sartre incurre en una cierta versión de la determinación *a priori* que rechaza. Cree posible alcanzar un punto de vista desapegado de la vida desde el cual se puede saber con certeza que no es posible conciliar dos compromisos. Sin embargo, desde la perspectiva comprometida de la vida como un viaje, el sentido de cada posibilidad depende hasta tal punto de su relación con la otra que las dos pueden considerarse de alguna manera *la misma*. Esto no quiere decir que sean idénticas y que el alumno no deba tomar una decisión, sino que su libertad en la situación no puede reducirse a la elección que realice. Pues la necesidad de elegir surge de la coherencia de su vida tal como se ha desarrollado hasta ese momento, donde el amor hacia su madre y la lealtad hacia su país se encuentran inextricablemente unidos. Su verdadera libertad consiste en vivir plenamente esa historia con un final abierto que lo ha llevado hasta al momento en que aparecen los dos caminos.

Es posible deducir la manera en que el dilema ha sido previamente dirigido y preparado si consideramos la infinidad de caminos que estarían totalmente en desacuerdo con la vida del alumno tal como ha sido hasta ese momento y que, por tanto, ni se presentan: unirse al Eje, abandonar tanto a la Resistencia como a la madre por alguna seducción frívola o rechazar las dos posibilidades y enterrar la cabeza en la arena. Lo que da sentido a la elección del alumno es la unidad del yo y del mundo que la precede. Esto significa que al elegir uno de los caminos, no renuncia sin más al otro, sino que se enfrenta al reto de seguirlo de una manera diferente.

Vista así, la importancia de la elección disminuye enormemente y también el papel de la voluntad. El alumno no se halla ante una encrucijada en la que, según el camino que tome, se convertirá en una persona diferente o se reinventará a sí mismo. Las dos direcciones conducen a la misma vida.

Podría decirse que cualquiera que sea su elección no será más que el siguiente movimiento en una trayectoria que ha sido preparada durante mucho tiempo por la red de relaciones en las que se encuentra inmerso. En concreto, esto significa que si parte hacia Inglaterra o se queda con la madre, solo estará dando un paso en el interminable proyecto de satisfacer dos compromisos que se dan sentido mutuamente.

En definitiva, la libertad no es una facultad de la voluntad que se ejerce en determinados momentos, sino una forma de ser en la que estamos comprometidos de manera constante mientras vivimos las posibilidades que se presentan en el contexto de una vida que ya está en marcha. Lo contrario de la libertad, por así decirlo, no es lo que pueda determinar el exterior, sino las formas de esclavitud autoimpuestas, incluida la propia visión del mundo en cuanto a la distinción del sujeto y el objeto. Somos nosotros quienes, en nuestra desesperación, frustración y pérdida de conexión con las cosas, construimos un mundo de sujetos y objetos y luego nos quedamos atrapados en nuestra propia interpretación, como si fuera una descripción obvia de cómo son las cosas. Por tanto, lo opuesto a la libertad también puede considerarse como una forma de libertad, como una capacidad ilimitada para realizar interpretaciones erróneas y extraviarse: la libertad que se vuelve contra sí misma.

Demasiado a menudo actuamos como si las decisiones que tomamos tuvieran una enorme importancia, como si ir por este camino en lugar de por aquel fuera a llevarnos a una vida diferente. Sin embargo, esta visión bifurcada de la existencia es la abstracción de una actitud orientada a los objetivos, según la cual todo es un logro o una opción independiente en lugar de una posibilidad que puede desarrollarse en colaboración con otras posibilidades en el transcurso de un viaje. Centrarse en la actividad por sí misma ofrece una manera de corregir esta perspectiva. Lo que importa no es lo que elegimos, sino cómo vivimos las elecciones que realizamos.

Paradójicamente, las decisiones que más importan son aquellas que ya hemos elegido, en el sentido de que ya sabemos cuál es la dirección correcta, pero aún nos enfrentamos a la dificultad de seguirla frente a alguna distracción tentadora. Por ejemplo, puedo enfrentarme a la dificultad de levantarme de la cama para salir a correr en vez de darle al botón de repetición de la alarma. Sin embargo, la supuesta libertad de esta elección es en realidad bastante limitada, pues ya doy por sentado que salir a correr, para mí, es el camino correcto. Aunque tomar la decisión de levantarme de la cama pueda darme cierta sensación de poder por ejercer mi voluntad frente a la tentación, la decisión en sí, y lo que supone como un ejercicio de libertad, solo adquiere importancia cuando estoy corriendo, realizando un tipo de esfuerzo que no tiene nada que ver con la decisión o con la voluntad, sino que consiste en una unión del yo y el mundo en la que la gravedad y la ligereza, el sol, el viento y el terreno se encuentran en cada zancada. Cualquier libertad que se pueda decir que tenemos al elegir depende de la libertad más profunda de responder e interpretar.

Esto es cierto incluso en aquellos momentos en los cuales podríamos sentirnos completamente solos por asumir cierta postura, vulnerables a interpretar nuestra determinación como mera fuerza de voluntad. El filósofo Maurice Merleau-Ponty ofrece un ejemplo elocuente:

> Se tortura a un hombre para hacerlo hablar. Si se niega a dar los nombres y las direcciones que quieren arrancársele, no es por una decisión solitaria y sin apoyo; él se sentía aún con sus camaradas y, empeñado aún en la lucha común [...] o bien durante meses y años se ha enfrentado con esta experiencia en pensamiento y ha apostado toda su vida en ella; o bien quiere probar, superándolo, todo lo que siempre ha pensado y afirmado de la libertad. Estos motivos no anulan la libertad, pero hacen, cuando menos, que no le falten apoyos en el ser. No es, finalmente, una consciencia desnuda la que resiste al dolor, sino el prisionero con sus camaradas o con aquellos que ama y bajo la mirada de los cuales vive.[3]

Así pues, siempre estamos acompañados por otros. Nuestra libertad surge tanto de ellos como de nosotros mismos.

Libertad y apertura a lo desconocido

Hay otra dimensión de la libertad que, para terminar, merece unas últimas palabras. Se trata de la relación entre la libertad y la apertura a lo desconocido. En cierto sentido, la actividad que tiene sentido por sí misma —en las formas de autodominio, amistad y compromiso con la naturaleza— implica un «conocimiento previo», una comprensión de uno mismo y del mundo en su totalidad que hace posible cualquier dilema u ocasión de elección. En cuanto me veo capaz de elegir o tomar una decisión, he entendido que soy una persona afectada por compromisos que pueden entrar en conflicto solo porque ya están cohesionados de algún modo provisional y dependen unos de otros para alcanzar su significado y propósito. La relación recíproca entre los compromisos depende a su vez de un todo mayor del que apenas soy consciente, pero que comprendo con absoluta certeza en la medida en que soy capaz de recurrir a otros aspectos de mi vida para dar sentido a la dificultad a la que ahora me enfrento. Este «conocimiento previo» es lo que refuta la concepción existencialista de la persona que se crea a sí misma de un modo radical, como si fuera capaz de recomponer su identidad a partir de la nada mediante actos de elección.

Tal conocimiento puede ser más o menos explícito. Por ejemplo, puedo reconocerme a mí mismo como un hijo leal en el acto de apoyar a mi madre en un momento de necesidad, sin pensar explícitamente en ello como un acto de lealtad y sin ni siquiera considerar el conjunto de relaciones con los amigos, compañeros de trabajo, vecinos, conciudadanos, etc., en las que la familia, como un ámbito de la vida con características únicas, alcanza un significado especial. Pero también puedo tener una idea de mí mismo como hijo leal, presentándome una imagen que es a la vez lo que soy y lo que aspiro a ser. En cualquiera de los dos casos, puede decirse que me concibo a mí mismo de un modo que abarca cualquier futuro posible y me proporciona un sentido de seguridad y de conclusión en la vida. Sea lo que sea lo que me depare el futuro, seguiré siendo fiel a mí mismo y a aquellos con los que mi destino está ligado. Ese conocimiento previo es la esencia del autodominio. Es lo que me constituye como una identidad, como un todo, y no como una mera colección de fragmentos de experiencia desconectados e ininteligibles. Incluso en momentos de duda radical, nunca carecemos por completo de esa comprensión, aunque sea de forma implícita y difusa.

Pero asociada a esa certeza del propio ser, y como algo constitutivo de su esencia, existe una apertura radical a lo desconocido. Pues uno solo llega a conocerse a sí mismo como un todo a través de actos de comparación, analogía y juicio, todos ellos provocados por alguna perturbación, ya sea grande o pequeña. El todo que constituye la propia identidad y que precede a cualquier elección que uno pueda hacer es un todo activo, una unidad constantemente puesta a prueba y descubierta de nuevo.

Otra forma de expresarlo es la siguiente: cuando estamos comprometidos de forma profunda con algo, estamos invitando a lo radicalmente desconocido en la misma medida en que declaramos una certeza inquebrantable. Decir con convicción que «pase lo que pase, estaré a tu lado» o «permaneceré fiel a esta vocación» supone abrazar el futuro con su misterio insondable. Sin la posibilidad de que ocurra una perturbación radical, nuestros compromisos más seguros carecerían de sentido y de peso.

De este modo, al conocernos a nosotros mismos y garantizar el futuro, estamos abrazando al mismo tiempo la estimulante apertura de la vida en la que las dificultades y el sufrimiento son inseparables de la redención y la alegría. Esta apertura es precisamente lo que diferencia la actividad por sí misma del esfuerzo orientado a las metas. Desde la perspectiva de las metas, la única incógnita es si tendremos éxito o fracasaremos en la realización del resultado ya vislumbrado. Cuanto más nos orientamos a los objetivos, más intentamos eliminar la incertidumbre del camino hacia el fin, encontrando técnicas más eficaces de producción y realización. Por ello, la mentalidad orientada a las metas y la actitud tecnológica van de la mano. Conspiran para hacer la vida predecible, sujeta a nuestro control, sin aventuras ni riesgos. En un sentido más amplio, el enfoque tecnológico y el enfoque orientado a las metas son una misma cosa.

Lo que los griegos llamaban *techne*, de donde deriva la palabra «tecnología», implica en esencia un enfoque hacia los objetivos. Significa un conocimiento de los medios para fabricar algo, cuya forma se prevé. Para los griegos, la *techne* paradigmática es el conocimiento del artesano, del carpintero que vislumbra la forma de una mesa y la construye con madera. Pero *techne* también se aplica al proyecto de construirse a uno mismo en el que nos embarcamos cuando entendemos que la felicidad consiste en un objetivo o un plan de vida que hay que ejecutar. El objetivo de la *techne* es producir los resultados previstos, eliminando por tanto lo inesperado. Aunque el conocimiento tecnológico ha formado y siempre formará parte de la vida, en nuestra época ha alcanzado tal protagonismo que ha acabado invadiendo la experiencia básica de asombro e inspiración que se encuentra en el origen de cualquier forma que damos por sentada. La reorientación hacia la vida que propongo, expresada como «actividad por sí misma», viene con el reconocimiento de que lo que parece estar indiscutiblemente «ahí», frente a nosotros, para ser analizado o construido, se nos ofrece por una interpretación en constante evolución de la vida, que nunca llegamos a comprender en su totalidad.

Frente a la libertad tecnológica de producir resultados, podemos considerar la libertad de adentrarnos en lo desconocido, que nos remite al juego recíproco de fuerzas entre el yo y el mundo. La libertad, así entendida, no tiene que ver con el poder de desear, elegir, construir o prever, sino de *iniciar*.

Examinemos la manera en que incluso los gestos y actos irrelevantes pueden tener consecuencias que superen con mucho a las razones conscientes que los motivaron. Nos embarcamos en un nuevo proyecto, aceptamos una invitación, nos esforzamos por ayudar a un desconocido, nos armamos de valor para pedirle una cita a alguien. Lo siguiente que sabemos es que estamos inmersos en una nueva vocación o relación, en un camino que en aquel momento no podíamos ni siquiera imaginar. Por un lado, fue el poder de nuestra propia acción lo que inició el movimiento y sostuvo el desarrollo de los acontecimientos. Si no hubiéramos dado ese primer paso y actuado en consecuencia después, las cosas no habrían salido de esa manera. Pero al mirar hacia atrás, nos damos cuenta de que ese poder superó con mucho cualquier intención consciente que tuviéramos en aquel momento, que, si tuviéramos que formularla, con frecuencia sería algo trivial o algún cliché.

Nuestras acciones siempre superan nuestras intenciones, ya que ejercen su influencia sobre un mundo cuya respuesta no podemos prever. Solo en el juego recíproco de fuerzas que constituye la unidad del yo y el mundo, nuestra acción se convierte en lo que es. Dicho de otro modo, nuestra acción solo puede ser una fuerza iniciadora cuando es recibida y devuelta como una nueva invitación que podemos aceptar. De este modo, nos encontramos arrojados por nuestras propias acciones a un perpetuo juego de atrapar la pelota, a cuyo significado solo llegamos de forma provisional y *a posteriori*.

Esto significa que aquello que más refleja nuestra influencia y habla de quiénes somos no surge de haber hecho una elección consciente frente a otras posibilidades ni de haber creado una realidad que antes solo estaba en nuestra imaginación, sino de haber iniciado un destino que luego ha venido a nuestro encuentro, superando cualquier expectativa o intención. Mirando atrás, podemos llegar a comprender que la vida que estamos viviendo ahora fue allanada por un compromiso o por cierto proceder de una manera que era imposible prever en aquel momento. De este modo, podemos discernir que la actividad en el aquí y ahora, tanto si se realiza de forma deliberada y consciente como si no, se prolonga más allá de sí misma, abriendo un futuro que, como tal, es indeterminado. Este poder iniciador, y no nuestros esfuerzos y construcciones conscientes, es lo que constituye la libertad genuina.

La mayor parte del tiempo nos encontramos atrapados en el enfoque orientado a las metas, ya sea para alcanzar un hito, instaurar una mejora en el trabajo o en el mundo, concluir una tarea cotidiana, causar una buena impresión o cuidar de nuestra salud, seguridad y estabilidad futuras. A menudo, estas cosas nos mantienen ocupados y nos imponen una disciplina. Nos aferramos a ellas como antídotos contra las innumerables distracciones y frivolidades que amenazan con sumirnos en un modo de existencia sin sentido y sin rumbo. Sin embargo, en ocasiones, como mínimo, tenemos la sensación de que nuestro afán y ambición son distracciones de la vida en un sentido más amplio. Quizá ante el fracaso, o en momentos de angustiosa duda, nos preguntamos si la vida consiste en algo más que alcanzar metas, por muy elevadas o nobles que estas sean. Aunque reemprendamos la persecución del objetivo con una confianza renovada o nos dediquemos a alguna otra cosa, nunca podemos acallar del todo el pensamiento de que aquello por lo que tanto luchamos tiene poco valor desde una perspectiva más amplia de las cosas.

Ese pensamiento puede asaltarnos aún más en los momentos de éxito, cuando nos damos cuenta de que aquello que daba un propósito a nuestras acciones se ha convertido en un hecho consumado y ya no es una fuente de motivación. La reflexión sobre la efímera satisfacción que proporciona el éxito puede llevarnos a considerar nuestro esfuerzo en un contexto más amplio, desde el punto de vista de la infinitud del tiempo y del destino de todos los logros humanos. Mientras nos centremos en hacer, en instaurar y en construir, no podremos escapar al pensamiento de que incluso los mayores logros se acaban marchitando y los nombres más célebres se desvanecen con el tiempo.

Para liberarnos del paso aparentemente ineludible del tiempo, podemos recurrir a filosofías que sitúan la eternidad y la satisfacción última fuera del ámbito de los asuntos humanos, en los ciclos de la naturaleza, por ejemplo, según los cuales todo se desintegra y se vuelve a unir, o en una vida después de esta en la que las cosas nunca envejecen. El estoicismo, como hemos visto, es una versión bien conocida de este tipo de filosofía. Enseña la impermanencia de todas las cosas humanas y aconseja refugiarse en la contemplación de una naturaleza eterna. El enfoque de la actividad por sí misma ofrece una alternativa a la visión estoica del mundo y a todas las filosofías que consideran que el mundo en el que llevamos a cabo nuestros esfuerzos no es más que una estación de paso hacia otro lugar. El mayor significado que buscamos no reside en las leyes eternas de un universo impersonal ni en alguna vida después de esta, sino en el viaje aquí y ahora a través del cual el yo —el *propio* yo— llega a expresarse. Comprender el viaje es reconocer que toda empresa, por muy circunscrita u orientada a un objetivo que parezca, tiene sentido como una llamada que está en relación con todo lo demás, dentro de un conjunto de actividades conectadas que expresa una comprensión de lo que significa ser, que habla de una persona, de un yo, y no es una mera colección de roles y proyectos que podrían documentarse en un currículum y ser replicados por otra persona. Como el yo se define por el viaje, que incluye amigos y enemigos, señales de orientación y desviaciones, brechas y puentes, el desarrollo del yo es al mismo tiempo el desarrollo de un mundo. Como el viaje es, en cada momento, una llegada a un uno mismo que ya está en marcha, no espera ningún futuro para su finalización o validación. En este sentido es eterno. No se trata de que vaya a durar para siempre, sino de que elude ser medido con los criterios conocidos para estimar la duración de algo o su persistencia en el tiempo. La vida concebida de esta manera es en sí misma la medida del tiempo que pasa, lo que hace posible la experiencia de una secuencia de momentos y, por tanto, del tiempo que puede mostrarse en un reloj, cuantificarse y calcularse.

Desde la perspectiva del viaje, que es en última instancia el único punto de vista que tenemos, la propia idea de un futuro aún por realizar carece de sentido. Pues sea lo que sea lo que depare el futuro, lo único que puede hacer es reafirmar la vida con la que uno se ha comprometido. Esto equivale a decir que nuestro momento presente, con lo que implica de conclusión y de posibilidades, es el único que existe y que, viviendo el ahora, llegamos a comprender lo que significa vivir en todo momento.

El eterno ahora es una forma de dar sentido a la apertura y el cierre de cada momento, sin los cuales la vida sería imposible. Es una forma de expresar que el pasado y el futuro no son puntos fijos a lo largo de una línea temporal, sino dimensiones esenciales del tiempo que confluyen en cualquier presente posible. Sin esta apertura y cierre simultáneos, no podríamos dar sentido ni experimentar el paso del tiempo. Si nuestra vida no estuviera radicalmente abierta a lo desconocido, anhelando ser desafiada, puesta a prueba y afirmada, sino completamente determinada en cuanto a su sentido, nunca nos enfrentaríamos a un momento que queda atrás y que nunca regresará. Todo lo que podríamos identificar como que nos ha sucedido serían acontecimientos plenamente comprensibles a la luz de la persona que ahora sabemos que somos. En este sentido, lo pasado estaría plenamente presente, no sería pasado en absoluto. No desearíamos dejarlo atrás ni anhelaríamos que volviera precisamente porque estaría con nosotros, integrado en un sentido sólido y estático de nosotros mismos. Podría decirse lo mismo de un momento aún por llegar desde el punto de vista del cierre total. Si nuestra vida estuviera decidida ya en su esencia, no miraríamos hacia delante, hacia algo que aún no ha llegado, con ansia o excitación. El mañana no sería más que una repetición del hoy.

Al mismo tiempo, si nuestra vida no estuviera cerrada y determinada en cuanto a su sentido, sino radicalmente abierta, tampoco experimentaríamos el paso del tiempo. Cada momento sería un cambio radical hacia una nueva existencia, que no ofrecería ninguna base para la retrospección o la planificación. Solo porque nuestra vida está simultáneamente decidida y expuesta a lo desconocido, imbuida de pasado y de futuro en cada instante, podemos mirar atrás con añoranza o frustración y mirar adelante con expectación o temor. Cuando miramos hacia el pasado con el anhelo de redimir un momento dado o de revivir a alguien que ya no está con nosotros, lo hacemos precisamente porque el cierre o la dirección de nuestra vida nos ha orientado hacia lo desconocido de tal manera que necesitamos inspiración, guía o consuelo. Y en cuanto tomamos conciencia de ello, comprendemos que el paso del tiempo no es un hecho externo que sufrimos sino algo en lo que participamos. El paso del tiempo es inseparable de la existencia comprometida que constituye la vida que estamos viviendo.

Desde la perspectiva orientada a las metas, en cambio, nos cerramos a la unidad del pasado y el futuro, el cierre y la apertura, que constituye el tiempo en el sentido más básico y esencial. Todo está concluido, en vías de terminarse o ya terminado. Nada en sentido estricto está ya en marcha. La expectativa anhelante y, por tanto, lo que parecería preocupación por el futuro, en realidad se ha cerrado a la apertura radical que constituye el auténtico futuro. La vida, desde la perspectiva orientada a las metas, no es más que un acontecimiento tras otro, una repetición interminable de lo mismo. El aplanamiento del tiempo característico del esfuerzo orientado a las metas es lo que, en última instancia, lo conecta con la perspectiva estoica, que parece, de manera superficial, ofrecer una alternativa. Ambos enfoques entienden el tiempo, en definitiva, como una mera sucesión. Ninguno de los dos tiene en cuenta el pasado y el futuro auténticos que definen la perspectiva comprometida de un viaje y que hacen posible cualquier sucesión que podamos encontrar.

En cierto sentido, el eterno «ahora» siempre nos posee, por muy distraídos que estemos por el futuro orientado a las metas. Experimentamos la sensación de estar cautivados en esos momentos en que cualquier pensamiento sobre el aún-no-ahora se ve frenado por una demanda urgente relacionada con la amistad, el autodominio o el compromiso con la naturaleza. Sin el más mínimo sentimiento de sacrificio, acudimos a ayudar a un amigo o nos mantenemos fieles a un compromiso, sin pararnos a pensar en nuestras metas más preciadas o ni siquiera en nuestra supervivencia. Al hacerlo, nos dejamos guiar por la conciencia de que lo que podamos lograr o mantener mañana tiene una importancia secundaria frente a la inmediatez de una demanda que implica la totalidad de lo que somos y seremos siempre.

Sin embargo, la mayoría de las veces, nos encontramos en una posición intermedia con respecto al eterno ahora de un compromiso primordial y el efímero momento aún por llegar de un logro o estado del ser seductor. Reconocemos la importancia intrínseca de asistir a la boda de un amigo, pero nos sentimos demasiado abrumados por el trabajo como para viajar. O nos damos cuenta de que deberíamos defendernos, pero tememos que hacerlo pueda poner en peligro nuestra posición social. En esos momentos es cuando la reflexión sobre nuestra vida adquiere una importancia especial. Ya que la vida con su inmediatez no logra inspirarnos por sí sola, necesitamos recurrir a una interpretación de esta que nos recuerde qué es lo importante. Con la ayuda de la filosofía, podemos hacer más audible la llamada de lo que sabemos que es verdad, pero que a menudo ignoramos o desdeñamos frente a las concepciones de la felicidad orientadas a las metas. De este modo, la filosofía y la vida cotidiana pueden ir de la mano. Lejos de ser una disciplina meramente académica que teoriza desde una posición elevada y sustituye lo real por lo abstracto, la filosofía es una guía indispensable para llevarnos de nuevo a lo más concreto.

Notas

Introducción

1. C. P. Cavafis, *The Collected Poems*, trad. de Evangelos Sachperoglou, Oxford, Oxford University Press, 2007, p. 39. [Hay trad. cast.: *Poemas*, trad. de Ramón Irigoyen, Barcelona, Debolsillo, 2016].

2. Platón, *Phaedrus*, ed. de Jeffrey Henderson, Cambridge, Massachusetts, Harvard University Press, 1914, 229b-230a. [Hay trad. cast.: *Diálogos: Fedón, Fedro, Banquete*, trad. de María Araujo y Luis Gil, Barcelona, Penguin Clásicos, 2022].

3. Steven Pinker, «Enough with the Quackery, Pinker Says», entrevista en la *Harvard Gazette*, 13 de octubre de 2021, <https://news.harvard.edu/gazette/story/2021/10/from-steven-pinker-a-paean-to-the-rational-mind/>.

4. Marco Aurelio, *Meditations*, trad. de Gregory Hays, Nueva York, Modern Library, 2003, p. 38. [Hay trad. cast.: *Meditaciones*, trad. de Miquel Dolç, Barcelona, Taurus, 2023].

5. Massimo Pigliucci, *How to Be a Stoic*, Nueva York, Basic Books, 2017, p. 194. [Hay trad. cast.: *Cómo ser un estoico: utilizar la filosofía antigua para vivir una vida moderna*, trad. de Francisco García Lorenzana, Barcelona, Ariel, 2018].

1. El autodominio I

1. Friedrich Nietzsche, «Aphorism 296», *Beyond Good and Evil*, en *Basic Writings of Nietzsche*, trad. de Walter Kaufmann, Nueva York, Mo-

dern Library, 2000, pp. 426-427. [Hay trad. cast.: *Más allá del bien y del mal: preludio de una filosofía del futuro*, trad. de Andrés Sánchez Pascual, Madrid, Alianza, 2012].

2. Platón, *Phaedo*, ed. de Jeffrey Henderson, Cambridge, Massachusetts, Harvard University Press, 1914, 115c. [Hay trad. cast.: *Diálogos: Fedón, Fedro, Banquete*, trad. de María Araujo y Luis Gil, Barcelona, Penguin Clásicos, 2022].

3. Daniel Kahneman, *Thinking, Fast and Slow*, Nueva York, Farrar, Straus and Giroux, 2011, pp. 377-390. [Hay trad. cast.: *Pensar rápido, pensar despacio*, trad. de Joaquín Chamorro Mielke, Barcelona, Debate, 2012].

4. Thomas Hobbes, *Leviathan*, ed. de Richard Tuck, Cambridge, Cambridge University Press, 1996, p. 70. [Hay trad. cast.: *Leviatán o la materia, forma y poder de un Estado eclesiástico y civil*, trad. de Carlos Mellizo, Madrid, Alianza, 2018].

5. *Ibid*, p. 43.

6. *Idem*, *On the Citizen*, ed. de Richard Tuck, Cambridge, Cambridge University Press, 1998, p. 27. [Hay trad. cast.: *Tratado sobre el ciudadano*, ed. de Joaquín Rodríguez Feo, Madrid, Universidad Nacional de Educación a Distancia, 2008].

7. Friedrich Nietzsche, *Thus Spoke Zarathustra*, en *The Portable Nietzsche*, trad. de Walter Kaufmann, Londres, Chatto and Windus, 1971, pp. 129-130. [Hay trad. cast.: *Así habló Zaratustra*, trad. de Juan Carlos García-Borrón, Barcelona, Penguin Clásicos, 2022].

8. Aristóteles, *Nicomachian Ethics*, ed. de Jeffrey Henderson, Cambridge, Massachusetts, Harvard University Press, 1926, 1123b1-2. [Hay trad. cast.: *Ética a Nicómaco*, trad. de Julio Pallí Bonet, Madrid, Gredos, 2010].

9. *Ibid.*, 1124a19.

10. *Ibid.*, 1124a10-12.

11. *Ibid.*, 1124b23-25.

12. *Ibid.*, 1124a6-9.

13. *Ibid.*, 1125a2-4.

14. *Ibid.*, 1124b26-28.

15. *Ibid.*, 1124b29.

16. *Ibid.*, 1125a12-17.

17. *Ibid.*, 1124b19-21, 1124b30-31.

18. *Ibid.*, 1124b19-20.

19. Platón, *Apology*, ed. de Jeffrey Henderson, Cambridge, Massa-

chusetts, Harvard University Press, 1914, 22d. [Hay trad. cast.: *Apología de Sócrates*, trad. de Julio Calonge, Madrid, Gredos, 2014].

20. *Idem*, *Symposium*, trans. de Seth Benardete, Chicago, University of Chicago Press, 1993, 176c-d. [Hay trad. cast.: *Diálogos: Fedón, Fedro, Banquete*, trad. de Julio Calonge, Barcelona, Penguin Clásicos, 2022].

21. *Ibid.*, 186a.

22. *Ibid.*, 176d.

23. *Larry David: Curb Your Enthusiasm*, «The Therapists», temporada 6, episodio 9. [En España, *Larry David*, «Los terapeutas», temporada 6, episodio 9].

24. Aristóteles, *Ethics*, 1140a26-28.

25. *Ibid.*, 1124a13-16.

26. Peter Abraham, «Red Sox Enjoy the All-Star Game as the AL Outslugs the NL», *Boston Globe*, 18 de julio de 2018.

27. Aristóteles, *Ethics*, 1094a1-15.

28. *Ibid.*, 1094a19-25.

29. Friedrich Nietzsche, *Schopenhauer as Educator*, en *Unfashionable Observations*, trad. de Richard T. Gray, Stanford, Stanford University Press, 1995, p. 174. [Hay trad. cast.: *Shopenhauer como educador: tercera consideración intempestiva (1874)*, trad. de Luis Fernando Moreno Claros, Madrid, Valdemar, 1999].

30. Aristóteles, *Ethics*, 1123b31-33.

31. *Ibid.*, 1124a1-4.

32. *Larry David: Curb Your Enthusiasm*, «The Ida Funkhouser Roadside Memorial», temporada 6, episodio 3. [En España, *Larry David*, «El monumento conmemorativo a Ida Funkhouser», temporada 6, episodio 3].

2. El autodominio II

1. Platón, *Gorgias*, ed. de Jeffrey Henderson, Cambridge, Massachusetts, Harvard University Press, 1925, 458a. [Hay trad. cast.: *Gorgias*, en *Diálogos II*, trad. de Julio Calonge, Madrid, Gredos, 2019].

2. Platón, *Republic*, trad. de Allan Bloom, Nueva York, Basic Books, 1991, 336d-e. [Hay trad. cast.: *República*, en *Diálogos IV*, trad. de Conrado Eggers Lan, Madrid, Gredos, 2020].

3. *Ibid.*, 337d.

4. *Ibid.*, 338b-339e.

5. Véase, por ejemplo, *ibid.*, 505d-e.

6. Platón, *Gorgias*, 485b-d.

7. *Ibid.*

8. *Ibid.*, 486a-c.

9. *Ibid.*, 486e-488a.

10. *Ibid.*, 497e.

11. Platón, *Republic*, 349a-350d.

12. Aristóteles, *Ethics*, 1125a8-10.

13. Platón, *Apology*, ed. de Jeffrey Henderson, Cambridge, Massachusetts, Harvard University Press, 1914, p. 21b. [Hay trad. cast.: *Apología de Sócrates*, trad. de Julio Calonge, Madrid, Gredos, 2014].

14. *Idem*, *Meno*, 90e10-92c7. [Hay trad. cast.: *Menón*, en *Diálogos II*, trad. de Julio Calonge, Madrid, Gredos, 2019].

15. *Idem*, *Apology*, 38a.

16. Aristóteles, *Ethics*, 1124b8-10.

17. Platón, *Phaedo*, ed. de Jeffrey Henderson, Cambridge, Massachusetts, Harvard University Press, 1914, 58e. [Hay trad. cast.: *Diálogos: Fedón, Fedro, Banquete*, trad. de Julio Calonge, Barcelona, Penguin Clásicos, 2022].

18. *Ibid.*, 88e-89a.

19. *Ibid.*, 115b.

20. *Ibid.*, 115c.

21. *Ibid.*, 118a.

22. *Ibid.*, 109a-110b.

23. *Ibid.*, 110c-d.

24. Aristóteles, *Ethics*, 1125a11-13.

25. Blaise Pascale, *Pensées*, ed. y trad. de Roger Ariew, Indianapolis, Hackett, 2005, p. 58. [Hay trad. cast.: *Pensamientos*, trad. de Xavier Zubiri, Madrid, Alianza, 2004].

3. La amistad

1. Aristóteles, *Nicomachian Ethics*, ed. Jeffrey Henderson, Cambridge, Massachusetts, Harvard University Press, 1926, 1156a10-25. [Hay trad. cast.: *Ética a Nicómaco*, trad. de Julio Pallí Bonet, Madrid, Gredos, 2010].

2. *Ibid.*, 1155a27-28.
3. *Ibid.*, 1155a.
4. *Ibid.*, 1172a12-13.
5. *Ibid.*, 1125a1.
6. *Ibid.*, 1166a34-35.
7. *Ibid.*, 1168b10.
8. *Ibid.*, 1166a1-19.
9. *Ibid.*, 1169b30-1170b12.
10. Friedrich Nietzsche, *Thus Spoke Zarathustra*, en *The Portable Nietzsche*, pp. 167-168. [Hay trad. cast.: *Así habló Zaratustra*, trad. de Juan Carlos García-Gorrón, Barcelona, Penguin Clásicos, 2023].
11. Aristóteles, *Ethics*, 1166a20-24.
12. *Ibid.*, 1106b35-1107a2.
13. *Ibid.*, 1156b26-30.
14. *Ibid.*, 1168a5-8.
15. Massimo Pigliucci, *How to Be a Stoic*, Nueva York, Basic Books, 2017, pp. 194-195. [Hay trad. cast.: *Cómo ser un estoico: utilizar la filosofía antigua para vivir una vida moderna*, trad. de Francisco García Lorenzana, Barcelona, Ariel, 2018].
16. Adam Smith [1759], *The Theory of Moral Sentiments*, ed. de Ryan Patrick Hanley, Nueva York, Penguin, 2009, p. 265. [Hay trad. cast.: *La teoría de los sentimientos morales*, trad. de Carlos Rodríguez Braun, Madrid, Alianza, 2013].
17. *Ibid.*, p. 277.
18. Montesquieu, *Mes Pensées*, en *Oeuvres completes*, ed. de Roger Chaillois, París, Gallimard, 1949, n.° 604, pp. 1129-1130.
19. Smith, *Theory of Moral Sentiments*, p. 277.
20. Hans-Georg Gadamer [1960], *Truth and Method*, trad. de Joel Weinsheimer y Donald G. Marshall, ed. rev., Nueva York, Continuum, 1989, pp. 480-484. [Hay trad. cast.: *Verdad y método*, trad. de Ana Agud Aparicio y Rafael de Agapito, Salamanca, Sígueme, 2012-2015].
21. Nietzsche, *Thus Spoke Zarathustra*, p. 129.
22. *Ibid.*, p. 121.
23. Muhammad Ali con Richard Durham [1975], *The Greatest: My Own Story*, ed. de Toni Morrison, Los Ángeles: Graymalkin Media, 2015, pp. 130-131. [Hay trad. cast.: *El más grande: mi propia historia*, Barcelona, Noguer, 1976].
24. Nietzsche, *Thus Spoke Zarathustra*, p. 214.

25. Platón, *Lysis*, ed. de Jeffrey Henderson, Cambridge, Massachusetts, Harvard University Press, 1925, 214a-d. [Hay trad. cast.: *Lisis*, en *Diálogos I*, trad. de Emilio Lledó Íñigo, Madrid, Gredos, 2019].

26. Aristóteles, *Ethics*, 1155b4-7.

4. El compromiso con la naturaleza

1. John Locke [1690], *Second Treatise of Government*, ed. de C. B. McPherson, Indianapolis, Hackett, 1980, sect. 40-43. [Hay trad. cast.: *Segundo tratado sobre el gobierno civil: un ensayo acerca del verdadero origen, alcance y fin del gobierno civil*, trad. de Carlos Mellizo, Madrid, Alianza, 2014].

2. Homero, *The Odyssey*, trad. de Allen Mandelbaum, Nueva York, Random House, 2005, p. 41. [Hay trad. cast.: *Odisea*, trad. de Fernando Gutiérrez, Barcelona, Penguin Clásicos, 2023].

3. *Ibid.*, p. 102.

4. Platón, *Republic*, trad. de Allan Bloom, Nueva York, Basic Books, 1991, 508a-509d. [Hay trad. cast.: *República*, en *Diálogos IV*, trad. de Conrado Eggers Lan, Madrid, Gredos, 2020].

5. Véase Martin Heidegger, «Modern Science, Metaphysics, and Mathematics», en *Basic Writings*, ed. de David Farrell Krell, Nueva York, Harper and Row, 1977, pp. 257-271.

6. *Ibid.*, pp. 262-263.

7. Friedrich Nietzsche, *Thus Spoke Zarathustra*, en *The Portable Nietzsche*, trad. de Walter Kaufmann, Londres, Chatto and Windus, 1971, p. 268. [Hay trad. cast.: *Así habló Zaratustra*, trad. de Juan Carlos García-Gorrón, Barcelona, Penguin Clásicos, 2023].

8. *Ibid.*, p. 269.

9. Séneca, *Moral Epistle* 36.7-12, en *How to Die*, trad. de James S. Room, Princeton, New Jersey, Princeton University Press, 2018, p. 6. [Hay trad. cast.: *El arte de morir: un manual de sabiduría clásica para el final de la vida*, Badalona, Koan, 2023].

10. *Idem*, *To Marcia* 26.1, in *How to Die*, pp. 96-97.

11. Marco Aurelio, *Meditations*, trad. de Gregory Hays, Nueva York, Modern Library, 2003, p. 56. [Hay trad. cast.: *Meditaciones*, trad. de Miquel Dolç, Barcelona, Taurus, 2023].

12. *Ibid.*, p. 43.

13. *Ibid.*, p. 8.

14. *Ibid.*, p. 38.

15. Séneca, *To Marcia* 26.1-3, en *How to Die*, p. 35.

16. *Ibid.*

17. Nietzsche, *Thus Spoke Zarathustra*, pp. 276-277.

18. *Idem*, *Schopenhauer as Educator*, en *Unfashionable Observations*, trad. de Richard T. Gray, Stanford, California, Stanford University Press, 1995, pp. 213-214.

19. Nietzsche, *Thus Spoke Zarathustra*, p. 264.

20. *Ibid.*, p. 189.

21. *Ibid.*, p. 186.

5. La lucha con el tiempo

1. Todd May, *Death*, Nueva York, Routledge, 2014, pp. 5-6. [Hay trad. cast.: *La muerte: una reflexión filosófica*, Mataró, Biblioteca Buridán, 2010].

2. Friedrich Nietzsche, *The Birth of Tragedy*, en *Basic Writings of Nietzsche*, trad. de Walter Kaufmann, Nueva York, Modern Library, 2000, p. 52. [Hay trad. cast.: *El nacimiento de la tragedia*, trad. de Eduardo Knörr y Fermín Navascués, Madrid, Edaf, 2002].

3. Platón, *Gorgias*, ed. de Jeffrey Henderson, Cambridge, Massachusetts, Harvard University Press, 1925, 512e. [Hay trad. cast.: *Gorgias*, en *Diálogos II*, trad. de Julio Calonge, Madrid, Gredos, 2019].

4. Friedrich Nietzsche, *Thus Spoke Zarathustra*, en *The Portable Nietzsche*, trad. de Walter Kaufmann, Londres, Chatto and Windus, 1971, p. 183. [Hay trad. cast.: *Así habló Zaratustra*, trad. de Juan Carlos García-Borrón, Barcelona, Penguin Clásicos, 2022].

5. *Ibid.*, p. 184.

6. *Ibid.*, p. 127.

7. *Ibid.*, p. 186.

8. *Ibid.*, pp. 185-186.

9. Platón, *Crito*, ed. de Jeffrey Henderson, Cambridge, Massachusetts, Harvard University Press, 1914, 44a-b. [Hay trad. cast.: *Critón*, en *Diálogos I*, trad. de Julio Calonge Ruiz, Madrid, Gredos, 2019].

10. Friedrich Nietzsche, *Beyond Good and Evil*, en *Basic Writings of Nietzsche*, trad. de Walter Kaufmann, Nueva York, Modern Library,

2000, p. 296. [Hay trad. cast.: *Más allá del bien y del mal: preludio de una filosofía del futuro*, trad. de Andrés Sánchez Pascual, Madrid, Alianza, 2012].

11. Platón, *Phaedo*, ed. de Jeffrey Henderson, Cambridge, Massachusetts, Harvard University Press, 1914, 96e-97b. [Hay trad. cast.: *Diálogos: Fedón, Fedro, Banquete*, trad. de María Araujo y Luis Gil, Barcelona, Penguin Clásicos, 2022].

12. *Ibid.*, 275c-276a.

13. Nietzsche, *Thus Spoke Zarathustra*, p. 186.

14. *Ibid.*, p. 244.

15. *Ibid.*, p. 187.

16. *Ibid.*, p. 190.

17. *Ibid.*

18. *Ibid.*, pp. 121-122.

19. *Ibid.*, p. 122.

20. *Ibid.*, p. 310.

21. *Ibid.*, pp. 136-137.

22. *Ibid.*, p. 264.

23. *Ibid.*, p. 251.

24. Séneca, *Moral Epistle* 30, en James S. Romm, *How to Die*, Princeton, New Jersey, Princeton University Press, 2018, p. 22. [Hay trad. cast.: *El arte de morir: un manual de sabiduría clásica para el final de la vida*, Badalona, Koan, 2023].

25. *Idem*, *Moral Epistle* 36.7-12, en *ibid.*, p. 5.

26. Nietzsche, *Thus Spoke Zarathustra*, pp. 435-436.

6. Qué significa ser libre

1. Jean-Paul Sartre, *Essays in Existentialism*, ed. de Wade Baskin, Nueva York, Citadel Press, 1993, pp. 42-43. [Hay trad. cast.: *El existencialismo es un humanismo*, trad. de Victoria Praci de Fernández, Barcelona, Edhasa, 2009].

2. *Ibid.*

3. Maurice Merleau-Ponty, *Phenomenology of Perception*, trad. de Donald A. Landes, Nueva York, Routledge, 2012, p. 481. [Hay trad. cast.: *Fenomenología de la percepción*, trad. de Jem Cabanes, Barcelona, Altaya, 2000].

Agradecimientos

Es para mí una alegría rememorar el camino recorrido durante la escritura de este libro y recordar las numerosas conversaciones y momentos de apoyo y amistad que han contribuido a hacerlo realidad.

Algunas de mis primeras ideas sobre el libro se gestaron a partir de la recomendación de mi gran amigo y compañero de entrenamiento Will Hauser, que me animó a conectar mis dos pasiones aparentemente opuestas, el entrenamiento de fuerza y la filosofía. Desde que empezamos a practicar juntos el levantamiento de pesas en la universidad, Will y yo hemos compartido muchas conversaciones sobre las sutiles lecciones para la vida que pueden extraerse de la actividad de entrenar. Una de esas lecciones, que ocupa un lugar destacado en este libro, es que la amistad y la competición pueden reforzarse mutuamente. Estoy aún más convencido de ello cuando reflexiono sobre las amistades que he forjado en el proceso de la competición atlética, algunas de las cuales han constituido una inspiración para este libro. Uno de mis primeros y principales rivales en una competición local de «juegos de gimnasio», Jay Fiset, se ha convertido en un amigo íntimo y un ejemplo de las virtudes sobre las que escribo. Scott Robertson, que me conoció cuando apenas empezaba a interesarme por la filosofía, también ha sido una fuente de inspiración para el espíritu de competitividad amistosa que considero una dimensión vital de la amistad en general.

He encontrado un apoyo incondicional en Ron Cooper, un prolífico batidor de récords Guinness que me inspiró a embarcarme en mi propia persecución de récords y que se ha convertido en un gran amigo y compañero de entrenamiento. Le estoy agradecido no solo por nuestras memorables hazañas en los entrenamientos, sino también por el tiempo que dedicó a leer los borradores del libro y por sus comentarios en la carrera final hasta la presentación del manuscrito.

Matt Crawford, con su magnífico libro *Shop Class as Soulcraft*, reforzó mi fe en el proyecto de combinar la filosofía, la vida cotidiana y las anécdotas personales. Desde que conocí a Matt en 2014, cuando me invitó a dar una charla sobre mi primer libro en la Universidad de Virginia, nuestras conversaciones sobre la sabiduría práctica, los límites de la tecnología y la agencia humana me han enriquecido enormemente.

Mientras me planteaba la improbable conexión entre el entrenamiento y la filosofía, también recopilé muchas notas y reflexiones sobre el significado del tiempo, un tema que me ha cautivado desde mis estudios con Krzysztof Michalski, cuyo pensamiento sobre la relación del tiempo con la eternidad ha dejado en mí una huella profunda.

Hay varios mentores a los que debo un agradecimiento especial por haber leído varios borradores del libro en sus diversas fases y por sus generosos comentarios. Agradezco a Moshe Halbertal que me ayudase a reflexionar sobre el significado de la actividad por sí misma y que me animase a entrelazar la interpretación de las obras de la antigüedad con el planteamiento sobre cómo vivir en nuestro propio tiempo. También estoy muy agradecido a Sean Kelly, que me ayudó a afinar mi crítica de la filosofía estoica, a clarificar el concepto de naturaleza y a dilucidar los distintos significados de la actividad. Su apoyo y su entusiasmo por el proyecto durante los primeros días de la pandemia reavivaron mi propia fe en él.

Desde el comienzo de mi incursión en la filosofía política como estudiante universitario, Russ Muirhead ha sido una fuente inagotable de asesoramiento, apoyo y amistad. Su capacidad para jugar con las ideas y su apertura a cuestionar la sabiduría convencional han sido una verdadera inspiración. También estoy agradecido a Bryan Garsten, cuyo sagaz análisis de la filosofía y la retórica antiguas ha supuesto un modelo para mi propio trabajo.

Me gustaría dar las gracias a mis amigos Sergio Imparato, Julius Krein, Lowry Pressly, Peter Ganong, Julian Sempill y Sungho Kimlee, que se tomaron la molestia de leer varios borradores del libro y lo enriquecieron con sus comentarios. Las conversaciones mantenidas con Sungho son algunas de las muchas ocasiones por las que lo recordaré. Debo un agradecimiento especial a Sergio, que durante años ha constituido un importante punto de conexión de mi dedicación a la filosofía y al entrenamiento físico. No solo me ha brindado una enorme ayuda en mis intentos por alcanzar los récords, sino que también es para mí un ejemplo de fortaleza mental y un espíritu filosófico afín.

Durante una buena parte de la escritura de este libro también estuve cursando mi licenciatura en Derecho en la Facultad de Derecho de Harvard. Debo dar las gracias a Ruth Calderon, Dick Fallon, Mary Ann Glendon, Randy Kennedy, Tony Kronman y Martha Minow, por su apoyo inestimable en mi doble proyecto de escribir un libro y licenciarme en Derecho. También estoy agradecido a Jack Corrigan, por su sabiduría práctica y su extensa labor como mentor, así como a Abdallah Salam, por nuestra amistad y nuestras estimulantes conversaciones sobre filosofía a lo largo de los años.

Me gustaría dar las gracias a Ian Malcolm, de la Harvard University Press, por su inquebrantable fe en este proyecto poco convencional, por su lectura atenta de mi manuscrito y por animarme a mantener la combinación de filosofía e historias personales. Mientras intentaba definir el encuadre del libro, Sharmila Sen me ofreció interesantes ideas y apoyo y me animó a afinar mi crítica del enfoque orientado a las metas. Gracias también a Brian Ostrander, de Westchester Publishing Services, por su experta gestión de la producción del libro.

Por último, mi más profunda gratitud a mis padres, Michael Sandel y Kiku Adatto, a mi hermano, Aaron Sandel, y a mi novia, Helena Ferreira, que son mi mayor fuente de apoyo y mis principales ejemplos de autodominio, amistad y compromiso con la naturaleza. También son para mí los mejores asesores en todo lo relacionado con la escritura. Su amor, sus ánimos y sus consejos inspiraron y mejoraron el libro y me ayudaron a transformar lo que podría ser la solitaria actividad de escribir en un acontecimiento familiar. Las muchas conversaciones mantenidas sobre los temas de este libro y sobre nuestros respectivos proyectos de escritura, incluidas las sesiones de la «casa de los escritores», en las que intercambiamos numerosos comentarios críticos sobre nuestros borradores, han sido una gran fuente de la felicidad en acción que intento expresar.

Gracias también a mi tío, Matthew Sandel, por su aliento y por su asesoramiento en el ámbito editorial, y a mis primos Sam Adatto, Roberta Giubilini, Berto Ishida y Lili Ishida, que me ayudaron a reflexionar sobre las diferentes versiones del libro y me ofrecieron consejos muy valiosos sobre cómo conectar la filosofía y la experiencia personal.

A Helena, cuyo amor, apoyo y sabiduría me han acompañado a lo largo de los muchos altibajos que atravesó la escritura de este libro, le debo un agradecimiento especial. Su entusiasmo hizo que todo el proyecto mereciera la pena. Cuando yo tenía dudas, me recordaba a menudo que estaba bien tal y como estaba, y luego procedía a ayudarme a mejorarlo infinitamente con sus preguntas incisivas y su gran ojo literario y filosófico. Le dedico este libro con todo mi amor.

Índice alfabético

«Para viajar lejos no hay mejor nave que un libro».

EMILY DICKINSON

Gracias por tu lectura de este libro.

En **penguinlibros.club** encontrarás las mejores recomendaciones de lectura.

Únete a nuestra comunidad y viaja con nosotros.